齊雲山志

（附二種）

〔明〕魯點◎編

汪桂平◎點校　王卡◎審訂

社會科學文獻出版社
SOCIAL SCIENCES ACADEMIC PRESS (CHINA)

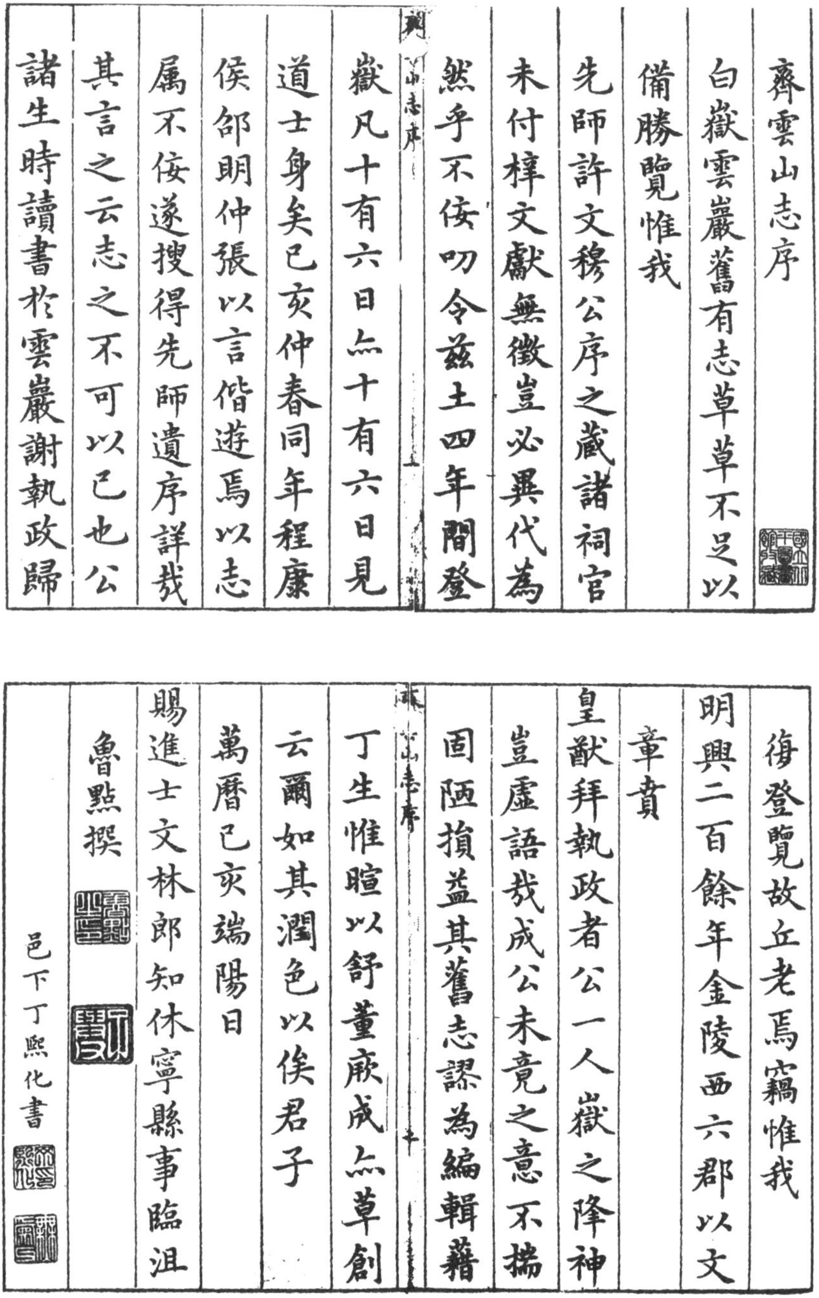
齊雲山志序
白嶽雲巖舊有志草草不足以
備勝覽惟我
先師許文穆公序之藏諸祠官
未付梓文獻無徵豈必異代爲
然乎不佞叨令茲土四年間登
嶽凡十有六日亦十有六日見
道士身矣己亥仲春同年程康
侯郎明仲張以言偕遊焉以志
屬不佞遂搜得先師遺序詳哉
其言之云志之不可以已也公
諸生時讀書於雲巖謝執政歸
復登覽故丘老焉竊惟我
明興二百餘年金陵西六郡以文
章貢
皇猷拜執政者公一人嶽之降神
豈虛語哉成公未竟之意不揣
固陋損益其舊志謬爲編輯藉
丁生惟暄以舒董厥成亦草創
云爾如其潤色以俟君子
萬曆己亥端陽日
賜進士文林郎知休寧縣事臨沮
魯點撰
邑下丁熙化書

圖片一　齊雲山志序（明萬曆本）

齊雲山志目録

圖片二　齊雲山志目録（明萬曆本）

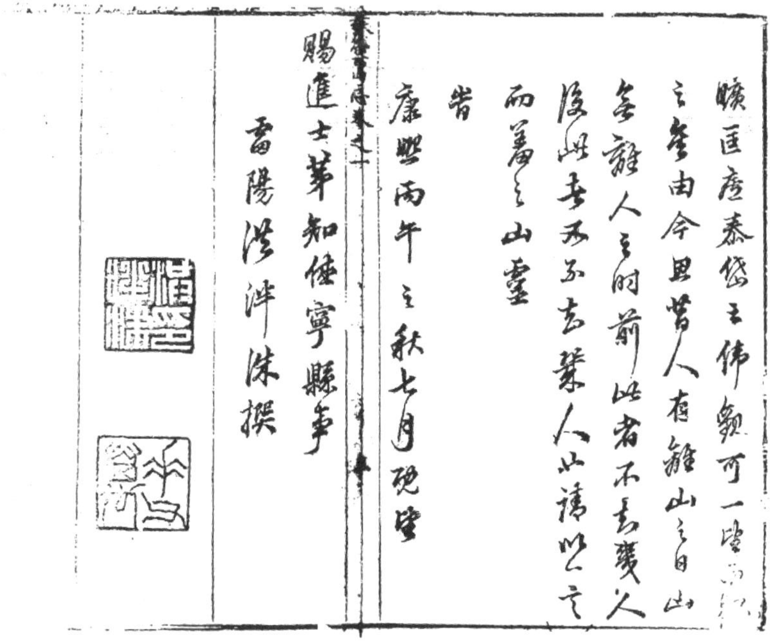
曠匡廬泰岱之偉觀可一覽而得
之矣由今思昔人有離山之自山
無離人之時前此者不去幾人
後此者亦不去幾人以請此文
而篇之山靈
皆
康熙丙午之秋七月既望
賜進士第知休寧縣事
當陽潘泮洙撰

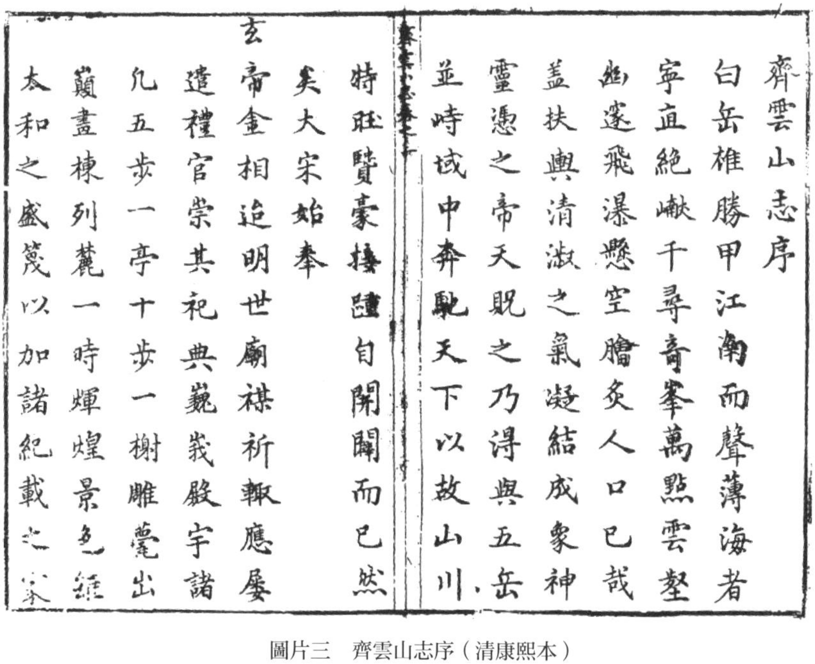
齊雲山志序
白岳雄勝甲江南而聲薄海者
穹直絕巘千尋奇峯萬點雲壑
幽邃飛瀑懸空膾炙人口已哉
蓋扶輿清淑之氣凝結成象神
靈憑之帝天睨之乃得與五岳
並峙域中奔馳天下以故山川
特胜賢豪接踵自開闢而已然
矣大宋始奉
玄帝金相迨明世廟禖祈輙應屢
遣禮官崇其祀典巍峩殿宇諸
凡五步一亭十步一榭雕甍出
巔畫棟列甍一時煇煌景色鍾
太和之盛蔑以加諸紀載之家

圖片三　齊雲山志序（清康熙本）

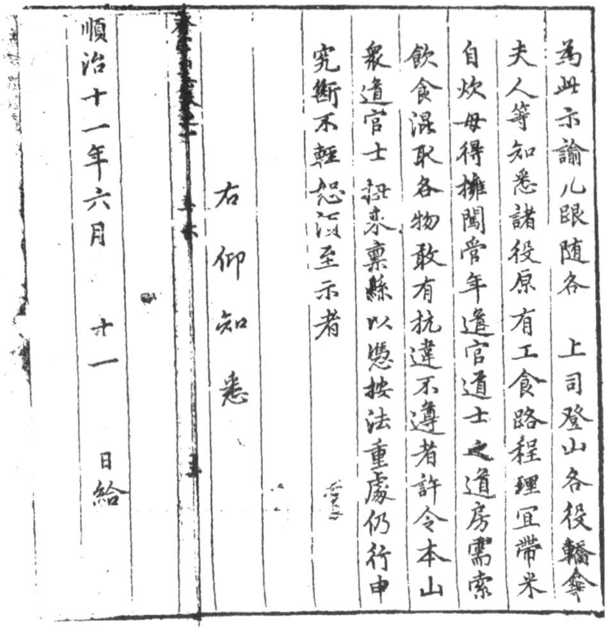

為此示諭凡跟隨各　上司登山各役轎傘
夫人等知悉諸役原有工食路程理宜帶米
自炊毋得擁閙宮年道官道士之道房需索
飲食混取各物敢有抗違不遵者許令本山
衆道官士指名稟縣以憑按法重處仍行申
究斷不輕恕須至示者

右仰知悉

順治十一年六月　十一　日給

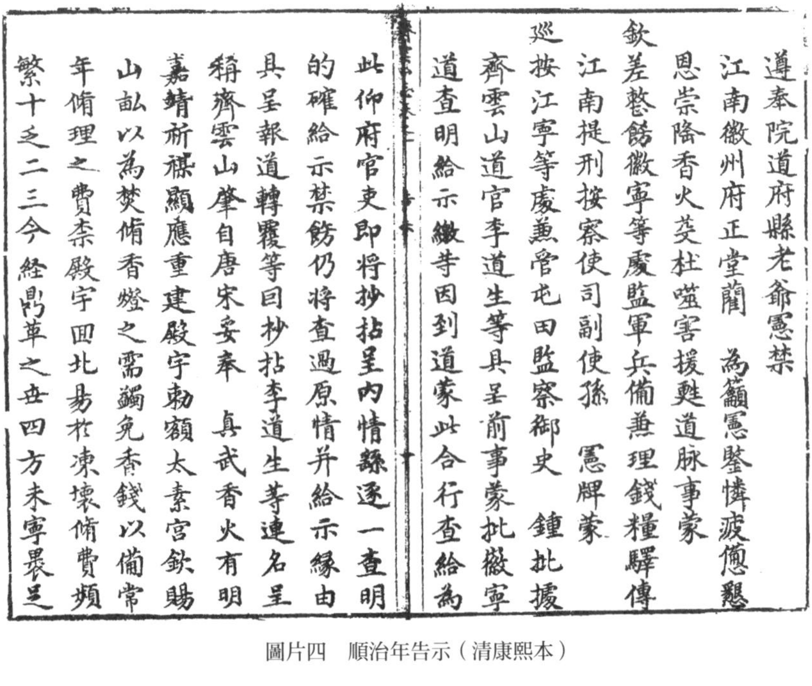

遵奉院道府縣老爺憲禁
江南徽州府正堂蕭　為籲憲鑒憐渡懲懇
恩崇隆香火芟杜噬害援甦道脉事蒙
欽差整飭徽寧等處監軍兵備兼理錢糧驛傳
江南提刑按察使司副使孫　憲牌蒙
巡按江寧等處兼管屯田監察御史　鍾批據
齊雲山道官李道生等具呈前事蒙批徽寧
道查明給示繳寺因到道蒙此合行查給為
此仰府官吏即將抄粘呈內情繇逐一查明
的確給示禁飭仍將查過原情并給示緣由
具呈報道轉覆等因抄粘李道生等連名呈
稱齊雲山肇自唐宋妥奉　真武香火有明
嘉靖祈禱顯應重建殿宇勅額太素宮欽賜
山畝以為焚脩香燈之需蠲免香錢以備常
年脩理之費柰殿宇田地易於凍壞脩費頻
繁十乏二三今經鼎革之世四方未寧畏足

圖片四　順治年告示（清康熙本）

圖片五　華東師大圖書館藏本（清嘉慶本）

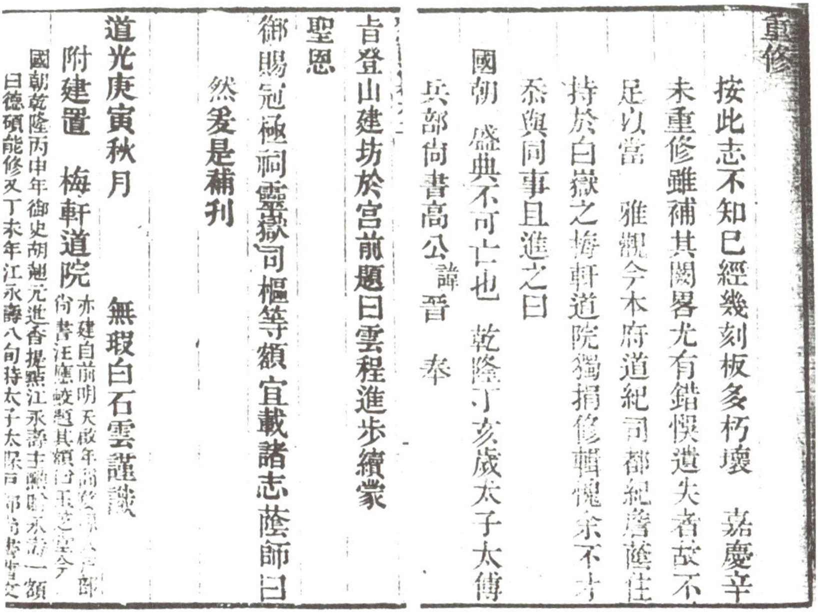

重修

按此志不知已經幾刻板多朽壞　嘉慶辛
未重修雖補其闕畧尤有錯悞遺失者故不
足以當　雅觀今本府道紀司都紀詹蔭住
持於白嶽之梅軒道院獨捐修輯愧余不才
忝與同事且進之曰
國朝　盛典不可亡也　乾隆丁亥歲太子太傅
兵部尚書高公諱晉　奉
旨登山建坊於宮前題曰雲程進步續蒙
聖恩
御賜冠極祠靈嶽司樞等額　宜載諸志蔭師曰
然爰是補刊
道光庚寅秋月　無瑕白石雲謹識
附建置　梅軒道院　亦建自前明天啟年間[illegible]部
尚書汪應蛟題其額曰玉芝堂今
國朝乾隆丙申年御史胡翹元進香提點江永壽主[illegible]一額
曰德碩能修又丁未年江永壽八旬持太子太保[illegible]部尚書[illegible]之

圖片六　道光十年重修題識（清道光本）

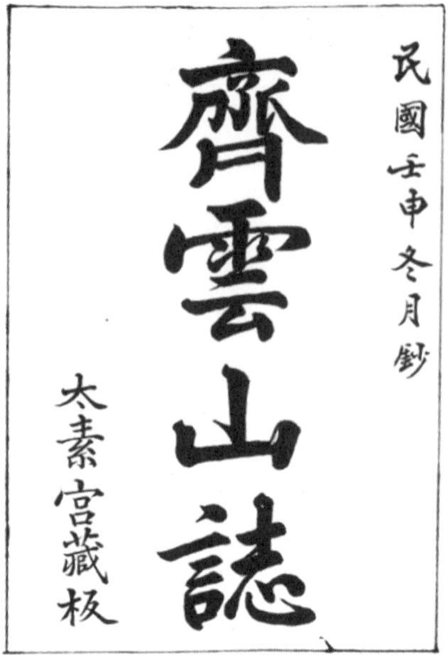
民國壬申冬月鈔
齊雲山誌
太素宮藏板

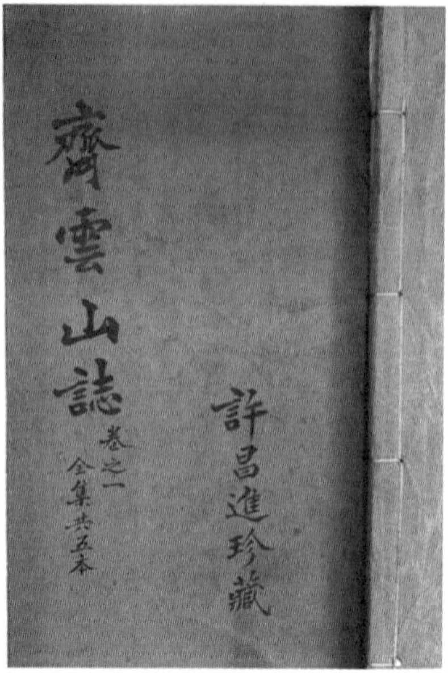
齊雲山誌　卷之一
全集共五本
許昌進珍藏

圖片七　民國許朗卿抄本（上海圖書館藏本）

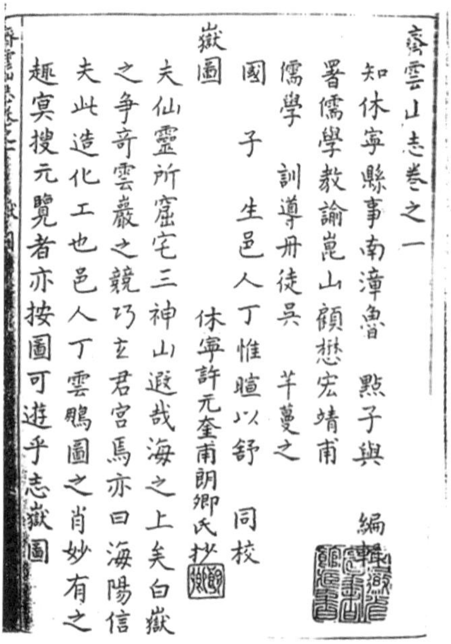
齊雲山志卷之一
知休寧縣事南漳魯　點子與　編輯
署儒學教諭崑山顧懋宏靖甫
儒學　訓導冊徒吳　芊蔓之
國　子　生邑人丁惟暄以舒　同校
休寧許元奎甫朗卿氏抄
嶽圖
夫仙靈所窟宅三神山邈哉海之上矣白嶽之爭奇雲巖之競巧玄君宮焉亦曰海陽信夫此造化工也邑人丁雲鵬圖之肖妙有之趣冥搜元覽者亦按圖可遊乎志嶽圖

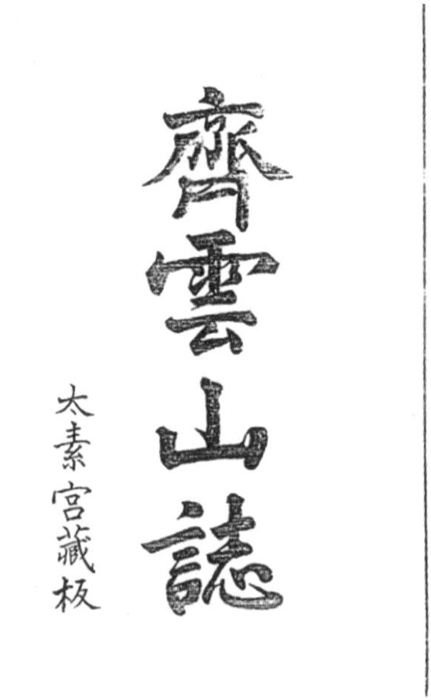
齊雲山誌
太素宮藏板

圖片八　民國許朗卿抄本（安徽省圖書館藏本）

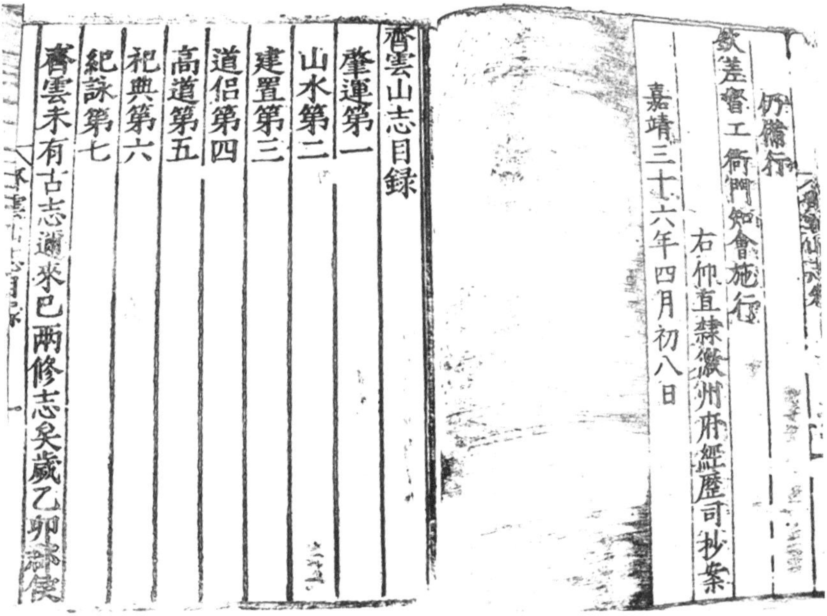

仍備行
欽差督工衙門知會施行
右仰直隷徽州府經歷司抄案
嘉靖三十六年四月初八日

齊雲山志目録
肇運第一
山水第二
建置第三
道侶第四
高道第五
祀典第六
紀詠第七
齊雲未有古志邇來已兩修志矣歲乙卯冰侯

圖片九　齊雲山志目録（明嘉靖本）

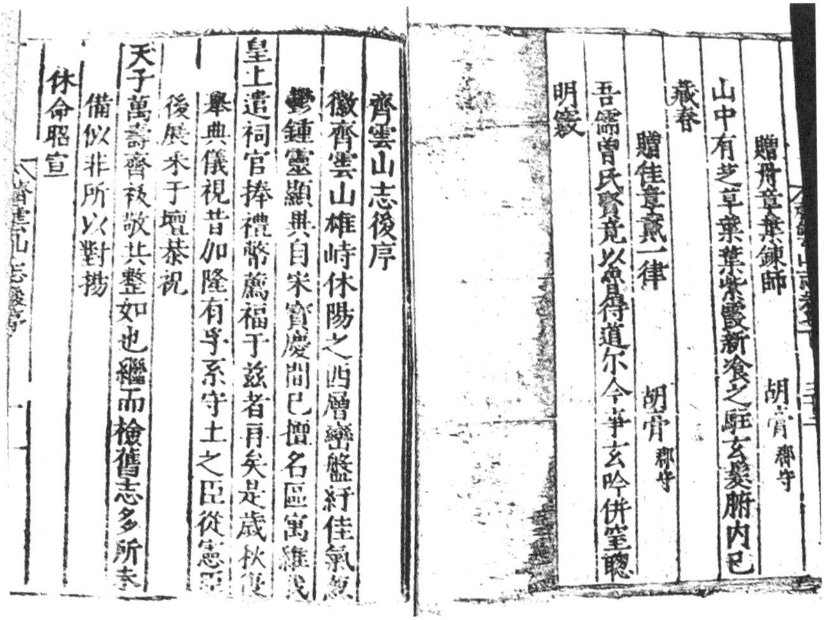

贈丹竟棄鍊師　胡宥 郡守
山中有芝草棄葉紫霞新飡之駐玄髮腑內已
藏春
贈佳竟棄一律　胡宥 郡守
吾儒曾氏賢克以兼得道尔今爭玄吟併筀聰
明毅

齊雲山志後序
徽齊雲山雄峙休陽之西層巒盤紆佳氣煞
鬱鍾靈顯異自宋寶慶間已擅名區寓維我
皇上遣祠官捧禮幣薦福于茲者再矣是歲秋從
舉典儀視昔加隆有孚系守土之臣從憲
後展禾于壇恭祝
天子萬壽齊被敬共整如也繼而檢舊志多所未
備似非所以對揚
休命昭宣

圖片十　齊雲山志後序（明嘉靖本）

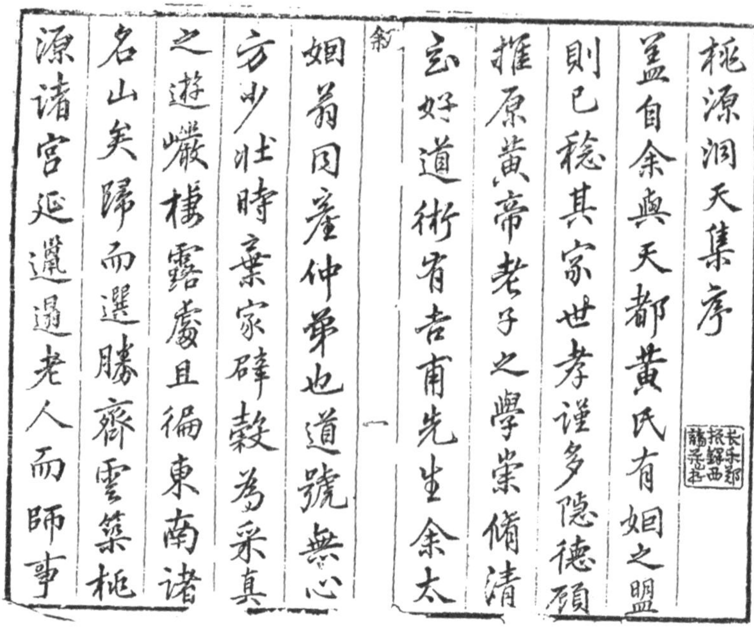

圖片十一　齊雲山桃源洞天志序

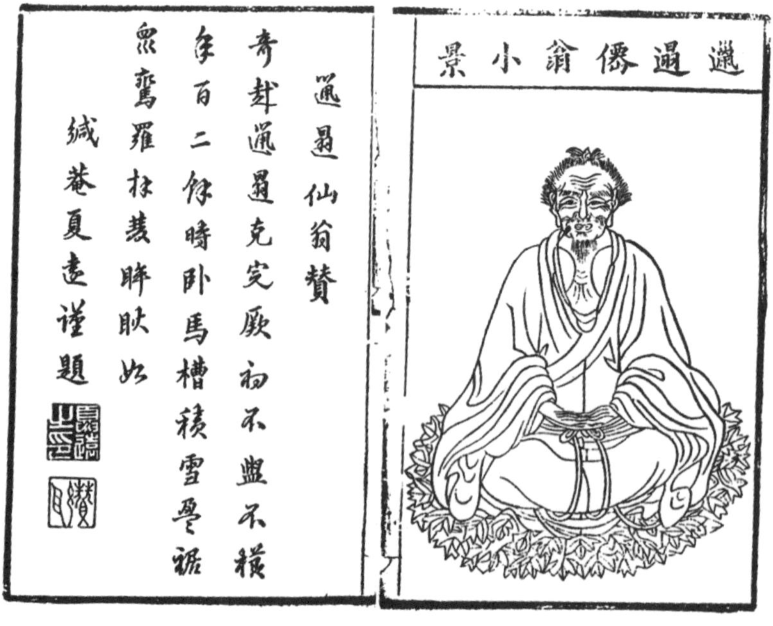

圖片十二　齊雲山桃源洞天志插圖

《齊雲山志（附二種）》編委會

顧　問：陸　群　金　濤
主　任：王　卡
副主任：汪桂平（常務）　方來壽　張　偉
委　員：王　卡　汪桂平　方來壽　張　偉　王皓月　劉　志　詹和平
點　校：汪桂平　王皓月　劉　志
審　訂：王　卡

目録

前言

齊雲山又名白嶽，位於古徽州休寧縣境，山靈水秀，素有『風景綺麗甲江南』之稱。齊雲山亦是一座文化名山，儒釋道三教文化在此共生共榮，歷史悠久。唐宋以來，齊雲山的道教發展尤顯突出。其主祀真武大帝，仿湖北武當山建制，故有江南小武當之稱，曾列爲中國道教四大名山之一。

明代萬曆年間休寧知縣魯點纂輯的《齊雲山志》，凡五卷十五篇，詳述齊雲山之山川地理、建置沿革、敕命奏疏、碑文詩賦等，編校謹嚴，刻工精良，乃古代山志之精品。其載述之齊雲山道教活動、朝廷敕贈、觀宇道院等，尤爲研究道教文化之重要史料。

《齊雲山志》自明代萬曆二十七年刊印以來，明清兩代多次重刊補刻。據前人著録及筆者經眼所見，目前至少還保存有六個不同年代的版本。一爲明萬曆二十七年原版，二爲明崇禎間重印增補本，三爲清順治間重刊本，四爲清康熙五年增補重印本，五爲清嘉慶十六年修補重刊本，六爲清道光十年修補重印本。後五個版本均對明萬曆二十七年原版内容進行過增補。除此之外，另有民國二十四年許朗卿抄本，係據清嘉慶本抄録而成。儘管該山志存在多個版本，但存世量並不大，現多分散保存於各大圖書館古籍庫，不易借閲。或被影印收存於一些大型叢書中，如《故宮珍本叢書》《四庫全書存目叢書》等，查閲亦不易。而且不同版本的志書所載的信息有差異，要想看齊全部版本，更屬不易。因此，將此《齊雲山志》進行點校整理，出版行世，不僅有利於該山志的利用和傳播，更有利於深入研究齊雲山的地方文化。

然而，明代魯點編修的《齊雲山志》並非該山最早的山志。據載，在此之前曾兩次編印山志，一爲明嘉靖間方漢編，七卷本；一爲明嘉靖三十八年方萬有等編，七卷二册。其中，方漢志現已不存，而方萬有所編七卷本《齊雲山志》現存於寧波天一閣博物館，幾成孤本（南京圖書館亦有收藏，但只存六卷一册）。因此，整理嘉靖版《齊雲山志》，更有搶救古籍保存文獻之重要意義。

爲了深入挖掘齊雲山的文化内涵，大力弘揚中國傳統道教文化，齊雲山風景區與中國社會科學院世界宗教研究所合作，决定將《齊雲山志》整理出版。爲此，我們專門成立了一個課題組，由王卡研究員任顧問，由汪桂平、劉志、王皓月三人分工合作，將魯點編輯的《齊雲山志》之不同版本進行合校，經過數月的努力，合校本完稿。其中，汪桂平負責卷首、卷一、卷二部分，劉志負責卷三部分，王皓月負責卷四、卷五部分。汪桂平負責統稿，最後由王卡審訂。此外增補附録三種：一爲嘉靖本《齊雲山志》（節選），二爲《齊雲山桃源洞天志》，三爲本書引述史料提要。附録部分係汪桂平完成。

汪桂平

二〇一四年九月

凡例

一、版本。本書之《齊雲山志（合校本）》以明萬曆二十七年刻本《齊雲山志》爲底本，以明末重印本、清康熙五年本、清道光十年本爲補校本。凡增補之内容，補録於相應之卷中，前置【補】字，補文用不同字體表示，并出注説明。補録内容原則上以首次著録的版本爲底本，以其後版本爲參校本。另外，附録一之嘉靖版《齊雲山志》，録自天一閣博物館藏本。附録二之《齊雲山桃源洞天志》，以清道光十三年刻本爲底本，參校以各版本之《齊雲山志》。

二、文本格式。全書按現代通行的文本格式排印，雙行夾注改單行。原本中刻印不清或污損殘缺的，應据善本校出，不出校記。原本中夾帶的篆字、特殊符號等，保持原樣。

三、標點。采用現代標點規則，但限用逗號、句號、冒號、分號、頓號、問號、書名號。不用書名綫、破折號、嘆號、省略號、單引號，以免滋生歧義。書名號只用於正文（不含標題或目録）中出現的書名或篇章名。若書名與篇名連續者，在兩者之間加中圓點。

四、校勘。校勘的總體原則是盡量保留底本的文字原貌，不輕易改動。凡底本無誤，而校本有錯字漏字衍字者，均以底本爲准，不作改動。凡底本與校本文字有異，但不能斷定孰爲正誤者，仍以底本爲准，不作改動。如底本確實有誤而校本不誤者，方可據校本改正，並於校記中說明。校勘中出現下列情況的處理方法：

凡錯字漏字衍字，徑改并注明。補缺字置於方括號〔〕中。

凡避諱字，屬原字缺筆畫者，補正不出注。用替代字（如『元』代替『玄』者），不作改動。

凡原本缺損字，無法補正者，用方框□頂替缺字，無需注明。

凡原文中名物異稱或通假字、異體古字、俗寫字，一律不改。

齊雲山志（合校本）

【補】祖師聖語[1]

吾山不及諸山富，諸山不及吾山清。吾山冬寒而不寒，夏熱而不熱。三世爲人，方到吾山。五世爲人，方住吾地。七世爲人，方葬吾境。吾山寂寂草萋萋，只聞鐘皷不聞雞。汝若有緣居此地，吾令六甲斬三尸。七十二峯接天青，二十四澗水長鳴。三十六崖多隱士，葬在吾山骨也清。洪紹文書。

① 此篇聖語據清康熙本補。

齊雲山志序

白嶽雲巖舊有志，草草不足以備勝覽。惟我先師許文穆公序之，藏諸祠官，未付梓，文獻無徵，豈必異代爲然乎？不佞叨令茲土四年間，登嶽凡十有六日，亦十有六日見道士身矣。己亥仲春，同年程康侯、邵明仲、張以言偕遊焉，以志屬不佞。遂搜得先師遺序，詳哉其言之云，志之不可以已也。公諸生時，讀書於雲巖，謝執政歸，復登覽故丘，老焉。竊惟我明興二百餘年，金陵西六郡以文章賁皇猷、拜執政者，公一人。嶽之降神，豈虛語哉。成公未竟之意，不揣固陋，損益其舊志，謬爲編輯，藉丁生惟暄以舒董厥成，亦草創云爾。如其潤色，以俟君子。

萬曆己亥端陽日，賜進士文林郎知休寧縣事臨沮魯點撰。

邑下丁熙化書

齊雲山志序

王者在宥，望山川而徧羣神。由虞夏以來，封禪云亭之跡，何可勝數。要以天時久而始興，地靈閟而後顯，氣化人事畢輳而奏綦隆。夫非天庥帝貺，符瑞自然之應乎。高皇帝肇造區夏，肸蠁萬靈；成祖靖難北服，玄冥助順。于是祗奉太和之祀，赫著域中。齊雲山屬徽郡，東南一喬嶽也，由宋來有玄帝行宫在焉。世廟中興，以禖禱驗，于是祓而望拜，遣祠官至山，告禱如儀，間歲屢至。尋出内府錢幣，作宫觀，增廣壇場，鳩繕庀緝，弘于前勩，吉玉昭格，迪隆天造，遐不煌煌煜煜，㽞于純精哉。山故未有志，于時柱史莫公如士持節，逮功竣，屬休丞方君萬有，及不佞國、黄進士雲龍、吴博士子玉、詹吏部景鳳志之，草甫就而未及行。後二十年，而司馬汪公道昆自閩歸，屬門士黄生天全志之，草再更而未及就，掌故者病焉。又十年而今上御極，益嚴神人之祀，遣官祀如世廟禮，十方士人奔走祈禱，不下太和。宫殿、精舍、亭榭之設月增，而歲飾藻焕儼翼，視前十倍勝矣。歲癸巳，余謝政歸而謁帝，程生涓、吴生文辟從，山中羽士逆余嶽麓。既禮帝畢，道紀程天寧、提點汪時章、金輔經帥其徒侶，稽首而告：山之有文字，自先少師公珌署雲巖始，山之有紀載，自少傅公嘉靖志始，乃今逌志逓亡，方册何在？往屬滇幕君族子璣概舉而臚列之，志草略具，殺青業竟，追故實而補缺典，儻然邀帝君之靈，惟少傅公序矣。不佞唯唯。齊雲之棲帝真久矣，測野在牛斗之墟，而虚危之宿值焉。清淑扶輿磅礴百餘里，其峰巒崖壑、泉水洞梁之勝，瓌瑋奇怪千億不可名狀，居然與太和埒，盖太始氏之所判澄凝，匹溟渤者也。夫以封禪告成之主，凡七十二家，而混沌結繩者且半之。至于今而後膺封祀，名海内，豈天之愛道，地之爲章，俟時而不取遽哉？是亟宜志也已。余獨靳：夫今之崖壁鎸題且遍，而無舉宋以上者，志于何有？程生進曰：桒酈氏之《水經》微載之作者，或待索焉。又靳：夫海内之士，梯航呼號，接踵玆山，望若慕而即若素神所從妙者，志于何有？吴生進曰：此以其神神，彼以其人神，無方無體，人神合矣。不佞逓頷之。善矣，夫人之謬太史公也，近有一武當而不能舉，何論齊雲，又烏覩所謂崑崙者乎？甚矣，齊雲之山志之不可以已也。揚玄時之隆，大帝居之貺，彰山川之靈，進之則詩囊昔，幽之則嚴禮樂，細之則拾遺佚，作者之善物備矣。匪直畿輔黄圖之光，聖天子恭默昭假之化，所施及隆遠哉。衆曰善。乃屬諸羽士載之。

賜進士光禄大夫柱國少傅兼太子太師吏部尚書建極殿大學士知經筵起居注總裁會典，郡人潁陽生許國譔。

同郡後學劉然書

齊雲山志序

海内名山，以岳稱者五。盖先王執冒明堂，集玉帛，取五方中道輻輳，道中氣亦和，陰陽不頗，涼燠維時。外是奇嶼絶巘，雖滿輿圖，祇供玄覽勝臨，爲墨卿騷壇解頤助耳。新安幅員千里，六邑皆環山以居，名疏六水，實滙一溪。歙、婺、祁、黟、績，比鄰它郡，獨吾休控歙上流，中居五邑，故測景在中圭南，風氣融結，蜿蜒昂霄。金水土之曜，麗而不軋，木火削而不劇，鍾於人，産於物，本一類從，俗厚質雅。其民馴奉官師如神明，其士大夫即高誼峻節，雄文邃學悉出之和平，而執於道所鍾者然也。齊雲山又在休中域，前襟溪水，上逶率山。率山者，《山海經》所載蠻山也，爲江南隩區鼻祖，古尊三天子都，即此。若黄山大鄣，皆其衍脉，一再衍而爲齊雲。圖經號白嶽，號中和山，曰岳，曰中和，旨可測矣。按圖綴異，殊態肖生，更僕莫能殫述。山之闢，代遠不可攷。上有玄帝金像，相傳百鳥啣泥成者，威嚴奪人目。宋朝觀宇薄櫨，厄於鬱攸。明興，稍稍增羽衣，構椽頂禮，遠近禱雨禳癘，徼禎祥，立應如響，猶未盛也。肅皇朝，以禋祼叶吉，勑建鼎新，沉檀雲蓊，䄉鋈霞翩，鏜鼓殿堂，齋室几閣，與高高，與下下，遍滿岳麓間，而霽月涼颸。道流敲磬步虚聲，或隔嶠嶼，奏絲竹，韻度嵐煙飄飄然，儼界抵掌見之。余嘗避暑於捨身崖，得其槩第，意蹄涔眉睫，無爲河伯笑乎。及結綬遊江右，登匡廬，又遊川西，登青神，登三峩，其崇峻宏巨，固什百千萬。而廬之五老峰，青神之香爐峰，峩之天門洞，不能埒齊雲者，亦什百千萬。豈非清淑中和之氣端貞渾璞，不競巧而巧勝，不恃大而大具，必有莫之爲而爲之者耶。山故有志，近百秊無名公筆削，蕪冗不倫，舊輯且散逸。邑魯侯子與先生，政洽人和，慨從諸搢紳所請，稽故徵新，不數月而志就，爲卷凡若干。余時過里社，侯屬以序。亡何，奉勅入四明，視海兵，侯亦以民部内召。余同門叐人邵明仲移書千里討諾，責其何説之辭。余惟明仲讀中秘書，卧遊海島蓬瀛，奚啻靈岫，顧授簡於剽説之夫。魯侯濟世，楚才中牟，媲蹟休民社倚藉者甚遠，特寄興于介丘，安足當雲夢洞庭一瞬乎？然召伯之公也，詩人思以甘棠。魯侯之去也，甘棠在志。志存則澤存，齊雲千古不磨，侯之德亦不磨矣。或曰：侯嘗言宦兹土，以不德累吾民，柰何神兹山，以德累吾民？夫神拯民灾，貽民福，錫羡無方，累之爲言何也？冠盖秘祝至止，郡邑借聲，或以名入，或以利入，匪獨累民，亦以累官，有味乎言之哉。侯將藉此以表大神靈貺，明德惟馨，仰不可褻，欸不可假，睹方岳而憶玉帛，鏗鏘如臨，顧中和而思義，匪軌於道，詎敢升中，此侯之所爲志也。若第以圖經文字詩賦爲兹山哆口，必不然矣。

賜進士嘉議大夫浙江提刑按察司按察使、奉勅巡視海兵兼理邊儲前兩奉勅整飭杭嚴兵備督理江西清軍驛傳副使、邑人范淶撰。

乙亥中秋月程尚賢書

齊雲山志序

齊雲山距邑西三十餘里，其巖巒泉石之勝聞天下。迨世廟時，以祼祀響應，鼎新宫殿，命官掌祠，幾与太和山埒。海内搢紳士來禱者無虚日。率由治以達山，輪蹄相望於道，山之爲吾休重也，所從來矣。夫山雖稱奇特，塊然一危石爾。乃磊落洞達，撑霄拄日，負彼敻拔不凡之質，以静峙於幽閒廣莫之區，初何意帝時崇隆其間，而奔走天下爲也。山不期於神，而神自棲焉。神不期於人，而人自至焉。余諦思之，始而疑，繼而悟，終恍然而失。大都悠悠塵世，觸景成迷，汩没風波，動皆業障，惟明神託靈兹山，与賢士大夫不遠千里而遊者，盖亦懷出塵之標，覺迷途之誤，當波流風靡之時，冀一置身清虚雲物之表，以脱屣業障，視山之塊然静峙，同一無求於世也。然山以神著，神不負山，人以神至，神其負人耶？感召祲祥，捷如桴皷，祀典良足徵已。吾邑侯魯公蒞休逾四年所，清浄寧一如一日，若深有得於兹山之趣而布諸政者，公可謂不媿山靈矣。今陟且去，尤亟亟以志爲役，其品槩可想見云。

萬曆己亥仲夏之吉，賜進士中憲大夫福建泉州府知府邑人程朝京譔。

里人汪大同書

剞劂式黄奇①

①『黄奇』，清康熙本、嘉慶本、道光本均作『黄惟敬』。

齊雲山志序

余觀漢《郊祀志》述，昔王者受命而興，多主封禪云。此其説昉於《書》之岱宗，《詩》之喬嶽，中間並敘七十二家。雖涉荒唐，而名山勝槩，藉以耀當時、誇後世者，實爲天子寵靈之，而志書紀載之也。志之不可以已也，如是。夫吾休齊雲一山，離城舍許，爲新安之東南鎮嶽。高曠遼邈，周圍綿亘數十里，其上之重巒疊嶂，奇崕怪石，清泉流澗，絶勝不可殫計。而約其大都石天一門、五老諸峰擁護前後，爐峰特聳中立，拱揖玄帝之居，天造地設，與楚嶽太和相表裏。歷趙宋以來，水旱禱祀輒應，然尚閟而隱也。迨我國朝世廟祓靈，聖聖誕生，禋祀始崇。嗣出少府錢，遣官賫本山，命將作構室宇，而神居益廓，樓臺亭榭，丹雘日新。四方士女，頂戴焚香，道路不絶。遊人騷客，鐫題歌詠，金石爲徧。廼兹山之靈，遂以大顯。余家白麓，去齊雲甚邇。未第時，常讀書山椒，每呻吟暇，偕同儕共相登眺，見昕夕之際，烟霞吞吐，旋出旋没，日月虧蔽，倏雨倏暘。變幻千狀，鄙衷灑然，塵慮頓釋。歸從道士索志爲睹，印正所懷。顧道士應以舊志殊草艸，而新志先年欲脩，自許少傅公，迄今未成刻也。余頫首而嘆，謂誠闕典哉。今幸魯令君來涖邑四年所，政寬民和，遠近咸德之。而以其公餘脩飾志稿，捐俸刊布，賴余友丁以舒校正。余與令君，前後同出先師少傅公門。喜令君有以成先師之所未成也。敬謝不敏，用爲之序。

賜進士文林郎巡按直隸監察御史、邑人汪先岸譔。

里人金文泰書

【補】齊雲山志序①

粵稽海内名山，備諸記載者頗多，然皆心景其勝，未得親陟其境。夫以七尺之軀，而周四海之廣，誠戛戛乎難言之。余生嶺表，南望五指之秀，東盼羅浮之雄，度庾關而指匡廬，越金陵而問泰岱。名山大川之下，奇特傳聞一流，覽焉如在指顧中也。如齊雲旌甲江南，與黄山並峙，其山水之英姿，神靈之感應，宇内莫不仰而宗之。迨蒞休時一登覽，峰巒崕壑，瑰奇萬妙，清泉瀑布，垂落千珠。天柱香爐，留僊人之奇蹟。三姑五老，煦學士之行吟。穿九曲而挹五龍兮，何清以淑。酌斗泉而飫飛雨兮，源源無已。誠觀山水者之大快也。俄而黄冠道人，引謁玄帝金相。稽其肇剏，則奉自宋始，至明世廟，禱祈輒應，祀典崇隆，尤出非常。其殿宇巍峩，亭榭絡繹，景色之輝煌，至今猶有存者。蓋神得山而神顯，山得神而山重也。山之巔，琴鶴陪遊。山之畔，桑麻掩映。謂神之力而然乎？謂非神之力而然乎？會心之餘，塵襟俱浄。若五指、羅浮之奇曠，匡廬、泰岱之偉觀，可一望而馭之矣。由今

① 此序據清康熙本補。

思昔，人有離山之日，山無離人之時，前此者不知幾人，後此者又不知幾人也。請以此而羞之山靈。

旹康熙丙午之秋七月既望，賜進士第知休寧縣事雷陽洪泮洙撰。

【補】齊雲山志序①

白嶽雄勝甲江南，而聲薄海者，寧直絶巘千尋，奇峰萬點，雲壑幽邃，飛瀑懸空，膾炙人口已哉。盖扶輿清淑之氣，凝結成象，神靈憑之，帝天貺之。乃得與五岳並峙域中，奔馳天下，以故山川特旺，贙豪接踵，自開闢而已然矣。大宋始奉玄帝金相，迨明世廟，禖祈輒應，屢遣禮官崇其祀典，巍峩殿宇，諸凡五步一亭，十步一榭，雕甍出巔，畫棟列麓。一時輝煌景色，雖太和之盛，篾以加諸。紀載之家，代不乏人。覩已刻志序，論其封禪之自，禱祀之符，樓臺之麗，吟詠之繁，前人之述詳矣。至余垂髫時，先太僕挈余讀書崇椒，匪伊朝夕目擊，其間氣象靈變，獨有異焉。或彩雲錦霞，琪花靈卉；或晴嵐雨樹，鶴舞猿啼；或浮烟籠罩，天門晝掩，爐峰隱没；或惠風幽發，五老婆娑，三姑唱和；或雲日清美，憑闌遥矚，悠然虞夏商周；或星月皎潔，笙簫摇耳，宛在蓬萊宫闕。由今溯昔，不覺刻畫更肖也。若乃好風好雨，百穀用成，受命如嚮，是又玄帝福國錫民之本願，毋容饒舌贊頌者耳。雖然，人閱境而倏變，

① 此序據清康熙本補。

境閱人而常新，山靈不爽，山盟不寒，登覽之頃，無限低徊，豈非天造地設，偕五嶽並稱而開千萬世之偉觀者歟？豈第曰甲江南而已哉？

江南甲午經魁汪亦緒譔。

【補】重修題識①

按此志不知已經幾刻，板多朽壞。嘉慶辛未重修，雖補其闕畧，尤有錯悞遺失者，故不足以當雅觀。今本府道紀司都紀詹蔭，住持於白嶽之梅軒道院，獨捐修輯，愧余不才，忝與同事，且進之曰：國朝盛典，不可亡也。乾隆丁亥歲太子太傅兵部尚書高公諱晉，奉旨登山，建坊於宫前，題曰雲程進步。續蒙聖恩，御賜冠極祠靈嶽司樞等額，宜載諸志。蔭師曰然。爰是補刊。

道光庚寅秋月，無瑕白石雲謹識。

① 此題識據清道光本補。

【補】順治十一年告示①

江南徽州府休寧縣，爲叩憲電鑒清白因由苦差苦役事。據本縣齊雲山提點胡德明、徐恩耀，道會胡聯科等具稟前事，詞稱：本山始自漢晉，唐宋元明歷朝勅賜，荷蒙明朝嘉靖年間祈嗣有應，即誕隆慶皇帝，於十八年重建聖殿，未曾欽賜御田，衆道衣食，咸賴十方施捨度日。聖旨勅諭，凡有朝香士庶，每一疏公納分文以爲常貯。額納府香錢，復蒙勅旨，原納該府香錢，特與除免，以備本山常年修理之費。况殿宇坐南面北，易於損壞，確于二年小修，五年大修。併玄帝聖誕、飛昇、萬壽、千秋、冬至、元旦聖節，所費浩大，雖有欽免香錢，十缺其七。際此鼎革之秋，四路阻塞，十無二收。歷朝上司府縣爺臺臨山，俱係月夫里長應辦酒筵，嗣后明朝通行一條編事，例派在編内應辦。每遇爺臺登山，蒙縣主票唤本山預備，給價筭還，或有給，或無給，不敢冒煩稟領，年深月久，漸次成規，無可奈何。前縣主賈爺恩免差役，批呈爲據。遭逢鼎革之秋，屢遇飢荒，十方香客不臨，該當管年，役重賠累。可憐一十八烟俱已滅迹，房屋盡爲坵墟，差役連累，通山聖殿頹壞，修

① 此告示據清康熙本補。原文無標題，係整理者加。

理急在燃眉。幸遇憲臺涖政，天運挽回，化日當空，萬邪歸正。伏乞恩准金批，超免苦役。道衆無奈冒死泣陳，上司老爺登臨，理該恭敬，至於夫役人等，各有工食，懇求施恩開豁，超生超累，再造億世，因功勒石，永垂不朽等情。奉欽差整飭徽寧等處監軍兵備兼理錢糧驛傳江南提刑按察司副使孫□批詞：遊屐所至，供應實繁，一槩跟隨人役，皆取給於黄冠，則其賠累之苦，情亦逼真。仰休寧縣照前勒石禁止可也。等因奉此。擬合出示，勒石嚴禁，爲此示諭。凡跟隨各上司登山各役轎車夫人等知悉，諸役原有工食路程，理宜帶來自炊，毋得擁闖管年道官道士之道房，需索飲食，混取各物。敢有抗違不遵者，許令本山衆道官士扭來，稟縣以憑，按法重處，仍行申究，斷不輕恕。須至示者。

右仰知悉。

順治十一年六月十一日給。

【補】遵奉院道府縣老爺憲禁①

江南徽州府正堂藺□，爲籲憲鑒憐疲憊，懇恩崇隆香火，芟杜噬害，援甦道脉事。蒙欽差整飭徽寧等處監軍兵備兼理錢糧驛傳江南提刑按察使司副使孫□憲牌，蒙巡按江寧等處兼管屯田監察御史鍾批，據齊雲山道官李道生等具呈前事蒙批，徽寧道查明給示繳等因到道，蒙此合行查給，爲此仰府官吏即將抄拈，呈内情繇，逐一查明，的確給示禁飭，仍將查過原情，并給示緣由，具呈報道轉覆等因。抄拈：李道生等連名呈稱，齊雲山肇自唐宋，妥奉真武香火，有明嘉靖祈禩顯應，重建殿宇，勅額太素宫。欽賜山畝，以爲焚脩香燈之需。蠲免香錢，以備常年脩理之費。奈殿宇面北，易於凍壞，脩費頻繁，十乏一二，今絟鼎革之世，四方未寧，裹足不前，致益匱乏。枵腹鐘皷，爲國祝釐，罔敢弛怠。然被陋弊，沿累疲久，無可陳控。幸際憲臺福臨新安，昆蟲草木，咸沾煦育，敢述下情，冒干斧鉞。盖緣上司經臨海陽，登玩名山，至於夫役隨從，向云供有公帑，然實累於道房。節蒙上憲頒示垂禁，沿獘欺藐，兼之土豪地惡，視道儒如几肉，恃勢侵占燈田山場，霸伐薪

① 此憲禁據清康熙本補。

木。向蒙憲禁茹葷齋潔，恃勢或將違禁壞物，勒收擡價，磊剥横索。每歲春夏醮保禾苗，三月三日做會，集衆恣爲噬嗑，鼾宿神前，攔阻進香，稍拂其欲，統兇侮辱。非藉憲法嚴禁，道懦棲依無主。伏乞慈鑒，恩准賜示鐫石太素宫前，條垂嚴禁，永杜夫役之饕，芟除豪惡之害。等情到府，蒙此隨行休寧縣確查地方土豪地棍，報道覆核給示間。又蒙本道憲牌，據李道生等稟，爲獘延抗憲閣案沉冤號親提究勦杜擾害事。詞稱土豪汪禮、鄧百元等，一方虎狼，十惡貫盈，詐財屠命，案積丘山。蹇因蟻道住持齊雲，轄近肘腋，豪恃勢要，侵占燈田山場，霸伐薪木，勒收葷物，磊剥横索，狂飲兇辱，節節加害，款款有據。幸逢按院爺爺駕臨徽郡，不敢粘名，聊陳惡跡，請示嚴禁。蒙准謄送憲天，查明頒示。隨批發府行縣，查明是何地方土豪地棍，究獲巨憝詎豪，奸獘百展，錢神四佈，里保畏匿不報等情，合行查究。爲此仰府官吏，查照先今事理，速將按院批詞查明給示，張掛嚴禁，取具地方里保遵依，并繳原詞，送道覆核，轉報施行。仍將土豪汪禮、鄧百元等嚴拘究審，逐一秉公確訊，妥招解道批奪等因。蒙此覆行，休寧縣嚴拘各犯，究解去後，續據該縣申稱，遵奉嚴比，原差劉文當堂鎖押保長，立要犯人汪禮、鄧百元等究解。又據該圖保長汪德恩稟稱，奉牌行拘，犯人汪禮、鄧百元等懼法，挈家逃遁饒鎮，地方無憑拘送，蒙責原差坐押役拘，情急據實回報。覆経嚴審，各犯委果懼罪逊遁，除給批緝外，仍給示本處地方，永禁不得到山褻神殘害等情，具申到府，據此爲照。黨惡汪禮、鄧百元等，抗違遠遁，轉報院道，另行差快緝訪拿解外，合嚴出示飭禁，爲此示仰附近一切士民人等知悉，嗣後凡至本山春祈慶誕，夏保禾苗，只許道士代醮，敢有地棍攔阻進香，索騙住持，及將壞物挾收勒價，强踞山場，霸砍薪木等情，許即據實指名，稟府拿解，院道律究。如有道士畏勢，仍前備酒收貨，一体察究不貸。特示。

順治拾叁年六月　日給。

齊雲山志目録

〔藝文三〕

國朝

七言律詩

七言排律

七言絶句①

終

①『七言絶句』一目，校本均置於卷之四『六言絶句』之後。

齊雲山志卷之一

知休寧縣事南漳魯點子與　編輯
署儒學教諭崑山顧懋宏靖甫
儒學訓導丹徒吴芊蔓之
國子生邑人丁惟暄以舒　同校

嶽圖

夫仙靈所窟宅三神山，遐哉海之上矣。白嶽之争奇，雲巖之競巧，玄君宫焉，亦曰海陽。信夫，此造化工也。邑人丁雲鵬圖之，肖妙有之趣，冥搜玄覽者，亦按圖可遊乎。志嶽圖。

石橋

圖二
岐山
晞陽岩
天泉書院

棋盤石
觀音堂
觀音岩
天井
小石橋
天井

圖三
萬壽山
天梯
天井

五老峰
五鳳樓
獅子峰
文昌閣
安濟橋

圖四
三姑峰
獨聳峰
天柱峰
西天門

展旗峯
雷壇
雲龍閣
駱駝峰
沉香洞

圖五
舫峰

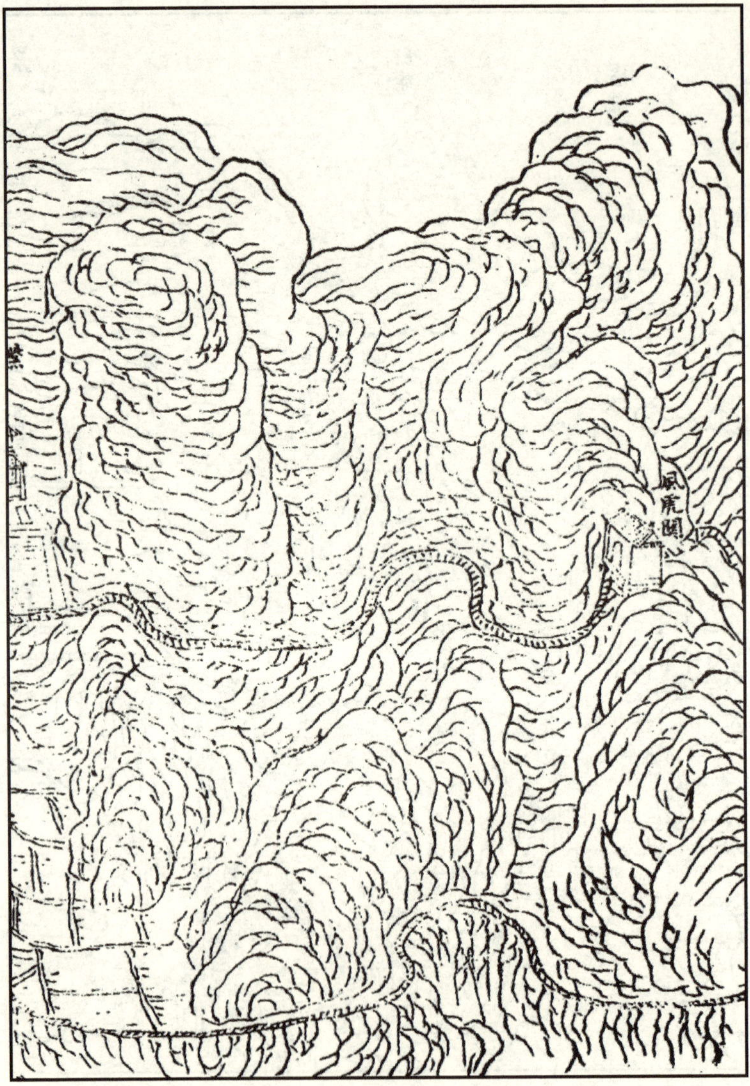
風虎關

圖六
仙鶴橋
棲霞洞
萬峰晴雪
浮雲岑
玉屏
馴鹿洞
華林塢
浣桑池
退思岩
捨身崖

玉
隱雲峰
鐘峰
香爐峰

圖七
拱日峰
石柱峰
碧霄峰
鼓峰
碧霄庵
三清殿

天梯
文昌閣

圖八
觀音岩
功德堂
天池
象山
真仙洞府
天門
碧蓮池
雲龍潭

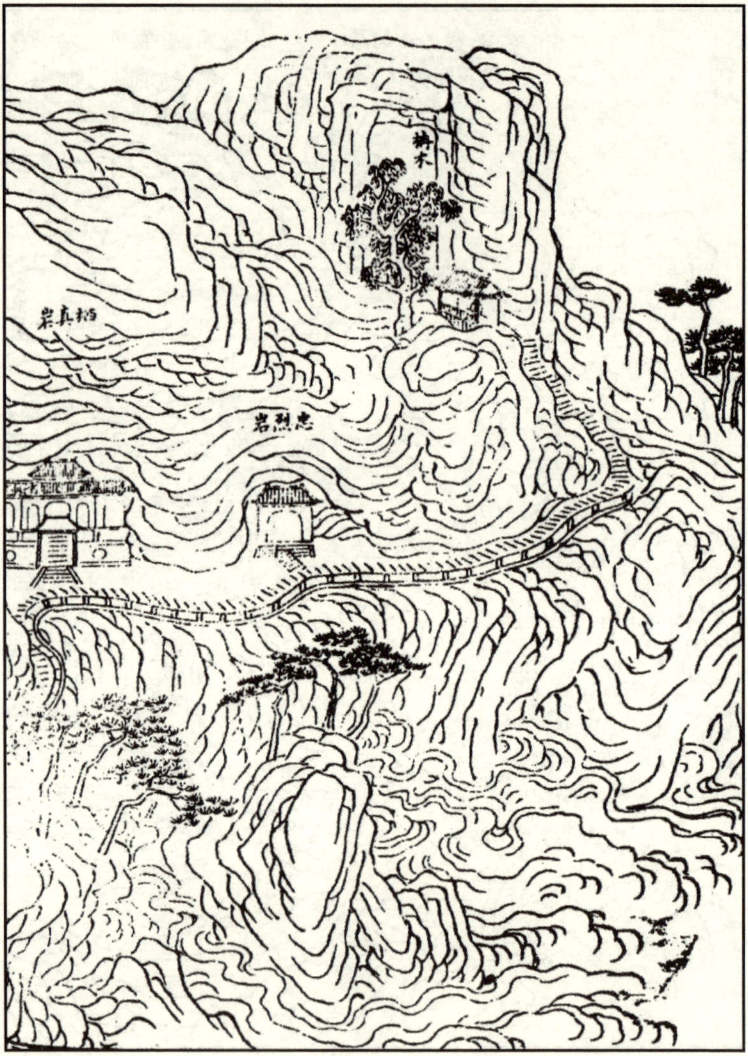
梅木
栖真岩
忠烈岩

圖九
展誥峯
望仙亭
靜樂宮
真氣亭
落花洞天
落花澗

望仙臺
溪山第一
漸入仙關

圖十
海天一望
松月
雲水

中和
登高
環峰拱秀
天下第一名山

白岳
公館
登封橋

山水

按休寧封域，鄣山左麓也。山峭厲，水清激，惟白嶽臨漸水，爲余楚玄嶽副，他山不敢望焉。惟嶽降神，生甫及申，天之將雨，山川出雲，應禱如響也有自哉。志山水。

齊雲山 高五百餘仞許，自率山巃嵸盤結迤百里至岐山，巘岫益奇。又二十里，偃仰障撑碧落，因此齊雲名焉。黄山當其前，顔公山屏其後，祁山蔽西，黟水帶麓，萬巘迎趋，千壑奔匯。白嶽山東絶壁斷崖，松蘿匝藹，形勢如蓮座。岐山 西二十里有石橋、石龍、石講堂、飛瀑、石仙秤。太山 南十里，諸峰羅立如衛。流碣石 東北十里，石笋林立。萬壽山 西十里，在南澗漆樹園，高出萬山中。南山 與岐山隣。獅子山 在宫西三里，與五鳳峰隣。茆山 在宫西三里，與紫霄崖隣。象山 東一里，天門即其鼻也。

輦輅峰 石壁峭立，羅列如衛，爲太素宫之負。碧霄峰 宫後，高二百仞許，常隱見於雲霞中。玉屏峰 輦輅峰上，石展如屏。鍾峰 宫左。鼓峰 宫右。香爐峰 峙立當陛前，高二百仞許，絶不與群山相屬。國初鑄鐵亭子，抹金成，人力不能上，一夕風雨，自至峰頂。五老峰 西天門外。插劍峰 紫霄崖右。展旗峰 紫霄崖左。仙人峰 山南。天柱峰 南一里，高三百仞。拱日峰 寥陽殿後。石笋峰 西五里，山礀麓。駱駝峰 紫霄崖前。展誥峰 棲真巖上。天衢峰 步虚亭上。喬松峰 望西山南。望仙峰 有亭。照壁峰 凌風亭上。中和峰 有亭。隱雲峰 宫西。白嶽峰 松月亭上。獅子峰 紫霄崖西三里。獨聳峰 紫霄崖西二里。印峰 紫霄崖右。五丁峰西天門。三姑峰五老峰左。五鳳峰西天門北，上有石人，呼之隱隱若有聲。柱笏峰北山之陽。五龍峰天柱峰側。鵲橋峰華林塢上。巨門峰輦輅峰後。西瀛峰東北十里，奇峰雜立。廉貞峰宫北。湖洲峰黄土嶺上。玉女峰南山磵，石巔特立如髻。三教峰南澗，三峰并峙，如戴儒釋道冠。玉臺峰玉女峰西。輔巖峰高四百餘仞，下有延慶寺。臈燭峰天柱峰側。金牛峰山北。五雷峰三清殿左。萬壽峰南山側。最高峰在碧霄峰背。

獨聳巖宫西。高三百仞，周十五里，有洞深邃，可容數百人。峰頂有池，深莫測，常有金鯉出現。唐末宋初時有寇結寨團粮於上。玄帝降神火燒毁，諸寇潛遁滅跡，至今焦米猶存。石門巖東天門内，元和間有石門寺，今廢。蜜多巖白嶽山南，有蜜多院。黑虎巖文昌嵓左，石崖間虎跡如印泥淖。退思巖宫西。棲真巖東天門外，中有興聖祠、初仙館、雪崖館，又名千人緣。觀音巖一含坑，一棲真嵓背。虎嘯巖望仙亭下。忠烈巖棲真嵓左。文昌巖雨君洞左。留雲巖在華林塢。月巖天井上，遥望石罅，通圓如月，俗呼天窓。佛巖南山之北。石橋巖在岐山石橋，宛然天成，一峰正中，卓立橋外，環繞有九皷峰、萬皷峰、白龍嵓，亦有碧霄峰，下有石橋院。嵓上石龍鼻端歕水尤奇。圓通巖羅漢洞右。滴水巖西二十里，觀音嵓左。梧桐巖東二十里，懸崖可避風雨，下坦石可當堦墀，有佛祠。雨巖在望仙岺。竹子巖輦輅峰南。道德巖又名晞暘嵓，在石門内。希真巖在真仙洞，昔爲羅漢洞，壁有蟠石如龍，鱗甲宛然。深入二十餘里，束炬可抵藍渡。小石橋巖在南磵。輔巖山西二十里。復性巖石橋嵓東，懸壁千仞，石梯數百武，上有石室，巔有冽泉，山半有古築石城。白龍巖南澗嵓壁間，淘溶沙迹，其勢若飛騰然。廓巖在玉屏右側，峭壁危立，東瞰蒼莽，如憑虚雲物，變幻最奇，仙逸多隱其下。

真仙洞 石門内，墮石懸崖，周匝無路，中忽開一竇，方廣如門，蓋天造者。宋有天谷子居兹，以開雲嵓之基。羅漢洞 闊深最勝。雨君洞 希真嵓左。珠簾洞 晴雨噀珠。碧霞洞 圓通嵓左。烏鴉洞 浮雲嶺上。師真洞 展旗峰下。栖霞洞 浮雲嶺南。白馬洞 在黑龍嶺。馴鹿洞 在華林塢。潛龍洞 紫霄崖下。沉香洞 在駱駝峰腹。白龍洞 在華林塢。雷神洞 五丁峰下。北洞 宫南三里許，中有屏榻，整然如房。心性洞 在石橋嵓，洞虚而圓，嶺南湛甘泉先生登此，從遊諸生即峭壁刻《心性圖説》。

白嶽嶺 峰下。羊棧嶺 步雲亭上。西界嶺 中和亭下。望仙嶺 在兩嵓間。車硔嶺 石室側。月華嶺 梛梅庵前。松月嶺 浮雲嶺下。龍昇嶺 在西天門。太平嶺 五老峰麓。浮雲嶺 鵲橋峰下。南山嶺 淡竹塢西。千佛嶺 獨聳嵓下。石嶺 葦輅峰後。桃源嶺 天衢峰下。呼亀嶺 東五里，有越國公祠。謁嶺 北山下。黄土嶺 在北山。赤豆嶺 在山前，上有朝真亭。

天梯 即車硔嶺，巉石夾峙，中容車跡，懸立約十仞許，遊士攀援若登天然。獨聳梯 峰下。碧霄梯 峰下。

吊馬硔 駱駝峰前。怪石硔 獨聳崖下。

紫霄崖 宫西二里，即萬人緣之負也。壁立五百餘仞，勢欲壓過之者，足未涉而氣已奪。捨身崖 宫左松崖之側，深百仞許，俯視魄悸，往往方士脱化其中，投之間不死，人皆異之。雪崖 棲真崖上。楠崖 石門下。竹崖 宫左。松崖 宫右。

龜石、蛇石 宫二門階下，交接虚危池中。棋枰石 在仙人嵓，子跡尚存。獅石 山麓港潭中。羊石 凌風亭上，亂石如羊。車盤石 一在登高亭上，一在松月亭上。金蟾石 中和亭下。鱉石 雲水亭西。太平石 亭下。

金雞石 在白嶽嶺。**鸜鵒石** 圓通嵓前，一竇如碗，夜燃燈其中，宛若有眼。**雲座石** 石門上，盤石若座。**睡仙石** 白嶽山南。**咆哮石** 棚梅庵前。**楠石** 東天門。**虎踞石** 天泉嵓左。**中立石** 在廓嵓前，壁立如屏。**丹鼎藥竈石** 五老峰背，昔有異人居此。

石鱉塢 在望仙亭下。**石壁塢** 在桃花澗。**華林塢** 紫霄崖東。**栖霞塢** 碧霄峰下。**淡竹塢** 獨聳峰西。**桃源塢** 桃花澗邊。

飛昇臺 捨身崖右。**初仙臺** 在車衖嶺。**星臺** 在插劍峰。**凌虛臺** 輦輅峰下。**七星臺** 在禮斗壇。**飛鶴瑶臺** 在黃庭道院。**思耻臺** 碧霄峰下。

黟川 西來，帶山之麓。**霭江** 獅子峰南山澗之支流。**桃溪** 桃嶺出。**藕坑** 支會黟川。**黃川** 黃土嶺出。**乾溪** 虛危池出，匯溱壑，入黟川。**紫溪** 石橋嵓出。**渠濱** 山南太平嶺出，漁溪齊雲之山阻於此。**資水** 會渭水東注。

藍渡 上接黟川，通荊楚，下會支流，達吴越。自邑西買筏泝流，可直抵山麓。

雲龍潭 水自天池瀉珠簾，下爲碧蓮池，匯此爲潭，莫測其底。天欲雨，雲出其上，如戴帽笠，居人以此占陰晴，旱則禱之，或得蜥蜴蜿蜒，雨隨至。**三潭** 九井下。**謁潭** 謁嶺下，極深不可測，傳云有神物潛其中，遇旱擊之即雨。

九曲泉 白嶽亭下。**虛危泉** 宫二門。**珠簾泉** 雨君洞上，四時雨落不竭，宛如簾挂石壁間。**吐雲泉** 雲水亭上。**琴泉** 浴仙池下瀉石壁間，听之若琴鳴。**五龍泉** 宫後玉屏山上，春如懸布，冬若水流。**飛雨泉** 在紫霄巔，流注太乙池，濺石跳珠，四時如雨。**馬尾泉** 在吊馬碪。**丹泉** 浮雲嶺畔，瀉出丹崖間。**七布泉** 天柱峰下。**玉階泉** 在南山嶺。**天泉** 石橋嵓罅中流出，甘冽不竭。郡守馮時雍建新泉精舍，甘泉湛若水先生講《孟子·盡心章》，詩示同志於此。**九井泉** 在南山澗。**天井泉** 九井之下，泉流至此，如轟雷噴雪，高濺石梁，積雨爲天井。**飛空泉** 天泉嵓東。**井泉** 西天門裏。**湧泉** 飛雨之下。

桃花澗 在石壁塢。**飲鹿澗** 步瀛橋下。**南山澗** 南山麓。**碧蓮澗** 水遶天泉嵓，昔有異僧説法於此，碧蓮花葉竟尺流出。**磨鍼澗** 在桃花塢。

虛危池 宫之二門前，左右二石，隱約若亀蛇拱伏狀。**起龍池** 石門頂。**碧蓮池** 珠簾泉滴處。**浴仙池** 更衣亭左。**偃月池** 宜男宫前。**洗藥池** 鵲橋峰下，取盥者能去痍。**太乙池** 飛雨下。**上華池、下華池** 俱在華林塢。**玉屏池** 在玉屏仙館。**龍池** 宫後五龍泉匯處，鄉民遇旱即祈帝，取歸少許，設壇洒之，以爲雨，信輒應。**天池** 一獨聳嵓頂，一珠簾泉上。**液池** 在碧霄峰之麓。

藕塘 紫霄崖前。**獨聳塘** 飲鹿澗口。**新塘** 在茆山竹塢。**觀塘** 在吊馬磡上，聚水可救旱田數千畝。

宫殿

夫崇表福區，廣神仙之宅，尊道德之風，所稱銀宫金闕，丹臺碧洞者，盖在人間矣。齊雲觀浩劫，今稱宫，金碧與日月争光，凡殿閣亭院之屬星列焉，巍巍乎玄都靈境也。志宫殿。

玄天太素宮 在輦輅玉屏峰之下，上有凌虚臺，左鍾右皷，前香爐諸峰。浄樂宮 在桃花澗。三元宮 寥陽殿前。玉虚宮 紫霄崖下。天乙真慶宮 玉虚宮左。治世仁威宮 玉虚宮右。宜男宮 偃月池上。無量壽佛宮 在紫霄崖東之麓。應元宮 在靈宮秘宇左。【補】北極宮①

寥陽殿 舊在宫左，嘉靖間迁在拱日峰下。興聖殿 在棲真嵓。

玉皇樓 舊三清殿前，今廢。飛雨樓 仁威宮右。紫霄樓 榔梅庵右。隱雲樓 在東二道院。晨夕樓 潛龍洞左。悟真樓 飛雨樓右。玩月樓 太乙池上。通明樓 宫東。紫虚樓 在寥陽殿左。摘星樓 咆哮石前。太極樓 在黄庭道院。拱日樓 寥陽殿左。太微樓 在東二院。中立樓 在黄庭道院。紫微樓 在東明院。拱極樓 在東陽院。拱宸樓 在太微院。正心樓 在中和道院。含章樓 在太微院。南極樓 在榔梅庵之右斗陽道院。視遠樓 在東陽道院。【補】岳陽樓 在敬庵院。百子樓 在東陽院。閲香樓 在西二道院。②

清虚閣 在東一道院。凌虚閣 在西二道院。東明閣 在東二院。黄庭閣 在東二道院。三官閣 在西一道院。冲虚閣 在西二道院。秘玄閣 在黄庭道院。玉虚閣 在中和道院。通玄閣 在東陽道院。華陽閣 在西一道院。文昌閣 在三姑峰下，與五老峰對。純陽閣 紫玉屏下。拱玄閣 在榔梅庵右。【補】斗姥閣

---

① 『北極宮』三字，據清嘉慶本補。

② 以上增補内容，據清嘉慶本補。

一在西二院，一在百子樓。睇玄閣在退思嵒。①

廣濟雷壇在東右。萬法雷壇宮之左。

監生司浄樂宮右掖。社司土地祠西。雷霆糾罰司東天門。龍虎賞罰司一西天門，一漸入仙關崖上。

中奏司在海天一望亭。糾察司在望仙亭。

百子堂在中和道院前。靈宮秘宇在太微院右。三教堂正殿左。功德堂在百子堂右。沐浴堂在嵓下登封橋東。

土地祠在宮右。福地祠在宮左。東嶽祠在三元宮右。浄樂善聖祠在桃花澗。

朗靈院在紫霄崖。浄樂道院　道德院　中和道院　黄庭道院　拱日院　東陽道院　東明院　太微院　榔梅院　華陽道院　西二道院文昌殿左。漆書院獨聳嵓下。石橋院在岐山。蜜多院蜜多嵓下。

冲玄精舍在浄樂道院。新泉精舍在石橋嵓。紫霄精舍在榔梅庵内。

榔梅庵在宮右。養素庵在華林塢。八卦庵在沉香洞，道人徐秘元絶粒修真處。碧霄庵在宮右，玄帝自扦夢示丁惟暄建。延祚庵在拱秀亭側。白嶽庵在白嶽嶺頂。【補】聳翠庵在獨聳峰，石洞造屋，背有一天池。②

---

① 以上增補内容，據清嘉慶本補。

② 以上增補内容，據清嘉慶本補。

真真石室 在天梯嶺下。小壺天石室 在退思嵓。卧龍石室 即天泉嵓，有石龍懸其上，常噴沫，清冽可飲。

雲崖館 栖真嵓左。初仙館 松鶴館 宫右。玉屏仙館 在浮雲嶺上。洞雲館 在拱日峰前。

延慶寺 輔嵓峰下，今屬黟治。石門寺 即今羅漢洞。

朝真亭 赤豆嶺上。橋西亭 雲巖亭 第一仙關亭 環峰拱秀亭 登高亭 中和亭 俱在白嶽嶺下。凌風亭 石羊崗。白嶽亭 在白嶽嶺。瞻敬亭 在勅建坊之上。松月亭 在石梘頭平汰東，海天一望亭下。海天一望亭 在水雲橋。雲水亭 在漸入仙關亭下，即今之敬亭。漸入仙關亭 虎嘯嵓下。溪山第一亭 望仙嶺下。望仙亭 望仙嶺上。桃源洞天亭 在桃花澗。步虚亭 棲真嵓下。離龍坎虎亭 在棲真嵓。玄都亭 浄樂宫左。紫雲亭 浄樂宫左。更衣亭 來鶴亭 梛梅庵前。松鶴亭 在退思嵓。浮雲亭 浮雲嶺上。五老亭 在五老峰前。白茅亭 在白茅嶺。五鳳亭 五鳳峰下。太平亭 在太平嶺。白嶽亭 白嶽峰下。鳳林亭 在孤舟嶺。憩息亭 在塘頭。授經亭 在茅臺嶺。通真亭 在東天門側。瓊茅亭 在宫之右碧霄峰下。步雲亭【補】在西天門嶺上。①

天下第一名山坊 山麓。白嶽中和山坊 半山。御建坊 凌風亭上。忠烈坊 忠烈嵓下。天門坊 石門外。衆妙之門坊 羅漢洞前。天寶坊 宫左。日華坊 宫右。玄天金闕坊 虚危池前。西天門坊 在龍昇嶺。玉虚坊 紫霄崖下。天乙真慶坊 玉虚宫左。治世仁威坊 玉虚宫右。迓聖坊 玉虚闕前。蓬萊洞

---

① 『在西天門嶺上』六字，底本無，據清嘉慶本補。

天坊 紫霄崖下。雲梯坊 天台上。

關梁

粤惟青牛度關，西來之紫氣邈矣。若藍橋玉杵，遇亦奇哉。雲巖之爲關者橋者，紫雲最勝。天中則天然石梁，詎云隔兩塵乎。徼山之靈，庶幾旦暮遇之。志關梁。

第一仙關 白嶽坊上。云龍關 紫霄崖上。風虎關 紫霄崖右。紫雲關 左挾五老峰，右挾三姑峰，去里餘，有授經亭，過此關至石橋，奇峰勝蹟，幽間不可窮。

迎仙橋 在虛危池上。夢真橋 在桃花澗。鵲橋 棲霞洞頂，石橫卧如螮蝀。朝真橋 中和坊下。東亭橋 獅子山麓。藍渡橋 東下二十里。程篁墩記：觀前溪水如帶，逶迤而東，爲石橋以南渡。即此橋也。中天橋 在岐山，舊名石橋。來仙橋 在桃花磵。登封橋 在白嶽麓東，黟川之要津也。最高處望之，拖練流虹，悠然延佇。

東亭市 南溪。橋東市 橋西市 白茅。藍渡市 渠口市

物産

夫瑶草青精，紫芝珠樹，採大藥者稱焉。盖山川之靈，烟霞之氣，故不爲塵土生也。

或曰心有荊棘，則交梨火棗不見；試問山中，許道士即人間長史。與彼不與此，厥旨微矣。志物産。

穀有仙稻 山田宜此種。旱稻 墾种山壟間，不用水。山粟 有剛柔二種。魯粟 其穗似薺。喬麥 紅幹黑粒作粉食。黍 似粟而實硬。黃豆 赤豆 大麥 小麥 芝麻 山芋 蕨粉 蚕豆 六穀

菜有白菜 芥菜 菠薐 葵 藿 甜菜 莧菜 蔗菜 芹菜 蘭菜 薹菜 木耳 蘿蔔 茄 金瓜 匏 葫蘆 扁豆

木有楠 當東天門，大可蔽牛，根盤石生，枝葉如翠，首夏花香遍崖谷間。江之南止此一株，傳云師相手植於顯靈時，理或然也。古松 數十株，勢如虬龍，下有千歲苓。梛 抱幹細葉，在碧霄峰前，道會方瓊真種梅結庵，以匹武當之勝。橡 甲厚可磨製膏腐療飢。梓 檀 桐 梧桐 槐 楓 株 杉 棕櫚 水楊 柳 木犀 榆 蒼栢

菓有梅 枇杷 山櫻桃 白菓 桃 李 楊桃 榧 棗 栗 橘 山核桃 杏 梨 山荔枝 郁李 松子 蓮藕 葡萄 梧桐子 林檎 葛栗子 石楸 柿

竹有茅竹 疏節直幹，山中用製几榻。水竹 長幹粉節，森立葉繁，吟風作泉珮聲。慈竹 用製笛管。苦竹 葉苦，作筐虫弗侵。天竹 幹實無節，結紅實於冰雪時。紫竹 榦紫葉清。箬竹 榦小而實，葉大而繁，叢生山谷，取不竭。戊戌年條結實，如大麥米樣，農家争取作粉食。淡竹 方竹 金竹 四季竹 觀音竹 鳳尾竹

藥有胡麻　金沸草　柴胡　全胡　半夏　南星　麦門冬　天門冬　苦參　七葉黄　荊皂角　黄精　地骨皮　五加皮　茯苓　山藥　瞿麥　薄荷　芽茶　山栢皮　菖蒲　龍膽草　希仙草　桑白皮　寄生草　瓜蔞　金銀花　七葉一枝花　山當歸　仙茅　獨腳蓮　草烏　香附子　山地黄　益母草　金星草　活命草　仙人掌　朮　大小薊　金絲荷葉　甘草　百合　山查　石乳

花有石菊秋開香遠，貯枕可以明目。幽蘭叢生嵓谷。玉簪葉圓花白，盛開如簪。仙桂秋開蕾繁，香異常種。木蓮幹類梔子，苞先於葉，花與蓮似開絶相，禪曆八九月乃已。水仙葉叢如蒲，一莖一花，冬開幽澗中。萱花遍生石崖間，山中摘烹供客，又名黄花菜。山棠艷擬海棠。山杜鵑春開遍山。萬年松生紫霄崖頂，雖幹黄，得水復青，歷百年長僅四五寸，登遊者争取貯篋笥中歸。玉蘂花一名九里香。梔子一名薝蔔，一名林蘭。木槿紅白二種。山茶　山丹　牡丹　蓮花　石榴　吊蘭　玉蘭　石蘭

鳥有仙鶴　山鳳二鳥一，至于嘉靖間遂膺勅建，盖山中間值者。練雀修尾。神鴉夜栖崖洞，日遶旛壇，人與之食，即翔下啣去，故曰神。靈鵲栖古松間，叢喧則吉祥至。搗藥春夏月夜鳴，如搗臼聲。石鷹似鷹質，栖哺崖穴中。雉雞雄馴啄山嵓間，傳云三春哺卵，聞有土而幻成蛟者，遇梅雨大作，則破崖入水焉。竹雞群遊食於竹澗中。黄鸝春鳴喬林，如皷笙簧。杜鵑夜鳴徹曉乃已。斑鳩唤晴呼雨甚驗。畫眉　石翠　白頭翁　山鵲紅嘴修尾。白鷴　鵓鴿　紫燕

獸有神虎黑質金睛，歲或見於黑虎嶺，不囓人。豹　鹿　獐　麂　麋　兔間有白者。狸玉面牛尾。

獾　青真夜鳴。猿　獺

魚有石斑白鱗黑斑，食其子則嘔。砂鯿似鰍，長二三寸，每匝沙而遊。赤鮭濶嘴赤鬣，吐食水面間。鱓魚火眼金睛，能食魚。石雞似蟾而小，皮黑肉白，味甚甘美，生石嵓澗中。靈龜産石田間。鱉　鯽

鯉　青螺　蜜魚　鱔魚　鰻魚

田賦

按齊雲石田也，宋咸淳間已有覈實令，逮今繁有，徒以符祝，耕能贍乎，司香火及登臨者勞且費，故相沿除其貼粮長之徭，正賦與民同。志田賦。

山税○唐宋扦業齊雲巖、石門巖、獨聳巖、獅子山、茆山、竹塢夜字等號，共貳拾畝伍分伍厘壹毫。萬曆己丑後，本宮各道院續置夜字等號，自浄樂宮下石橋起，大路夾道兩傍，上至望仙亭，下至中和亭橫路止，土名油系突新巖下泉水壟石梘頭伏壟，白嶽嶺長松樹雜木爲山蔭，計山税肆分叁厘。各房續置山税陸畝柒分玖厘肆毫伍絲，共計税貳拾柒畝玖分柒厘伍毫伍忽。

田税○宋扦業舊田壹拾壹畝伍分叁厘玖毫，今本山開墾田及官民布施香燈田、本宮各院續置田壹佰捌拾畝肆分伍厘柒毫玖絲伍忽。○共壹佰玖拾壹畝玖分捌厘捌毫捌絲伍忽。

地税〇舊扦業地玖分柒厘伍毫。〇今山門神基殿址道房亭庵園坦荒蕪下地共計叁拾畝玖分柒厘叁毫叁絲。

塘税〇宋扦業獨聳塘，今新塘共陸畝玖厘叁絲。

田地山塘共計貳佰伍拾柒畝捌分肆厘零陸絲伍忽。

夏麥伍石貳斗有零。

米壹拾貳石貳斗有零。

名賢

李太白詩云，地逐名賢好，不其然乎。登嶽而討往蹟，誦紫陽之佳句，莫不有儒雅異代之思焉。我明諸名公，皆紫陽之徒也，接踵而至者。兹嶽之靈，信有徵哉。志名賢。

宋

朱晦菴先生，諱熹，郡之婺源人，徙閩建安，焕章閣待制侍講，領鴻慶宫祠，謚曰文，追封徽國公，從祀孔子廟庭。曾遊雲巖石橋巖，舊志雲谷子五言詩一首，即晦菴先生也。

程洺水先生，諱珌，邑人，宣奉大夫，權吏部尚書，端明殿學士，贈特進少師，以道士余道元請，題『雲巖』二字，刻于石。

明

程篁墩先生，諱敏政，邑人，翰林學士、禮部侍郎，贈尚書，有《齊雲巖記》。道會徐秘元藏之未刻，郡司理蜀人張鵬立石書碑陰。

王陽明先生，諱守仁，浙江餘姚人，兵部尚書，封新建伯，謚文成，倡道東南，明良知之學。正德間遊雲巖，左司馬汪南明公《文昌閣記》特表章之。

湛甘泉先生，諱若水，嶺南增城人，南兵部尚書，謚文簡。嘉靖初遊雲巖，群新安士子，講學于石橋巖之天泉精舍，刻《心性圖説》於巖洞之壁。

鄒東廓先生，諱守益，江西安福人，南國子監祭酒，贈禮部右侍郎，謚文莊。嘉靖中遊雲巖，新安士大夫從之遊，講學廓巖，題『能者從之』於中立石。

羅念菴先生，諱洪先，江西吉水人，翰林院修撰，潛心理學。晚年訪冲舉丹訣，足跡遍天下名山，嘉靖間遊雲巖。

耿楚侗先生，諱定向，湖廣麻城人，户部尚書，前南直隸提學，御史。嘉靖甲子登雲巖，群諸生講學，三日而返，題『思耻臺』於中立石。

許潁陽先生，諱國，歙人，大學士，少傅，贈太傅，謚文穆，爲諸生時讀書於雲巖，致政歸，復遊焉。

汪南明先生，諱道昆，歙人，兵部左侍郎，致政歸，頻遊雲嶽，建無量壽宮，有贊，有《石橋巖銘》，若記若詩，多著作，爲雲巖增勝。

徐魯源先生，諱用檢，浙江蘭溪人，太常寺卿。萬曆丙申冬遊雲巖，諸生從遊，講學於榔梅菴及古城書院。點舊從門墻，又躬逢其盛矣。

道士　僧附

夫有道之士，皆能鶴骨松貌，泉停谷虛，列名於丹室，然不數見也。茲山之幽奇，有道者潛遊焉，不可踪跡，於唐得一人而已。有功行者，無論出家在家，并録之。志道士。

唐

龔棲霞　乾元中人，名藉無所考，抱道絶粒，栖隱于石門之嵓。

宋

余道元　號天谷子，不知何許人，寶慶間遊至石門嵓，得潛師印記，遂請山建祠居焉。

陳惟一　休本里居士，寶慶丙戌間，相道元闢創佑聖真武殿。

金安禮　金士龍　俱休市人，好善募道。寶慶丙戌間，以余道元請地結菴，遂以雲嵓、獨聳舊藉潛淡二字號一十八畝二分七厘七毫，計田十二畝，塘二畝五分，地四畝，咸樂施焉，結草菴於獨聳峼側。

葉介夫　别號雲崖山人。程大有　胡道祥　三人俱休本里人。寶慶間，介夫嘗相士龍重建殿宇兩廊樓房。繼而大有、道祥與介夫復募衆緣，闢三清閣，建四聚樓，凡廊廡廚堂直舍，焕然一新。

元

葉元鄭　至元中焚修兹山。

國朝

汪以先　臨川于瑄《傳略》：潛陽子名天進，字以先，法名智了。由績溪徙休寧，幼穎異，嗜蔬素。稍長，好釋老之學。永樂壬辰，謁武昌九峰山無念禪師，獲參西來之旨。抵均州武當山，訪李幽峼先生，詢道要。幽峼教以心法，使潛行密用，以先佩服。歲庚子辭還。登白嶽山齊雲觀，觀宇湫隘，道徑蕪塞，乃默禱。於永樂癸卯募善信施財効力，百仆俱起，至宣德甲寅告成。

方士欽　方鼎　俱開化人，師事以先。永樂庚子，佐以先募創三清殿、上真兩廡、齋宫寢室。工未竟，先卒。欽、鼎與鄧道瞻三人協力終其志。

鄧道瞻　休黄川人，深諳經旨。永樂庚子，偕以先丕創殿宇。兹山給牒住持自此始。

許道永　胡守中　二人共師鄧道瞻，潛陽子復建齊雲殿宇，亦與有力焉。

徐秘元　休山溪人，官道會。嘗往武當、武夷訪修煉性命之學，歸沉香洞，結八卦庵以居。年八十四絶粒四十九日，怡然而逝。藍渡橋、東夾溪橋皆秘元倡造，今人利之，肖像立祠。

汪泰元　休藍田人。宫之雷壇，及真仙洞紫霄崖石祠雕閣，皆獨力成之。崖下結退思庵修煉，中築七星臺，夜焚香禮斗，禱雨常應驗。養一鹿，馴狎若僮子然。祁人太守李汛公從泰元參究玄旨，知泰元將逝，汛乞鹿歸。

方瓊真　休石門人，號雪崕，性剛毅，雖捨身老氏，事母甚篤。職道會十有三年，以清慎聞山中。興造建寥陽殿、榔梅庵、興聖祠、入仙關等八亭，興聖等五坊，墁石道一十五里，修理萬人緣，以終師志。嘗爲師集刻《石堂叢錦》。賢士夫之登是山者，咸樂與之遊。有《雪厓集》，修梓山志。師泰元。

朱素和　休資川人，字澹然，號白嶽山人。雅嗜文墨，掌道會事九年。既致仕，乃據嵓之勝，構真真石室，刻雲巖山史詩集。自嶽麓抵觀，鞭石爲梯爲欄，建亭曰步雲、登高、白嶽、凌風、松月、雲水、望仙、步虛、更衣，凡有九。修改宫前石禊，曲盡其體制。凡士大夫之登是山者，咸樂與之贈記焉。師秘元。

汪曦和　法名震玄，號石户，休上資人。幼苦艱，夢上真語曰：汝當大我山門，毋委靡。差長，偕徐秘元上京，叩致一師，深探玄旨。嘉靖壬辰，禱應皇嗣。越戊戌，膺勑山額。丙午，欽主醮事，以贊教入覲，陞提點，頒印掌教。邑築城，疫大作，大尹山泉林公請符水，禁之遂寧。奉上命施藥，所經處民告驅邪輒應。所著有《修真集》。

楊玄相　法名玄初，號鋮澗，黟縣葉村人。性木訥敬畏，訓諸徒子宜潔身心，分毫勿苟，麄衣糲茹，廼方外家風。暇則密室静坐，或課稚徒誦經。應禱皇儲，拜恩受勑，三上京師，欽授本宫住持。

陳鑾相　休寧藍渡人，法名道初，別號雨嵓，性謹厚。職道會三十有五年，久而彌慎。

汪尚相　婺大阪人，號楠石。年少有卓越志，祖雪崖已器之，授都紀。抵任，慨道紀司廢，鼎新之。涖事凡十年，捌創亭臺菴宇，歲乙卯勑建，勤趨事，好禮名賢。

朱宗相　字道弘，號培山，休前干人。性敏沉重。緣皇儲應禱，官拜太常寺寺丞，以親老辭歸贈封。道流官列卿，此僅有者。

汪麗清　休渠口人，號玉泉，謹密謙約，賢士大夫咸愛敬之。相師勑建，獨支撑數十年，輸運未嘗告匱。闢桃花澗上壟，建浄樂宫宇。師玄相。

汪景清　黟瑪川人，號五松，性清浄。雖托身老氏，酷好儒術，嘗遊學於東廓鄒老先生之門。師鑾相。

祠官太常寺寺丞朱宗相

提點汪羲和

道録司左正一提點金元清

本宫住持楊玄相　四員俱欽授。

提點汪時章　吴心經　〔吴繼寧　朱鳳經〕①

【補】　題請欽授提點徐恩耀　號海岳，休邑珊溪人。　胡德明　號浩然，黟邑西遞人。②

本府道紀司都紀汪尚相　程天寧　號愛谷。　程晟章　號松谷。　金策經　休資村人，號紹楠，師祖汪乾寧。

【補】　汪德良③

道會司道會徐秘元　汪世和　方瓊真　朱素和　陳鑾相　戴佳章　金周經　胡日章　程禮經　號茶丘。　金天然　金輔經　休城中市人，號斗陽，師程晟章。

---

① 以上括號中二人名，底本位於『真人府贊教』一欄下，據清康熙本移改。

② 以上增補内容，底本無，據清康熙本補。

③ 汪德良三字，底本無，據清康熙本補。

真人府贊教潘融和　汪相和　江惠和　方德相　詹奎相號竹菴。趙雲清　汪麗清　戴萬清　胡慎清　余淑清　汪景清　汪藿清　黄渡清　謝浩寧　楊建寧　胡瑞寧　鄭華寧　吕永寧　吴伯寧　朱齊寧　汪乾寧號蘭谷。汪用章【補】春谷①巴世經②　汪新輝　巴高經　洪鳳書休廻溪人，號雲屏。金一龍　吕正賢　【補】程應良　邵朴章號敬菴，邑中人。③

真人府知事　汪椿清　汪汝清④【補】汪道契號味玄，婺邑段莘人。⑤

【補】本山住持方中元　戴元兆　程士元　舒大啓　余志謨　范元亨　丁德仁　吴玄生　舒仙佑　汪嘉祥　吴社壽　羅以端　傅嵩老　詹世仁　吴二儼　徐元泰　黄毓元　重刊⑥

① 春谷二字，底本無，據清康熙本補。
② 『巴世經』後原有『朱鳳經』一人名，據清康熙本移至前文提點一欄下。
③ 以上增補内容，底本無，據清康熙本補。
④ 『汪汝清』後原有『吴繼寧』一人名，據清康熙本移至前文提點一欄下。
⑤ 以上增補内容，底本無，據清康熙本補。
⑥ 以上增補内容，底本無，據清康熙本補。

僧

[唐]本立　光聰

[宋]昕 三僧俱載石橋嵓杜昱記中。潛 授天谷子印記即此人。

[明]無有 隱獨聳巖，但飡松栢藜藿，絶火食。

【補】① 梅軒道院孫叔一房重修

道士 汪壽如 號瀾川。

提點 汪汝睿 號爾昭，嘉慶丁丑婺源令丁應鑾贈匾曰澡雪心神。

劉宏修

道會 宋震雙 號則兼，嘉慶壬戌榜眼張大鵬贈匾曰道悟薪傳。

道紀 詹蔭 號耀南。　宋啓振

胡有元 號炳南。　汪坤龍 號雲峰。

宋嘉秀　汪佩球 號鳴虞。

① 以下據清道光本補。

汪起鏞　　詹文炎

白石雲　本富春孫氏，因棲於白岳，以白爲氏。

齊雲山志卷之二

建置

按齊雲、石橋二巖皆麗，白嶽僻在萬山中，晉以前草昧而已，鬼神盖秘之也。唐宋漸著，我明德隆盛，山嶽效靈，不封禪而宫崇之，瑞雲靈跡，其待時而顯者耶。志建置。

唐元和四年，歙州刺史韋綬建石門寺於岐山石橋巖。

宋杜昱記畧

韋公綬持節領刺史本州，一夕夢古貌僧造公，長揖曰：特來相訪。公曰：住何所？僧曰：郡休寧縣石橋巖。公既寤，迄旦，問諸左右，索圖経視之，縣西三十里有岐山石橋巖，巖下有石室，深廣數十丈，可容數百人，中有石講堂、佛像。遣人按之，一如圖経所載。乃輒俸建精宇，其他鐘皷什物具足。有僧本立遊歙造公，以石橋巖焚修爲請，公欣然命往焉。山下人胡則爲施財，補所未完，卒爲一方勝地。光聰續住。至今山主行昕，即第八代法屬。遂書本末，托黄居士請予爲記，余方知此巖因夢所興。後居是巖者，無致忽焉。

邑令鄒補之詩

吾家石室爛柯山，空洞虚中十畆寬。此處石橋渾畧似，只消一局片時閑。

紹熙癸丑，休寧縣丞李亀年行視塘堨，因過岐山石橋，主簿黄伯華繼至，同宿山中。

李亀年詩

石橋横空勢穹然，虹霓彎拱正不偏。乍觀恠底月生晦，光明透徹團圓天。下來詎止容十客，上廣還當度群仙。丹厓翠嶂開左右，凌霄蔓絡開鮮妍。橋西一柱屹孤聳，誰斷鰲足撑清圓。巖前石佛金碧眼，相玅形軀皆石鐫。可憐屋不蔽風雨，殘僧無力營修椽。韋侯建寺感神異，舊碑所載元和年。我行塘堨到幽谷，恍疑身在天台巔。雖無玉澗吼深壑，諒有寶鐘鳴遠煙。簿公邂逅同勝賞，山靈相與非無緣。行瞻坐睨意忘倦，夜深各就東窓眠。粥魚催粥下山去，稻花滿路風翩翩。

嘉定乙亥邑令池陽王東詩

兩山環合勢相迎，中有修梁石幻成。天地既能開此秘，我來識面勝聞名。

休人趙戣詩

橋上迷行踪，橋畔安禪室。嘗記山中人，神交一千石。世慮蟻旋磨，浮生駒過隙。不尋橋上行，沉淪真可惜。

宋乾符元年，建蜜多院於白嶽山南。

沙門如覺記畧

休寧縣西四十里，有梵刹曰蜜多，乾符元年建置，雲林深邃，遠去井邑氛埃，樓門峥嶸，高倚翠巖丹嶂。昔傳靈異，洞中開千葉碧蓮，今謂幽奇，峰頂挂百尋飛瀑。且茲精舍，唯有佛祠，乃皇祐中前住持僧惠周所造也。歲月綿遠，棟宇傾隤，僧道政重建金仙如來寶殿一座，綵繪添飾，募信人財，同成佛事。創始於紹聖二年季夏，畢工於五年仲春。匪唯宏敞，頗極莊嚴。

寶慶丙戌，方士余道元初建佑聖真武祠於齊雲山。丁亥，少師程泌題『雲巖』於石。

余道元記畧

古歙黟山，軒轅昇舉之地，南百里有山曰白嶽，巔曰齊雲。齊雲面盼丹臺黟巘，旁挾獨聳石門，地氣之最秀者，學仙常居此。道元來遊，以潛師印記，宜我室此，遂謁地於金君安禮士龍，慨然樂予解，居士陳惟一同志。遂於寶慶丙戌，薙草結茅。既成，内翰程公遺以『雲巖』二字。山川草木，自此添鮮碧矣。噫，乾坤不老，此山與之不老。此山不老，則洺水公之書與之不老。故自今至止，以曁後來，咸得與道同昌者，合思其誰之力云。

丁亥，居士金士龍徙居中和山，結草庵於獨聳巖下，三巖田悉歸之。

乙丑，佑聖殿災，真武像如故。居士葉介夫、金士龍重修之，并建兩廊樓成。

淳佑己酉大水，石崩瓦解，真武像如故。庚午，葉介夫、程大有、胡大祥建三清閣、四聚樓。侍郎程元嶽題『水位之精』於殿前壬癸方石池，以鎮本山午火也。銘曰：静而能定，潔不可污，中藏龜蛇，上應虛危。

咸淳丙寅，朝廷下覈實之令，始鑿殿基四至，立册印押，築墻石限之。里人朱經畧、孫一鳳、金道大、胡道清、胡晉龍翕然捐田畆，以備洒掃之需。

德祐乙亥，葉介夫重建佑聖殿。

金大鏞記畧

或曰泰和之山，真武開跡之所，中和之山，真武寄跡之所。雖大小不侔，而棲真降聖，迥出塵表，風雲神異，其理則一。兹山自宇宙來，氣靈秀鍾，隱顯固有數也。不有神人指之於先，諸君子述之於後，終秘於烟霞之隅，今固爲萬載祝聖之道場矣。葉介夫一鄉善士，老於文學，不慕聲華，由是闢雲巖山房。一意著述，如治安龜鑑藥石等編，自號雲庢山人。予方贊參沿海制閫，王事靡盬。雲庢備述顛末，不遠千里，請予記。他日或扶杖而登兹山，雲庢必無逃予之足音矣。

明永樂庚子，邑人汪以先、道士鄧道瞻募修石路，闢齊雲觀。開化方士欽偕其兄鼎，來問道於以先，遂師事之。

宣德己酉，汪以先建三清殿，上真兩廡。乙卯，鄧道瞻、方士欽募善士汪五老、方周祐，撤上真殿新之。

程富記畧

黝堊丹漆，奐然可觀，神座作九鳳丹霞之扆，侍衛列十大天神之儀，及夫半山憩息之亭，旁護以磚甓。神愈闡揚，四方來禱者，日絡繹不絕。履兹道之康莊，覩兹宫之壯麗，殆有過於前矣。吁！盛衰興廢，雖關乎山川氣運，實亦神靈假乎人以致之。予奉誥南還，適值落成。士欽踵門，道其已與師以先及道瞻創就之由，兼夫施貲君子之名，謁予記之。姑綴此鐫諸石，以爲後之嗣葺者勸。

弘治甲子，修天門抵天梯嶺石路及巖洞之役。至正德甲戌，告厥成。

吴漳記畧

宋有天谷子，居兹以開雲巖之基。今汪泰元架木憑虚，書『真仙洞府』四字，鐫於巖壁，洞中景一新。其一道德巖，其二圓通巖，其三真仙洞，即羅漢洞也。其四水簾洞，泉出其巔，前有碧蓮池。其五文昌巖。由天門而抵天梯嶺，悉石道夾護闌干。自弘治甲子抵於正德甲戌，十有一年而巖洞之役始告厥成。嗟夫，山一拳石之多，巖洞之幽，石門之勝，爐峰之奇，則武當之所無也。試約兩山之靈，將伯仲之。兹山潭洞能致雨以救旱，爲民福甚遠，宜書之不爲誣。

汪維羅漢洞詩

高僧已出世，古洞白雲深。坐我月明下，猶聞清梵音。

方漢珠簾洞詩

千峰萬峰彩霧生，獨向碧霄厓下行。人間六月苦赤旱，坐我珠簾聽雨聲。

李汛詩

古洞疑龍宅，雲深不可遊。水崖晴亦雨，石榻夏如秋。新月鉤初上，輕烟幙不收。珠簾中坐久，風露入盃裯。

陳鳳梧碧蓮池詩

中和嶽頂欝蒼蒼，海内人稱小武當。黑虎巖前風欲散，碧蓮池畔雨猶香。空中樓閣渾飛動，巖上仙人正望洋。羽士譚玄更深夜，只疑身在紫雲傍。

胡宗憲石楠詩

亭亭玉樹托雲根，仙子移來掩洞門。疑是榔梅更幻化，山靈呵護至今存。

正德乙亥，道士汪泰元建玉虛宫於紫霄崖。

李汛記畧

齊雲巖之西三百武，有飛崖曰紫霄。道人汪養素即其下爲闕者一，爲宫者二，爲坊者三，祀玄武之神；爲樓者五，爲庖者二，以自棲。崖上飛泉分注左右角爲池，池上作鐘皷樓爲二，司晨昏也。皷樓之右風虎關，鑿天衢二十六丈，起星臺於插劍峰。鐘樓之左雲龍關，鑿天衢百二十丈，築雷壇於展旗峰。關之外作巨門，與東石門對，爲觀之左輔焉。華林塢种果樹數百株，鑿塘墾田，爲住崖香火之貲，皆非常之剏。工始於正德十年乙亥孟春，訖於嘉靖二年癸未仲冬，盖積十年所募而克就焉。落成之明年，遣其徒方瓊真來鏡山，請予登覽，遂偕孫生汝信往焉。巖多佳亭，輒相坐談，移日抵觀，則已夕矣。酌數巡就卧。晨起，舁上浮雲之巔，側視崖霧，滃然如湖波海濤。所謂宫也殿也，樓與臺也，隱隱半露，若蜃氣所幻。頃之，日出烟消，棟宇盡出，龕鏤璧琢焕然，丹梯翠岫相輝。予指槖駝石戲曰：此非蜃與？皆相顧大笑。夜卧，仰視覆魄，悸不能寐，起憑樓檻，萬壑風號如雷。須臾寂然，惟聞厓水瀉下，濺濺如碎玉聲。夫山中晦明之變，倏忽不同如此，殆詞人畫史不能寫也。今爲養素有矣。

馮世雍詩

仙人騎鹿雲中行，手拾瑶華飡玉英。欲捫星辰辨吴楚，紫霄峰頂坐吹笙。

黄訓飛雨樓詩

偶謁齊雲殿，初登飛雨樓。未須誇虎跑，端可匹龍湫。瓊蕋自垂地，珠簾不上鉤。坐來嘗一盞，洗却十年愁。

朱邦詩

晐巖偃日洞光微，碧落晴池看雨飛。旦暮涵浮雲水影，誰同觀幻静山扉。

方豪詩

吾友少谷躭山水，爲我每道龍湫美。六月飛泉洒石崖，遊人冷氣透骨髓。自恨平生欠此緣，夢魂常在東甌裏。昨侍嚴君白嶽來，山中雲物真奇哉。泰山靈嶽有予蹟，每觀眼界無崔嵬。信宿乃轉西峰隈，但見樓閣空中開。樓頂不用鴛鴦瓦，一片陶成天所舍。頂上泉從樓外瀉，不問春秋與冬夏。坐看珠簾直垂地，卧聽瑶笙遠度埜。雨師龍王亦苦辛，青天白日流甘霖。可憐只注小池沼，惠之所及數錦鱗。安得留爲六月用，千畦萬畝皆回春。倚欄一望三嘆息，道士問予何所憶。我本無憶亦何言，呼酒捧翁且酣醉。雨聲歌聲相應春，舞罷班衣生瞑色。

建净樂宫於桃花澗。

曹天憲記畧

净樂國乃玄帝降秀鍾靈，一度桑梓之鄉。帝承天詔，父母赴真仙，封父爲净樂天君明真大帝，母曰善勝太后瓊真上仙，居任九霄。我文皇靖難之初，感上帝之佑，勅建荅神貺，復逮所親，此太和净樂宫所由肇也。夫太和廼鍊道衣鉢之時，齊雲乃神遊劍纛之寓。齊雲雖未勅建，其洪厓邃洞，處處雕祠，叢桂繁松，林林結館，莊嚴福地，羽儀洞天，而净樂宫尚有遺焉。賛教楊玄相有斯志亦久矣，其徒汪麗清能嗣其志，廣募建。斯宫東環望仙嶺，西抱象鼻岡，背負展誥峯，肩峙横張壁，立屏擁面迎，黄嶽如芙蓉。宫下有泉，即擬磨針之澗，澗上有石，亦置老姥之亭。棟楹宏敞，鏞闕參差，金銀與日月爭輝，丹碧同煙霞競彩。一釁並分，齊雲準太和之置；兩宫相望，蓬萊接圓嶠之間。永作億載之觀，又增一區之勝。

孫士暉桃花澗詩

得得來尋仙子家，璚林琪樹鎖烟霞。仙源欲覓不知處，流出紅桃几片花。

徽州知府馮時雍建新泉精舍於石橋巖之天泉，新安諸生講習其中。嶺南湛甘泉先生若水講《孟子·盡心章》於此，詩示同志：

逍遥訪名山，早晚到天泉。天泉夫何如，天一爲之源。天以一而清，泉以一而靈。物以一而生，心以一而明。明者心之德，三才同一極。自得還自昭，天然絶人力。此泉君自酌，自酌還自得。中味鮮人知，人莫不飲食。

嘉靖丙戌，建榔梅庵。

鄭佐記畧

玄帝香火之盛，在均州曰武當，在徽曰齊雲。武當有榔梅，榔體梅實，樹至今存，特爲神異。齊雲未之有焉。本山道會方瓊真，以榔梅二樹植之。邑處士金顯寧語瓊真曰：予昔遊武當，謁榔梅觀，私念齊雲亦不可無是。道會能崇成庵宇，以張其事，予其任檀施可也。未幾，顯寧終。子曰琢、曰瓘、曰瓏、曰琥，不敢忘，益弘父志。遂構二堂六楹，疊石爲臺，方泉爲池，質以黝堊，文以丹漆，輝煌之中，神像儼然。然後武當之神異者，又移於兹山矣。厥孫曰鉞、曰鈺、曰鍼，買田五畝入庵，爲香火之供，亦可嘉也。遂爲之記。

嘉靖己亥，御賜齊雲觀名玄天太素宮，除免納本府香錢，備本山焚修，給護勅。正一嗣教真人張彥頨疏請旌揭福地，以昭祀典。本山住持贊教楊玄相賫奏。命下禮部：如勅行。

嘉靖乙卯，建夢真橋於桃花澗。

吴瀛記畧

余家去齊雲三舍而近，余兄惟昭孝友忠信，仰止山靈，對越惟謹。歲乙卯遘危疾，醫罔奏功。一夕夢玄武君語曰：爾疾須衡石程金購藥，庶其痊可。兄寤驚，無何，疾瘥。憶夢登山，祗謝神眷，將至天門，渡石澗危橋，因悟神言，於是捐金召工，伐石爲梁，以濟遊客。

嘉靖丙辰，勅遣高士兼三清宮住持陳善道、錦衣衛千户何昶同太常寺寺丞兼玄天太素宮提點朱宗相，修真武殿，戊午告成。御制《齊雲山玄天太素宮之碑》：

太常寺丞兼提點朱宗相疏請勅建，以隆香火。禮部尚書王用賓議覆，照太和、龍虎等山，並賜重建。巡按直隸監察御史莫如士，題請修建齊雲山真武殿，合用物料估計該銀叁萬叁拾捌兩肆錢。工部侍郎雷賀題覆，內府承運庫發出欽降銀壹萬兩，差進士黃煒領送至山。修建真武正殿一，添配殿二，鐘鼓樓各一，及宮門二重，俱用琉璃瓦修盖。金碧輝煌，宮闕壯麗，迥過於前代，武當太和宮之匹亞也。

郢中翰林修撰李維楨詩四首

紫殿先朝事祝延，司空將作水衡錢。高禖禮與周原並，太乙祠仍漢時專。幢繡五文宮錦色，香焚百合御爐烟。小臣曾典蘭臺史，封禪書成謝馬遷。山光春色緫氤氲，杖履飄然度紫雲。鐘阜六龍蟠夭矯，錢塘群鳳舞繽紛。風生碧落傳清籟，日射金泥啓秘文。聞道祈年多瑞應，嵩呼遥祝聖明君。天門紫氣鬱巑岏，南斗星躔北斗壇。鐵笛一聲人跨鶴，玉簫三弄女乘鸞。峰霞晴傍霓裳舉，宫樹春齊羽盖團。夢裏慈庭垂白短，祝釐清夜禮黄冠。峯上新開帝宇雄，宸游千里海陽宫。觚稜金爵先栖日，樓觀飛簾自御風。遂使百靈朝萬國，休論五嶽視三公。江南水旱頻封事，爲謝祠官祝屢豊。

嘉靖戊午，勅建三清殿於拱日峰下。

巡按直隸監察御史莫如士疏請改建。

建紫雲關於五老峰側。

戴章甫記畧

白嶽來自岐山二十餘里，故奇絶紛競，不可悉狀者，惟西來最勝。盤螺並立，如去欲留者，三姑峰也。參差俯仰，翩聯如向人拱揖者，五老峰也。方平如障，峰半疎松行列，蒼翠貼嵌，丹崖如畫者，獨聳峰也。由是西望諸峰，有如劍如戟，如盖如鼎者。踰二里餘，則茅臺嶺麓矣。嶺麓浮沙穿石，小澗清泠，漾漾而流，五六里則渠口焉。凡西來謁神乞靈者，惟此路直捷稍坦夷。予從弟萬清，通藉黄冠，居山中久，乃奮獨募之力，仗衆姓之貲，險阻者鑿之，傾仄者補之，鳞次以石，一年而功就。由是架巖跨脊建一關，關外建亭。請記於予，以紫雲名關。《道德經》之得傳於世者，乃尹喜迎禮老君，出以示之。此亭即以授經名之。

隆慶丁卯，吏部右侍郎陸樹聲修白嶽山路。

進士王景象記

昔高辛氏以仲春舉高禖之祀，弗無子以求有子，而后稷於是乎生。故其詩曰：克禋克祀，以弗無子嗣。是叔梁紇①禱於尼丘，生仲尼。明允亦禱於峨眉，生二蘇。繇是言之，禱求之禮，感應之祥，古今所傳，不可誣也。雲間陸平泉翁，舉辛丑禮闈第一人，歷官翰林祭酒，至今吏侍幾三十載。生平不愛官職，不嗜貨利，雖心存魏闕，未嘗一日無山林之思，天下皆信其誠而非矯也。資用之餘，周給都盡，其殆釋氏廣種福田者乎。夫如是，則翁之德合於神明有素，而祝史陳情於高禖，無愧辭矣。嘉靖乙丑，翁尚艱於嗣，精意神馳，命門人王曉爰禱於白嶽。爲新安之靈山，能出靈物，不崇朝而雨千里者也。其即魯、蜀之尼、峨，而以高禖之祀祀之，豈應於古而不應於今者乎？果以丙寅七月，降生賢胤，蘭芽蕙茁，椒遠而蕃，此其基之。翁廼捐白金若干，修白嶽山路，殆將千弓以便征人，以答神貺。昔象嘗履馬湖，見道流張景山，以出世之方答曰：爾能遺榮棄利，一切斷念乎？爾之所有，能施孤窮乎？能修圯捨路乎？今之居官，率不能也。神仙至艱，庸可冀乎。余深愧其言。今翁泊然無欲，與世殊科，種種修行，不著諸相，使景山聞之，當欣然而笑。惟神正直，惟嶽降神，生甫及申，以慰翁心，亦感應之固然也。象忝附驥尾，豚子清爵，肄業成均，實翁門人。

① 紇，原文作迄，據道光本改。

董是役者，族姪曉之勤爲多，而爵亦與焉。予既嘉翁之素履有合於神，又喜白嶽之無私，仁者之昌後，以副翁之禱。於是乎記。

萬曆丁丑年，徽寧兵備按察使馮叔吉建文昌閣於五老峰前，兵部左侍郎汪道昆題曰瑶光庭。

歙人汪道昆記

玄君，北帝也。我國家建都北極，奥主玄君盛德，始於北而濟於南，二時具在。於楚則時玄嶽，文皇帝治之；於越則時白嶽，肅皇帝治之。一以鉅麗，一以神奇。絜其廣狹不同，亦晉之於魯也，所出同矣。夫天象懸衡於北斗，而居斗口者曰文昌。二時故未有特祠，殆非數於上帝之義也。往余有事玄嶽，乃始建文昌祠。祠成，業已勒石紀其事。及余既釋邦政，退就父母之邦，則以望祀同科，胡爲乎獨詘於此。會馮使君行縣至，余輒以祠議抵使君。使君慨然應曰：司馬有意乎斯文，叔吉幸得爲役。顧嶽形皆北鄉，諸祠事因之地利則然，其於方位無當也。其西麓出而爲阜，故以形勝面南冠阜爲亭，亭廢不治，要以南覲五老，左提三姑，控二水爲隍，負天都若扆。蓋正位而立，獨當一奇，建祠便。於是檄縣長吏，發贖金三十斤，則以丞劉守復重其成，邑人參軍金汝賢爲植，其制悉出使君，部署不五月而告成。使君則以碑屬焉，請得如玄嶽故事。適余在疚，使君尋以遷秩行。及余以卜葬謁玄君，齋宿祠下，既完且美，庶幾乎瑶光之庭，即隩區神皋，避三舍矣。竊惟明興，以文治治天下，寔惟諸臣光輔列聖而左右之。括蒼於越，具曰文成，褎然並舉。往余爲之揚扢，則元美以爲不然。作者將自托爲名高，惡用兩君子爲質。余慄然意下不佞，於是乎失言。夫仲尼以身繫斯文，本之自文王始，純德不顯，則文王之所以爲文，即三代之英宜不及此。今之名世兩君子，豈不偉哉。其一爲帝者師，其一聖人之徒也。要諸文德以爲德，則爲緝熙；文治以爲功，則爲怙冒；文言以爲言，則爲易教之潔浄精微。以是曰文，文之至也。借曰未喪兩君子，然乎哉。近世愈益卑卑，務自引而高一世。文學侍從之臣，猥以爲黼黻詞章之士，猥自以爲桓文。即有所長，其何以希不朽。以是而概諸兩君子，其猶朝菌之視大椿與？嵩高之詩曰：惟嶽降神，生甫及申。自昔籍籍稱楚材，其爲嶽降不虚矣。惟兹産上都而被首善，蔚爲國楨，非有所待而興，此其選也。乃今連茹而進，翩翩而拔前茅，亦既如林矣。上之爲周召之治，爲訓誥之文，經緯天地以成章，煌煌乎明德也。下之則知天命如括蒼，知性與天道如於越，即德非其至，星隆則從而隆。抑或急近功，持卑議，曾雕蟲之不若，侈然自以得與於斯文。此之謂晷德晷星。天垂象而嶽效靈，何爲也？時馮使君以方伯居楚，都人士述不佞之言，告徐君侯。君侯，楚人，時以方祀而飭祠事，乃進都人士申不佞之言。夫象而列星，形而名嶽，天文也。太上立德，其次立功，其次立言，人文也。若殷良弼，若漢宗臣，遜志典學，以佐中興，鞠躬盡瘁，以輔少主。天人徵應之符不爽矣。三命二表，則其緒餘，都人士第師文王，學孔子，時而鹽梅，時而魚水，無施而不宜。司馬非直爲南國謀，且以張楚；非直張楚，且以廣厲四方，成位無良，顧以是而廣。使君之德，意乃抵二史氏，屬曾令君乾亨，勒之廡東。

宿文昌閣，曾明府遺訊

地主傳呼五老俱，天門簇擁萬靈趨。掉頭珠樹招黄鶴，揮手瓊樓摘白榆。横海由來疑結蜃，朝天何處望乘鳧。三山好在玄都外，百里憑將赤日扶。

五老峰頭聞樂

地絶丹梯路，峰攢緑髮翁。朝隮生雨後，天樂下雲中。笙自王喬度，簫知嬴女工。霓裳初入破，藉翼欲乘風。

歙人潘之恒陪歙休二明府錢元英、魯子與，偕邑人丁以舒，宴集瑶光庭詩

不是張筵近斗樞，中天廣樂竟虚無。杖頭緑玉齊仙掌，杯底寒波挹鼎湖。丹洞陰霞成夜旦，璚枝霜露絶榮枯。金庭此日還三覲，帝網何年一舉凫。

萬曆戊寅，休寧縣知縣陳正謨修太素宫。

萬曆己卯，徽州府知府徐成位重修玄君殿。

邑人御史胡宥記

夫今太守，蓋古諸侯云。古者山川能出雲爲風雨，則皆曰神。諸侯在其地則祭之。新安山無如白嶽，嶽之神曰玄君，民間祝禖禱雨多應。嘉靖中聞於上，遣使祝禖，三至三應。上乃大神玄君，復遣使加封秩祀。尋建殿，殿如帝者。然未及三十年所，壞矣。萬曆五年，太守中庵徐公以勞民西至白嶽，遂謁玄君。顧瞻殿宇，喟然嘆曰：何謂東蒙主？昔者先王制禮，所在鎮山，既命諸侯祭之，及其巡遊，則所過罔不柴望秩祀。乃今凛凛方蹶，何以寧神而示敬。雖然，民未安其生，吾未暇也。居一年，老有養，少有長矣。善有旌，惡有勸，教化行矣。衆復以請，太守曰：民未積聚，未暇也。乃下令使民各以其意爲倉，倉視其鄉羸詘爲多寡，其法視常平加省而便倍之，蓋庶幾三年食矣。於是人謂白嶽可葺矣。而太守公則又曰：吾聞歸者以得至爲安，今徽俗桎梏形家父子數世

暴骸中野，而子孫未敢議葬事，神豈忍之。乃下令期以冬春，悉令死者歸葬，送死養生無恨。於是太守公曰：可矣。乃簡閭右之才而義者，查洞、汪進、汪福貴、丁賓、蘇文瑾、葉淮、程高、葉權、汪良會、查傑、邵玄彪、程問等十二人總之，令十二人募閭右之樂助者。於是人咸子來，不兩月得金若干鎰。越明年七月殿成，山川鬼神亦莫不寧，太守無慙哉。且神者豈遠於人，人若神，皆氣也。而神爲精，其道惝怳遼邈，而其氣曷嘗不往來曼羨，與人浹洽滋液，布護其身。故神寧則人以寧，精之感也。今神寧矣，祝禖往焉，禱雨往焉，有不受福乎。夫鬼神非人不歆，所由來非一日矣。神之福之，伊誰力哉。以今觀於太守公，方其民事未訖，則謂神將祐民者也。從神所祐，而不遺民以事鬼神，政和民安，然後爲民繕葺而寧之。神不失主，民不失望，德與神明通矣。百姓乃以歸神之力，而不知爲太守之功，兹太守公之所爲大也。公諱成位，字惟得，楚景陵人。

萬曆庚辰，休寧縣知縣曾乾亨重建太素宫鐘皷樓。

邑人訓導吴子玉記

鐘皷之作，自有熊氏采首山之祥金以鑄紀鐘，冒夔牛之皮爲皷，披山通道，威震天下。是後，帝所都居，量地制域，得百里之國者萬區，置都立邑，皆有鐘皷之設，高岑樓而懸焉。其聲遠震，所以肅政教齊命令也。試百神而朝之，登崑崙靈峰，致豐大之際，於詔後代，遂爲封禪之始。而造五城十二樓以候神，接萬靈於明庭，載之紀籍，可得而言也。齊雲山肇迹遠矣，至肅皇以禖祀驗爲立禖，勑建宫宇，名曰太素，令侍從之臣作禖祀，而兹山之靈遂顯。顧宫宇不一紀頹陁，郡君侯徐公命邑民查洞、汪進、汪福貴、丁賓、蘇文瑾、葉淮、程高、葉權、汪良會、查傑、邵玄彪、程問十二人修繕。明年，令君曾公以合肥治高第，進緐我邑。是時縣百姓苦吏急也，而令君於合肥獨持法平政，御史大夫疏薦令君宜我邑。下車即曰：事神治民，皆守土所有事，首爲條教，置父老師帥，伍長班行之於民間。諸安静不競訟，皆爲良民，吏毋得問，其好合任持掩爲豪舉，罰所必行。兩月，民皆安土樂業，變呻爲吟，士誦於序舍，農誦於野，治聲大著。語具載水部郭公《治最録》中。於是始登齊雲山，召首義民十二人勞之，且諭曰：宫宇就者强半，而鐘皷故有樓，莫爲經始，何以宣鳴真旨，其計幾何，貲用役幾何以聞，廼捐鍰金若干爲倡。未幾，二樓巍然并峙，皆以足並十二樓，而輝映玄宫，與軒轅臺比崇矣。蓋皷大麗而象天，鐘統實而象地，所爲宣天地之和，而設於神宫者，又其至也。以故撞陽鐘而陰應之，撞陰鐘而陽應之，聲與卦之兑合。而先王爲皷，冒之也必於啓蟄，其伐之也爲冬至之音。是鐘與皷，皆爲樂之君，而王者宣政教，必尚之也。聞令君之言曰：禮以鐘皷奏《九夏》，而維之以祴夏。祴，戒也。孔子曰：聽遠音者，聞其疾而不聞其舒，舒亦不遠乎。用以是戒，用以是舒，當所從事。無何，會邑治前麗樵樓，四境之内，罔不脩飾，幽以右神徵，明以嘉嚮民社，於此具見之矣。今聖天子告高玆山，而不爲時邁，過越於有熊式之駕玄圃爲多。亦以令君佐郡公，相與鮮祠祝延之至，無事於升封而教告也。君侯谓懷民查洞等能訖功，以郡公意屬各移扁旌其門。而洞等稱，主君政治當與玆山并高共久，勒石而徵，言於不敏。子玉謂他日書功於景鐘銅皷佻是也。則以孔子亟與蒲之政，在田疇墉屋，而管氏亦言入國邑視宫室。是舉也，可見令君治狀之一，豈曰長桑之鳴天皷乎。如后夔之間大鏞，實有望之。詩曰：皷鐘於宫，聲聞於外。而令君治聲丕著有以也。令君名乾亨，號健齋，豫章吉水世家，成丁丑進士。樓之峻功，在萬曆庚辰歲立夏月云。

萬曆壬午，兵部左侍郎汪道昆建無量壽宫。

汪道昆閱無量壽宫成賦

西方白帝引真源，北極玄君啓法門。大地平分浄樂國，精盧宛在給孤園。峰開蓮社吾堪老，雲擁金城佛自尊。已見化身離色界，秖須對面問軒轅。

萬曆癸未，刑部侍郎臨海王宗沐建純陽閣於紫玉屏之麓。

萬曆戊子，徽州府知府古之賢、休寧縣知縣丁應泰建登封橋於黟川之津。

兵部左侍郎汪道昆記

明祀百神，奥主玄帝。成祖大治玄嶽帝時，侈於七十二君。爰及世宗，作宫白嶽，即齊雲山也。概諸神奇壯麗，曾不能十一之。要以經牛斗，當甸服之，南控三天子都，表群望岱衡之際，此其神臯。以故祝史祠官，冠蓋相望。自邦畿以及方國，自卿相以及齊民，轂擊肩摩，率以乞靈而至，不憚千里，有如朝宗。何所趨之，趨肹蠁耳。山麓則官道，襟黟水，帶漸江。先是伐木爲杠，水溢俱駛，至則望中流若天塹，即狂夫何敢憑重，以郵置稽程，行旅病涉，其不便何可勝數。鐸者狗於路，願募數千緡，甃石爲梁。方之内率若弗聞也者，過之卒無應者。太守古公入境，居人以狀聞，公頷之未發也。既而叩諸耆舊，耆舊之言曰：此中雖慕義，不以咍狗者之無饜，第上之人，聲義先鳴，若伐懸鼓而群應之矣。疇昔徐君侯有事完繕，得爲植者十人，不日告成，民不知役此十人者力也。公曰善。則以叩縣大夫，乃召義士黄侃、丁湧、查傑、朱模、金源濂以下若而人，禮之如三老。公首語侃等，悉以義聲振四方。往獨力梁古城，則應高使君之命。今兹之役，寧詎倚辦一人爾，第先雁行，諸父老翩翩旅進矣。既又誓諸有衆，守者非作無益，厲民而瀆於神，顧尊帝政以庇民，其何敢後。且也先公守一逢掖，嘗傾橐梁津，人言有開必先。余小子由兹崛起，諸父老善自求福，夫非不召而自來者哉。于時度地分工，相與戮力，庀事材必中，度工必中，程呰窳者斥之罔或不飭。其年淫雨害麥，歲大侵，米倍價者，三境内有殍。公以歲之不易，亟寢力作，以紓吾民。諸父老言：丁夫受工，猶得以糊其口，寢則奪之糈也，無寧寓賑於工。公第曰徐徐，諸父老唯唯。暑漲一息，閏月望，工更興，迄於七月下旬，工始畢。會五馬西駕，謁太素宫。工告成，適都使奉驛書至，公擢廣東按察司副使，治兵南韶。諸父老聞之，幸公落成於吾境，假令遲以時日，不敏將何辭。此上帝之寵靈，聖天子之貺也。吾儕第建祠事，奉公衣冠而俎豆之，即路車乘橋而西，祠在則公在矣。公力謝不可，頃之不歲，罪我之由，諸父老幸一洗吾過。又從而杓之俎豆之間，顔何厚也。惜余行急，不遑勒之石，以張爾勞，亟寢祠事。諸父老不得請，則以告縣大夫。縣大夫爲公宣言，毋方命第，就橋之陽築館舍，將令至者齋祓，行者税車，此其芨若甘棠，視尸祝賢矣。國之大事，必信而徵。爾曹第請司馬氏題橋立石，以紀成事。不佞謂是役也，裨國典，壯帝居，哀羸而陰賑饑，承尊而亟用命，揆諸勿亟，居然子來，民易使矣。本之説以使民，民忘其勞，則上好義而風動之也。帝王升中之蹟，萬古具存，後之視今，亦猶今之視昔。特書華表，署曰登封，且系之銘，以揚明德。古公名之賢，起家梁山，舉乙丑進士。縣大夫丁應泰氏，起家武昌，舉癸未進士。法得書銘曰：赫赫玄武，明威下土，左右成祖。太嶽將將，明堂總章，太和洋洋。亘於南斗，中和作藪，五丁始剖。肅皇中興，白嶽效靈，禪若云亭。其趾川逝，不揭則厲，稽天曷濟。太守入疆，經始皇皇，伐石爲梁。乃謀諸野，賢豪長者，其合如瓦。扱衽赴工，不皷而駴，萬夫之雄。東南艱食，恫瘝是恤，勿殫民力。民不其然，枵腹待饜，無庸息肩。百工仡仡，三時底績，砥平矢直。帝念民功，監我粵東，繡斧以庸。具曰帝錫，良二千石，美成不日。祖龍無謀，驅石瀛洲，徒作神羞。明明天子，受兹帝祉，屢豐伊始。相被虹騫，介福自天，天子萬年。

萬曆丙申，休寧縣知縣魯點重修登封橋。

邑人御史汪先岸記

先王之教，天根見而成梁，故乘輿濟人。《春秋》多鄭僑之惠，而子輿氏以惠不知政，譏之曰：歲十一月徒杠成，十二月輿梁成，民不病涉。毋亦兼濟之爲弘乎。海陽白嶽爲玄聖之靈區，祈禳者、報告者咸往焉。白嶽迤邐而下，越十里黟河襟帶，亦江南孔道，蓋古官渡也。往來輻輳，絡繹星馳，一葦則周濟之難，暑漲則稽程之病。曩時古刺史丁令尹檄富民之好行義者，共謀之石梁成，利攸往矣。未一紀，洪水傾十之七。乙未際，魯侯下車，日廑民隱，興利剗蠹，馳力緩征，民籍以安。維時登嶽，祀上帝，過而嘆曰：前人之費鉅而功高不及，今尺之補而尋丈之不可爲，惜哉。慨然爲修築謀，捐公帑百金爲士民倡。不佞亦有所捐助，民應之子來恐後。工用既具，任道會洪鳳書綜理之，率諸義民，勤趋厥事。以丙申秋月經始，迄丁酉春告成功。無何，暑雨汛濫，黟休歙之石梁，一時并圮者有三，惟登封屹然完如故。永保前人之功，賴侯爲之，後者圖之早也。是役也，費金七百有餘緡。覩河頌功，侯之明德，與古、丁二公同遠矣。侯，南漳人，舉癸未進士，前廣州司理，再起蒞海陽，百廢具興，此特其一云。

萬曆丁酉，徽寧兵備按察司副使張天德築天池於水簾洞之源。

邑令魯點遊天池記

海陽白嶽，此世廟封時之山也。禱祀玄帝，宮闕映乎星辰，臺觀聯乎島嶼，而巒壁洞壑之奇，烟霞木石之妙，有如門如爐、如屏如輦、如鐘如鼓、如象如駝、如三姑、如五老、如侍者、如衛者、如拜如舞者，不可名狀，皆峻絶稱天巧焉。由天門紆盤雨君洞，拾級天路而上，穿山房一曲，豁然小有天，孤懸危亭如半空中，則左跨天路，右俯天門，下絶雨君洞，晴亦飛雨如水簾。而黟山環翠，練水流虹，居然奇觀也。前觀察使張公登臨匠意，屬海陽令疏池爲雨穴，可四時不斷雨。迺因木石，於山空亭址之半爲飛閣，而積水爲池，依崕爲檻，遂落成於萬曆丁酉之季秋。張公題曰冰壺玉液，是爲天池云。歲己亥仲春暇日，令出郊觀麥秀，邑卿先生程泉州、邵都諫、張柱史三公同遊，偏歷此山之勝，還憩池亭。是日也，淑氣新晴，良朋式燕。無何，山月生輝，簫笙度曲，飛觴改席，拈韵徵歌，不幾乎逍遥遊乎。若夫鼎湖龍去，遺綸音於金闕，剡溪鷁棹，留勝蹟於碧山。識日月之盈虚，懷陵谷之消息。樂兹嘉會，徼彼山靈，可再得乎。竊有感於斯矣，於是海陽令臨沮魯點記之，摩於崖。張公天德，烏程人，與泉州公朝京、都諫公庶、柱史公應揚五人，同萬曆癸未進士。

程朝京得池字

結伴尋春入洞時，天風兩腋到天池。下界晴空簾雨瀉，上方指顧畫圖移。若非仙子來吹笛，應有樵人此看棋。清樽雅集堪追侣，徙倚峰頭月已遲。

邵庶得冰字

名山偶喜集高朋，眺倚孤亭最上層。烟瑣欲迷金掌露，泉飛疑灑玉壺冰。遊從知己情偏洽，坐向空明意轉騰。應識山靈原有約，憑高何勝醉眸凝。

張應揚得壺字

春遊白嶽到冰壺，另是天然一畫圖。俯檻倒看晴雨落，扶筇遥指洞雲孤。巖頭種朮人今古，嶺頂吹笙鶴有無。星聚名山惟此夕，直携五老獻嵩呼。

魯點得天字

仙窟神奇別有天，帝恩封祀戴堯年。雲深巧闢丹霄路，雨作晴飛碧澗泉。御氣爐峰縹緲外，瑶光屏翠泬漻邊。微臣守土涓無補，星聚群公北斗懸。

潘之恆陪魯子與、錢元英二明府飲天池亭詩

繞池瑶草色斑斑，勝取丹砂一駐顔。坐挾雙星凌澌水，亭開孤鏡對黟山。鳴琴合調能相和，倚樹連陰得暫攀。欲識下方流澤遠，珠泉疎雨到人間。

萬曆戊戌，工科都給事中邑人邵庶重葺太素宫殿門。

萬曆己亥，邑人丁惟暄建碧霄庵於碧霄峰之麓。

邑人程有臺記

余友丁以舒負美才質秀，而頟懸疣。盖素信玄帝云。方半齡，即失其尊人省吾公諱潛。以舒不藉父兄之教，乃自爲以舒。余亦僅十齡失母，遇彷彿以舒，未始不心儀以舒。戊戌春王正，以舒與余卜館地，意屬白嶽也。帝遂夢示其讀書白嶽，有竹園凡兩，其一爲以舒。以舒覺，而以其一歸之余，余不敢後焉。尋不幸有封太孺人變，約不及踐，於衷耿耿也。帝之靈從此數數見之以舒。以舒爲人正直，卓有豪氣，雅好客，居常常滿座。久之，以舒不期客。客無論薦紳布衣，環海内莫不願交以舒，而以舒倦矣，竟之白嶽焉。以舒舉子業業登壇兼静養，謝一切障碍，其精進不可量，帝實啓之。余以歲之季冬朔，與徐田仲有謁帝之行，因信宿焉。觀以舒情况遠勝舊，私念其著作甚饒，或未免沾沾自喜。夜飲幾達旦，各醉如泥矣。既旦，余尚卧，以舒已坐榻前，呼余起，述夢中語大奇。余愕然，不認其爲以舒。今之以舒，非昔之以舒耶。贅復無贅，逆以舒於他日，其應感宜不止此。此其小者也。於是以舒信帝益堅，特建庵碧霄峰下，塑像崇奉焉。攄厥基位，帝命之矣。會邑侯子與魯夫子修《白嶽志》，異以舒事，重以舒爲人，爰專以舒校正，董厥成志。有建置碧霄庵，當入志，志當有記。以舒謂知己則余，知建庵之顛末則余，强余記焉。愧余不足重以舒。惟是以舒始而疣，有竊笑之者，不能忘以舒也。倏而無疣，更有竊笑之者，更不能忘以舒也。玄之又玄，彼衆人烏乎知哉。默相以舒，蒙帝之力，碧霄之有庵也，以舒不忍忘帝力於何有也。余獲見而知之矣，其可無一言使聞，而知之者嘆無徵焉，則余之過也。

【補】附建置①

梅軒道院亦建自前明天啓年間，婺源人户部尚書汪應蛟題其額曰『玉芝堂』。今國朝乾隆丙申年，御史胡翹元進香，提點江永壽主醮，贈永壽一額曰『德碩能修』。又丁未年江永壽八旬時，太子太保户

① 以下據清道光本補。

部尚書曹文埴，歙人，贈之曰『全真養福』。又戊申休寧令徐日簪，贈之曰『海鶴丰姿』。
順治十年　原任嘉興知府婺邑汪元兆建飛晷臺於偃月池上，建藏經樓、三元閣於宜男宫之右。記畧不載。
康熙戊寅，重修太素宫頭門。
　乾隆甲辰，重修太素宫，兼建頭門。提點江永壽多有力焉。
嘉慶丙辰　觀察胡貫三，黟人，重建登封橋。其子曰尚增、曰元熙，知府；其孫曰積成，舉人，於辛酉
　重建北極宫。
○丁卯，重建梅軒道院。始於提舉江喬森，成於道會宋則兼。
○辛未　婺邑程樹仁修西天門路。
○甲戌　婺邑汪穀詒、汪作啓修白雲山路。
道光辛巳　歙邑許疇重修太素宫，兼建西二道院。太常寺卿鮑勳茂有記。
○壬午　道士汪壽如等建瞻天閣於太素宫之右。
○甲申　婺源縣令孫□，典史江□，經承張翔苑等，倡修紫雲關，婺邑程春暉修西天門至太素宫路。
○乙酉　婺邑程墨貽、程藝蓀、何秖承、俞思貽、程念劬，仝修雲山指迷登雲山路。
○丙戌　婺邑余鳴盛重修藏經樓。
○丁亥　婺邑汪昭德重修宜男宫，道會汪汝城重建百子樓於東陽道院之右。
○己丑　婺邑程墨貽修雙松橋至望仙亭路。

〇庚寅，重修太素宫頭門。建玉屏仙館於榔梅菴之右，邑人孫光譜重修夢真橋。

以上建置，俱有撰記，不及細載，中有闕畧之處，統俟增訂。

祀典

按有虞望秩山川，歲徧之。秦罷侯置守，禮浸以廢。漢魏間遣官攝祀事，守令之禱水旱者，亦許其通祭矣。或曰，舜其衰也，亦時然乎哉。我肅皇帝玄德比重華，殷祀白嶽，雖望秩奚讓焉。志祀典。

嘉靖壬辰五月，欽差妙應真人李得晟至齊雲山，欽奉皇帝聖旨：朕以菲薄，仰荷天命，君臨海宇，奉守宗祧十一年。歲時若流，百千世統緒至重，儲嗣未立，朝夕戰懼。聞齊雲山乃北極神真之福地，敬瀝誠懇，禱真靈垂鑒而錫庥。備香帛之儀，遣真人李得晟恭詣神祠下，取今五月初四日爲始，修建金籙祈恩求嗣繼緒保國大齋七晝夜，至初十日圓滿，修設九天監生醮禮三千六百分位，端拜玄恩，賜予賢子。綿宗社於萬年，世世守宗祧而主祀。保國祚於億載，代代宜君位以承天。年穀豐登，百姓有樂生之慶；邊疆寧謐，四方無警戒之虞。

青詞

予惟人君，膺宗廟社稷之託，國本爲先；爲天地神人之主，元良永賴。不有資於神化，曷以企乎蕃昌，敬竭丹忱，遠祈靈貺。兹備香帛之儀，遣妙應真人李得晟，恭詣齊雲山北極佑聖真君神祠下，仰祈陰佑，爰謹緘詞。冀威靈之有赫，助神力之無方，俾予早生哲子，以嗣洪基。予聞仁者有後，爲善降祥。予自繼統以來，寅肅畏恭，祇奉上帝。事神尊祖，常懷翼翼之心；發政施仁，實望昭昭之鑒。顧兹一紀，儲位尚虛，雖禋祀間舉乎高禖，而瑞應未孚於嵩祝。前星將耀，椒室或違，憂心上切於慈闈，企望下廑乎臣庶。予懷用懼，口與心謀，匪藉神休，奚來繁衍，爰遵道範，往禱靈祠。冀悃愊之上通，紛祺祥之下集，禎符濬發，弘開東震之祥；錫羡有輝，茂顯南離之照。民安居於樂土，國養德於長源。寶曆無窮，皇圖有永。

欽降織金皂袍一領，織金繡旛一對，裝金龍牌五座，金鐘玉磬二口，真武聖像各一百五十軸，聖父母像三十軸，真武童真内煉聖像二十軸，齊雲山圖一百軸，諸品道經一百部。太皇太后：織金長旛一對。嬉嬪：織金五彩綉旛一對。欽賞銀八拾兩。

欽差妙應真人李得晟，奏帶參隨道録司左演法等官李用濂、蔣振先、沈得登、張振通、尚道福、李常经、蕭文傳、沈長紳、陳弘繼、屈常絙、楊存禶、賈承清、王永寧、張永通、楊弘濬、郝永亨、王振璁、王常鎬、奚紹隆、郭弘経、劉存恩、梁存祚、王弘

賓、邵道通、徐永仁、劉真瓚、潘存禮、劉永德、李本通、蔡常綬、陳常鉞、李承德、劉存胤、邉存澤、李存樟、胡大紳、詹宗義

侍職張存瀾、礬存祖、龔招敬、李常輔、王得先、王計旋、王存敬、賈延奇、鄧紹榮、晏永和、田存玉

鋪排李明、戴奉、載和、馮保

本山道官徐秘元、方瓊真、朱素和、潘融和、汪相和、汪曦和、楊玄相、朱宗相、葉賢相、陳鑾相、汪尚相、趙雲清、汪麗清、胡慎清

欽差巡撫應天等府地方、都察院右副都御史陳軾，巡按御史傅烱、馮恩，徽州府知府王繼禮，同知李邦，推官曹世盛，新安衛指揮張紳，歙縣知縣楊大章，婺源知縣周如底，祁門知縣汪密，黟縣知縣賴暹，績溪知縣李旦，休寧縣丞張世濬，主簿劉時濟，典史唐瀾，本府都紀張元本，副紀潘元迪。

嘉靖戊戌五月，欽差正一大真人張彦頨至齊雲山，欽奉皇帝聖旨：比朕儲祥未建，嗣位久虚，寤寐不遑，夙夜祇懼。爰即齊雲山致禱於北極佑聖真君，仰荷天庥，亦惟神助。謹遹者天潢繁衍，昭祖德以彌光；帝胄熾昌，承慈闈於未艾。每懷眷祐，莫罄名言。謹命正一大真人張彦頨詣神祠下，取今五月二十七日爲始，脩建金籙酬恩錫嗣繼統承天大齋三晝夜，爰至六月初一日圓滿，修設羅天大醮一千二百分位。伏願福禄来同，子

孫千億，昭明有俶，家室萬年，綏令聞於無窮，基景命之有永。玄機默翊，弘施保育之仁；神教誕敷，永被清脩之化。敬攄微悃，上答洪庥。

青詞

予惟玄功顯錫，欣承昭格之庥；喬嶽儲精，茂迓蕃昌之祚。矢愚衷於臨女，介景福於多男。仰戴庥慈，曷勝瞻戀。兹卜良辰，敬遣大真人張彥頨恭詣齊雲山北極佑聖真君神祠下，祗迓真光，脩陳醮禮，謹奏

玉清聖境元始天尊　玉几前

上清真境靈寶天尊　玉几前

太清仙境道德天尊　玉几前

昊天至尊玉皇上帝　玉陛下

勾陳上宮天皇上帝　御前

中天星主北極大帝　御前

承天効法土皇地祇　金闕下

高上神霄九宸帝君　聖前

恭望大道天慈，俯垂省覽。伏以聰明作后，求永命於祈天；福禄宜君，用申休於主鬯。神人攸塈，家國永寧。曩者逝日不居，尚爾前星未耀。寔艱素悃，瀆奏琅書，詎

期福地之靈，永奠室家之壼。仙源錫羡，昭元祉於麟祥；潢派濬符，衍繁禧於螽慶。慈扆慰千齡之望，閭閻騰九有之懽。藻慮有年，旌恩無地。敬馳真首，祇叩瑶扃。闡道範以祈靈，尚冀冲漠之鑒；誦真詮而籲悃，允垂庇蝦之仁。俾克類以克明，庶有憑而有翼。

皇帝聖旨：朕以眇躬，君臨大寶，每切敬天之命，時傾奉母之誠，兢兢業業於兹矣。倏於歲春，聖母偶致違和，遂成瘡疾，躬侍湯藥，寔切憂懼。雖百法療治，而愈痛愈疼，迨今未痊。思惟求救於神，庶臻安復。齊雲山乃北極神真之福地，敬瀝丹誠，上祈玄造。謹命正一大真人張彦頨詣神祠下，取六月初六日爲始，修建金籙祈恩保母安疾永壽延禧大齋七晝夜，爰至十三日圓滿，修設羅天大醮三千六百分位，拜叩洪慈，鑒兹愚悃。伏願恩頒玄極，早除見患之災；仁降紫霄，即臻勿藥之喜。轉災爲福，去舊從新，玉體尊安，樂含飴之有永；慈闈寧吉，綿眉壽於無疆。

聖母青詞

惟王者爲天之子，事必籲天。人生惟母是親，敢忘報母。矧夫慈體遘疾惟深，予愆多積，仰叩玄仁，俯察丹悃。兹卜良辰，敬遣大真人張彦頨恭詣齊雲山北極佑聖真君神祠下，祇迓恩光，脩設醮禮。謹奏

玉清聖境元始天尊　玉几下

上清真境靈寶天尊　玉几下
太清仙境道德天尊　玉几下
昊天至尊玉皇大帝　玉陛下
勾陳上宫天皇大帝　御前
中天星主北極大帝　御前
承天効法土皇地祇　金闕下
高上神霄九宸帝君　聖前
恭望大道天慈，俯垂省覽。伏以人主之祈天永命，莫大奉親；孝子之侍膳問安，謹於視疾。此彛倫之要道，實天下之同情。惟我章聖慈仁康静貞壽皇太后，偶以違和，遽嬰瘡疾，歷時既久，災患未除。雖湯藥自侍於慈闈，而疾痛寔関乎朕體，非資神力，遏遂安痊。遥憶名山，實爲聖境，有禱必應，無念不通。兹微悃以上聞，冀天真而下鑒。伏願玄慈降祉，祛宿疾之痊消；帝鑒垂仁，俾慈躬之永泰。優游長樂，熙五福以駢臻；安享慈寧，介千年而不替。
欽差大真人掌天下道教事嗣漢四十八代天師張彦頨，清微輔教高士聶一然，上清宫提點張元明，上清宫提舉陶隠賢。掌禮儀：大真人府賛教方定規。陳設：賛教臧宗仁。本山道官方瓊真、朱素和、潘融和、汪尚相、汪曦和、吴睿和、江惠和、楊玄相、陳鑾相、方德相、汪相和、汪麗清、朱佑相、趙雲清、謝宇寧、胡慎清、佘淑清、汪潭清、汪椿清、戴萬清、汪藿清、金常清、楊建寧。

欽差總理糧儲兼巡撫應天等府地方、都察院右副都御史歐陽鐸，提督操江南京都察院右副都御史簡霄，巡按直隸監察御史邢第，提督學校巡按直隸監察御史馮天馭，巡按直隸下江帶管上江監察御史荀汝安，直隸徽州府同知李中孚，休寧縣知縣傅燦，祁門縣知縣姚漶，婺源縣縣丞鄭希周，休寧縣主簿馮世麟。

嘉靖丙午，太素宫提點汪曦和欽奉皇帝聖旨：今秋八月十日，屆朕初生之辰。切念朕纘述皇圖，導迎景貺，肆輯福於眇躬，迺篤承乎丕眷。謹涓本月初八之吉，特遣道録、衛官齎捧香帛儀物，詣齊雲山玄帝寶壇，修建金籙生辰報恩祈福永壽齋醮一筵一千二百分位。伏願天鑒神歆，降祥錫慶，早悟太上之玄，庶副天心之眷。密垂啓祐，永此皇明。

欽降織金繡旛一對，道德経六百六十九函。中宫皇后：織金旛一對。

嘉靖己未三月初一日，太素宫提點朱宗相欽奉皇帝聖旨：昨以嘉靖三十五年六月恭修玄帝齊雲山之宫，已告工完，特伸安奉。爰命勲臣齎捧香信，敬詣本山玄天帝壇，啓建金籙安神祈祥大齋五晝夜，以三月朔日爲始，初五日圓滿，修設師府衆真清醮三百六十分位。伏願位鎮名山，彰大法而保邦佑國；祀昭福地，藏威靈而安夏攘夷。允資翊護之功，克副皈崇之念，禧延宗社，福及神民。

嘉靖辛酉八月初九日，太常寺寺丞兼玄天太素宫提點朱宗相欽奉皇帝聖旨：朕以初度之辰，每戴生成之德，涓今八月初十日，特遣衛官捧齎香帛，詣齊雲山壇殿，取初九日爲始，至十一日圓滿，脩設金籙祈天永命集慶安邦大齋三晝夜。伏願國祚延長，遐齡永奠。

嘉靖甲子八月初九日，太常寺寺丞兼玄天太素宫提點朱宗相欽奉聖旨：八月十日朕初生辰，特命侍衛官員捧齎香帛，敬詣齊雲山建醮請恩，恭迎景貺。就於玄天太素宫官道朱宗相等，自本月初九日爲始，至十一日圓滿，修建金籙元甲承眷誕日祈恩延生集慶大齋三晝夜，陳設羅天大醮一千二百分位。伏願恩佑宗社，壽延眇躬，慶及六宫，休覃萬國。

萬曆庚辰正月十六日，嗣天師大真人張國祥欽奉皇帝聖旨、慈聖宣文皇太后懿旨：切念嗣君荷天洪佑，繼祖丕基，撫育黎元，政每脩於成憲；遵承寶曆，事尤急於皇儲。仰叩玄尊，俯從懇禱。由是謹發誠心，虔備彩幡，詣宫懸掛。特命真人張國祥恭率官道，謹以萬曆八年正月十六日爲始，至十八日圓滿，就於齊雲白嶽中和山玄天太素宫，脩建籲天請佑祈嗣皇儲奠安宫壺保泰邦家大齋三晝夜，祗設玄天列真清醮三百六十分位。伏願丹悃潛通，玄尊默相，靈臺早孕，庶誕嗣於儲君；國本攸長，俾治隆於世運。風調雨順，歲稔時豊，寧静宫中，太平天下。
欽降織金五彩寶幡肆對，欽賜香銀壹百兩。
直隸徽州府知府徐成位、同知丁應賓、推官舒邦儒，休寧縣知縣曾乹亨瞻禮。

命使

嘉靖十一年二月十二日，司禮監太監黄偉傳奉聖旨：差紗應真人李得晟，往直隸徽州府休寧縣齊雲山公幹。寫勅與他，沿途不許欺慢留難。該部知道。
本月十三日，御馬監太監麥福傳奉聖旨：説與真人李得晟，帶去齊雲山官道李用濂等二十六員，侍職、鋪排十名，欽此。
嘉靖十一年二月二十七日，勅紗應真人李得晟：今特命爾前往直隸徽州府休寧縣齊雲山公幹。爾須嚴敬自持，率領道衆虔脩齋醮，仰祈福佑，以稱朕祈神之意。爾往来経過處所軍衛有司驛遞等衙門，一體護送，廩給車舡口粮照例應付，不許欺慢留難。其本山地方有司人員合用供應等項，通行備辦。如有不遵勅旨，故違悮事者，爾指實奏聞，必罪不宥。故勅。
嘉靖十七年二月十六日，該司禮監太監麥福傳奉聖旨：往歲朕嘗遣真人李得晟往齊雲山北極真武神祠建醮禱嗣，果獲感應。今命大真人張彦頨往彼建醮，一以謝神，一以上祈母壽。事畢，大真人還山，著隨去高士聶一然回話。寫勑與他，経過去處不許欺慢，即便應付。欽此。

嘉靖十七年二月十九日，勑正一大真人張彦頨：嘗命真人李得晟恭詣齊雲山北極真武神祠，建醮禱嗣，果獲靈驗。特命卿往彼處，虔脩齋醮，一以謝神，一以上祈母壽。事畢卿即還山，著隨去高士聶一然回奏。卿経過去處，軍衛有司驛遞等衙門即便照例應付，不許欺慢留難。如有不遵勑旨，故違悮事者，聽卿奏聞處治。故勑。

嘉靖二十五年五月，欽奉聖旨：今秋八月十日，届朕初生之辰，命道録司左演法奚紹隆、錦衣衛千户齊志，賫捧香帛儀物，前詣齊雲山，著本宫提點汪曦和主行脩建祈天永命大醮三晝夜，有司供應。欽此。

嘉靖三十四年五月，欽奉聖旨：今秋八月十日，届朕初生之辰，命道録司左演法李用濂、錦衣衛千户畢清，賫捧香帛儀物，前詣齊雲山玄天太素宫，脩建祈天永命大醮三晝夜，有司供應。欽此。

嘉靖三十五年六月十二日，勑清微演教崇真衛道高士兼三宫住持陳善道，直隸徽州府齊雲山真武神殿年久頽圮，已経巡按官查勘估計，具奏前来。今命爾同錦衣衛千户何杲前去，與同太常寺寺丞兼玄天太素宫提點朱宗相管造，脩盖正殿，并添設配殿鐘鼓樓等項。爾等宜用心督理，建造如式，期於工程堅固，可垂経久，以稱朕崇玄妥聖至意，其欽承之毋忽。故勅。

勑錦衣衛千户何珤：直隸徽州府齊雲山真武神殿年久頽圯，已経巡按官查明估計，具奏前来。今命爾同清微演教崇真衛道〔高〕士兼三宫住持陳善道，與同太常寺寺丞兼玄天太素宫提點朱宗相營造，修盖正殿，并添設配殿、鐘皷樓等項。爾等宜用心督理，建造如式，期於工程堅固，可垂経久，以稱朕崇玄妥聖至意，其欽承之毋忽。故勑。

嘉靖三十八年正月二十九日，欽奉聖諭：昨脩玄帝齊雲山之宫工完，命國公徐延德行安神禮賫醮意，著朱宗相奉行齋事，有司供應。欽此。

嘉靖四十年七月初十日，欽奉聖諭：著錦衣衛千户傅霦賫醮意，詣齊雲山，命朱宗相主行修建祈天永命大醮三晝夜。欽此。

嘉靖四十三年七月初十日，欽奉聖諭：著錦衣衛千户倪綸賫醮意，詣齊雲山，命朱宗相主行修建祈天永命大醮三晝夜。欽此。

萬曆七年十二月初六日，嗣漢五十代天師正一嗣教大真人張國祥欽奉聖諭：真人還山，就命他賫奉彩旛香帛，前往齊雲山禱祈皇儲，賜馳驛有司供應。

奏疏

嘉靖十八年九月初九日，正一嗣教懷玄抱真養素守默葆光履和致虛冲静承先弘化大真人掌天下道教事臣張彦頨謹奏，爲懇乞恩旌揚福地以昭祀典事。奉聖旨：覽卿具奏，爲國報神忠悃，勸賜名玄天太素宫，原納該府香錢，特與除免，以備本山脩理，便寫護勅給去。禮部知道。

嘉靖二十年九月十五日，正一嗣教懷玄抱真養素守默葆光履和致虛冲静承先弘化大真人掌天下道教事臣張彦頨謹奏，爲謝天恩請天選永潔焚脩永隆聖典事。奉聖旨：玄天太素宫昔著靈應，挺生皇嗣，委宜崇重。朱宗相准授太常寺寺丞兼本宫事，汪曦和除授提點，鑄降印記，公同管理，道衆晨夕焚修。禮部知道。

嘉靖三十五年正月十五日，太常寺寺丞兼玄天太素宫提點事臣朱宗相奏，爲懇恩勅建以隆香火事。伏照齊雲山肇自宋初，真武化身，塑立神像，顯應昭著。嘉靖十一年欽差真人李得晟臨山建醮，祈誕皇嗣。續蒙聖恩，特賜山額，授臣寺丞提點，受恩至渥，補報莫能。但逢聖壽、元旦、長至等節，脩醮誦経，一誠祈祝。每随朝賀之年進呈経數，以表報私。切緣本山高峻一十餘里，中虛五十餘畝，拱北鎮南，山形奇勝。但懸崖立宇，神殿年深，風雨滲漏，棟宇朽腐。雖有香錢微資，屢加脩補，不能建立新殿。臣見太和、龍虎等山，俱蒙施建重新，伏望恩施錢糧，勅建琉璃瓦殿宮宇，添設左右配殿，及鐘鼓樓、三門。差官一員，協心監督，例照諸山堅固，永遠崇奉，俾臣等焚修有頼。因奉聖旨：玄聖齊雲之脩，宗相有本，著令該部速行。

嘉靖三十五年二月十九日，太子少保本部尚書兼翰林院學士臣王用賓等奏，爲勅建齊雲山估計事。欽遵抄出太常寺寺丞朱宗相所奏，本山形勝奇特，玄靈顯應，素著護國佑民之蹟，當弘崇神表異之規。経今年久，殿宇損壞，欲照太和、龍虎等山，並賜重建，似亦相應。查得二山重新工食費用，堪動官銀及香錢内動支湊辦。今據宗相奏稱，本山香錢僅足脩補，未充盖造，所有應用銀兩，合行酌處。候命下行，移都察院轉行南直隸巡按監察御史，即將一應工程，擇委廉能官員，估計合用琉璃瓦木植磚石顔料，及匠作夫役工食等費銀兩數目，查勘本山香錢，如果不敷，應該動支何項無碍官銀，逐一議處停當具奏。二十日奉聖旨：便著估計速行，不許欺怠。欽此。

嘉靖三十五年四月二十日，巡按直隸監察御史莫如士，爲懇乞天恩欽施勅建事。奉都察院巡按南直隸應字六千六百九十四號勘合劄付前事，准禮部咨該本部題祠祭清吏司案，呈奉本部送禮科抄出。巡按直隸監察御史莫如士題稱：修建齊雲山真武殿，合用物料，會同估計，該銀三萬三千八十八兩四錢，謹以具奏。奉聖旨：這些小事，何必倡揚，該部知道。欽此。
嘉靖三十五年六月十二日，工部營膳清吏司爲傳奉事。奉本部連送該本部題本司案呈，嘉靖三十五年六月十六日辰時，該内府承運庫發出欽降銀壹萬兩，著本部官領去，交與陳善道等因到部，送司案呈到部。今將前項銀兩，親詣該庫領出，即日差委本部進士黄煒管領，星夜赶送，交與陳善道，取经该衙門回文收照等因，本部左侍郎雷賀具題。十八日奉聖旨：是，欽此。
嘉靖三十五年六月十八日，郎中劉秉仁、巡按直隷監察御史莫如士，爲懇乞天恩大昭聖德永隆香火事。奉都察院巡按南直隷應字六千六百九十四號勘合劄付前事，准禮部咨該本部題祠祭清吏司案，呈奉部送禮科抄出。巡按直隷監察御史莫如士題稱，修建齊雲山真武殿已经具題，合用物料，會同估計，該銀三萬三十八兩四錢。後蒙欽降銀壹萬兩，共四萬三十八兩四錢。欽遵謹將前銀分給委官置買物料，成造殿宇，尚有餘銀壹萬兩。经高士陳善道、千户何彔，會同臣等，看得舊殿左廊後原有屋宇一區，内供奉三清、玉帝聖像，議照上帝不當列在正殿左側。查得太素宫東拱日峰下隙地一段，入深一十六丈，横闊九丈六尺，相應創建殿宇一區，左右兩廊，前盖三門，奉安聖像。及照真武新殿并配殿等處落成之後，内缺供器牌位鐘皷等項，半山坡可建石牌坊一座，并碑亭碑石，欲將前項餘銀買辦物料，召募工役，建造竪立，庶俾享祀各隆，儀度益備等因。奉聖旨：該部知道，欽此。遵抄出到部，送司案呈到部。臣等看得御史莫如士所奏三清玉帝聖像列在旁廡，神棲未妥，委宜改建，其供器牌位鐘皷等項，及牌坊碑亭，均不可缺，既有前項餘銀，工亦足辦，相應俯從所請，合候命下，即行彼處撫按衙門，會同高士陳善道等，准今動支照議建置，儘壹萬兩爲止，不許再行科派。候工完之日，具奏等因。嘉靖三十六年正月二十九日，本部尚書兼翰林院學士吴山等具題。二月初一日奉聖旨：是，欽此。

嘉靖三十八年正月十六日，正一嗣教大真人張永緒題奏，爲懇乞天恩請天選以續焚修永隆香火事。保勘得道士金元清，合應銓補提點，加授道録司左正一，職員管理宫事。奉聖旨：是，禮部知道。

靈應

竊惟寰宇五嶽外，則有玄白二嶽，豈非以其靈乎。白嶽之祝禖不爽，炳炳乎世廟崇祀，厥有由矣。其他禱應，不可盡述，述其可知者。志靈應。

唐刺史韋綬感夢，建岐山石門寺。詳具《記畧》。

宋初真武化身，百鳥啣泥，塑神之像。按相傳此語似不経，第環有啣者，泥不其然，経水火二變，像不動，神矣神矣。

天泉巖有碧蓮澗，昔日異僧説法於此，有碧桃花葉流自巖水間，長竟尺，因名焉。按此亦天雨花之類。

國初鑄鐵亭子，抹以金，既成，欲置之香爐峰頂，苦人力不能上。一夕大風雨，辰視之，峰頂有亭。亭至今存。按此語相傳亦似不經，然神輸鬼運，有不可以常理測者。

嘉靖乙卯，休人吴維昭沾危疾，夢玄君語，須衡石程金購藥，疾遂瘳。登雲巖謝神貺，因修夢真橋。載橋記畧。

萬曆甲戌三月初九日，巡按直隸監察御史朱公文科登雲巖，禮太素宫畢，至飛身崖，俄有小兒墜巖而下，無損傷。公驚訝，問其幼行孝，賞米貳石。按此捨身崖誑輕生者，大愚矣。身体髮膚，受之父母，不敢毁傷，未有毁之可爲孝者。如此孝童倖全，神特佑之，不可常也。故書此，示愚民之戒。

萬曆甲戌六月二十六日，大旱久，休寧縣知縣東筦陳履步禱於雲巖，請法水至縣，立壇祈禱。申刻到壇，酉大雨，平地水三尺。民歌之曰：陳令君，何所擬，祈禱途行三十里，四野霈霔三尺水，甦禾青青沛然起。方之召杜不徒耳。

萬曆己丑六月初一日，大旱久，休寧縣知縣江夏丁應泰步禱於雲巖，請水至崇壽觀，立壇曰：赤日青天，旱魃如許，一時何能得雨。言畢，少焉雲合，大雨霑足。謝禱雨文，載藝文中。

萬曆戊戌十二月初一日，邑人丁惟暄讀書雲巖，素患額有瘤，如胡桃大，百法藥物不能治。是夕，感夢驚寤，瘤遂平。因建菴於碧霄峰下，塑像崇奉。夢神記、謝神表俱載藝文中。碧霄菴記，載前建置。

【補】①

嘉慶庚午，邑人胡茂林因長男沾血症，醫治不效，虔心至洞天福地，許愿捐修玉樞宮、彌羅宮，並裝金聖像，〔輸〕祖百砠。是夜夢邋遢仙師語曰：服吾丹井中水即愈。後果然，連生五孫。又代其婿程國良求嗣，許願重造頭門。是夜良之母夢神送子到家，後即連生二子。

邑人吴昌澍沾病不效，許願造樓真所于飛昇古蹟之傍。夜夢神語勿服藥，未及一月，舊疾頓愈。

邑人吴光袓②布政司理問至洞天，虔心求子，逢道會汪汝城語曰：爾命犯天狗，子嗣無望。光袓求之再三，汝代禳解，後即連生二子。

---

① 以下據清道光本補。

② 袓，《齊雲山桃源洞天志》作『祖』。

齊雲山志卷之三

宸翰

恭惟我世宗肅皇帝親揮睿藻，錫白嶽勅記，洋洋聖謨，猗與盛矣。頌綸綍而式金玉，煥乎文章，日月爲昭焉。至出内府金營繕，除本山香錢，其投珠抵璧之風乎。志宸翰。

欽降護敕

皇帝敕諭官員、軍民諸色人等：朕惟玄元之教，其來尚矣。肆我祖宗朝以來，所在崇奉，有隆無替。齊雲山寔惟真武棲神之所，近該正一嗣教懷玄抱真養素守默葆光履和致虚冲静承先弘化大真人、掌天下道教事張彦頨奏稱：齊雲山肇自宋初，真武化身，百鳥啣泥，塑立神像，顯應於昭。嘗經水火迅雷，烈風崖石，屋宇崩摧，神像不動。迄今數百餘年，金容如始，凡飾難加。四方士民遇蝗災旱澇，徼福求嗣，有禱即應。朕嘗專遣真人詣山，禱祈儲嗣，果獲感應。但祠宇年久卑陋傾頹，未加脩理。今將本觀原納該府香錢，特與除免，以備本山常年脩理之費。觀賜名曰『玄天太素宮』。特降敕護持，凡一應官員、軍民諸色人等，敢有不遵敕旨，肆行欺毀攙擾，侵損作踐者，必治以重罪不宥。故諭。

嘉靖十九年正月二十一日。

御製齊雲山玄天太素宫之碑

徽州府齊雲山齊雲觀，原有真武聖殿，相傳自宋寶慶中建，而真像則百鳥啣泥所塑成者。迨今數百餘年，金容如始。遐邇人民凡有禱祈，必皈赴焉。朕於嘉靖壬辰，因正一嗣教真人張彦頨奏，令道衆詣山建醮祈嗣，果獲靈應，自是設官焚修。而祠宇卑隘傾頹，不稱崇奉至意。爰命巡按御史庀工程材，遣高士陳善道，錦衣衛千户何杲，往董厥役。以嘉靖丙辰八月啓工，脩建真武正殿，並左右配殿，添設供器、鐘皷樓等項。復創建三清殿一區，規制宏麗，儀物備飾。更題曰『玄天太素宫』。惟此山高五百仞，盤繞百餘里，上應斗宿，俯瞰大江，峰巒秀特，巖洞幽奇，允爲東南之福地，神仙一洞天也。至是宫成，金鋪玉映，始足以妥明神而增勝概矣。御史奏請朕文勒碑，以示永久。朕惟帝以天一之精，炳靈降世，感召元君，授以無極大道，丹成冲舉，受册瓊臺，主鎮北方，輔化制運。昔我太祖、成祖，開基創業之時，帝赫著神靈，翊成丕績，乃立廟南都，建宇太嶽，殷禮秩祀，前後並隆。及朕纘承大統，復荷帝宣靈昌胤，章章若是。玄功聖德，莫罄報稱。比歲常發帑銀，脩飾太嶽太和山宫殿，門廡揭坊，額曰『治世玄嶽』。夫神無往而不在，則禮儀無往而不備。朕謹效法祖宗，隨在祇若明祀，於兹宫之脩建，罔敢緩焉。惟帝鑒享克誠，保佑朕躬，昌延皇祚。俾歲稔時和，内安外靖，佳祥駢集，教法興隆。則帝之福德，益衍於無窮，而朕實永有頼矣。

嘉靖三十七年六月初九日

藝文

按新安山水不經禹導，遂無太史公之跡矣。若石橋、齊雲二巖，逮唐宋間跫然有足音，我明乃章著焉。於是乎有紀載題詠，文獻可得而徵也。志藝文。

玄帝傳

帝姓李，名乞小，字安于，净樂國王子也。王諱告，祖諱牛，孳宗諱端，受國在海外西域。炎帝癸巳歲正月戊午，日月合璧，氣混虚危，善勝太后日偶寢，夢日光入口吞之，覺而有孕。經十四月，黄帝甲午歲三月甲寅日，帝産太后左脅焉。瑞氣覆國，異香芬然，地上化爲金玉之色。帝産七歲，凡經典一覽，悉默悟之，而向道之志甚篤，王不樂。歲十五，乃辭王出遊。王察其志不可變，許之，賜帝號曰潛雲子。帝出宫遠訪名山，因感紫虚元君，授以無極上道，且命曰：子可越東海，歷翼軫之野，入是山擇衆峰最高者，紫霄峰下居之。道成後二千五百歲，龍漢四劫中，當披髮跣足，上爲三境輔臣，下作十方大聖，顯名億萬劫，與天地日月齊並，是其果滿也。帝遂越東海，果見元君所告之山，七十二峰中一峰聳翠萬仞，上凌紫霄，下有一巖當陽虚寂，帝即於是居焉。凡身脩煉，了議大通，玄一默含，萬真洞會，四十二年，大得上道。黄帝庚寅歲九月丙寅日，天花下雨，迷漫巖中，附巖林谷，一時震響，自作仙樂之音。帝拱立紫霄峰上，五真群仙導從甚盛。五真曰：我等乃九五老君，奉三清玉帝之請，爲子啓途。帝乃斂圭，登羽盖瓊輪，朝赴九霄巖上，受北帝之靈符，佩乾元之寶印。所居有闕，號曰天乙真慶之宫，紫微北上太素秀樂天中。其宫巍峨，皆自然妙氣結成，自虚無色界也。後至商紂濁亂，六魔爲殃，勑帝披髮跣足，躬披鎧甲，躡之者蒼龜赤蛇，擁之者皂纛玄劍，衛前後者八殺之將，隨左右者六甲之真，掃蕩回天，乃稱元帥。帝歡曰：今日乘符鎮極。帝當三元八節，甲子庚申，每月一度下蔭人間，察善惡公剪，録九一度化，身則普濟人物，興益教宗也。贊曰：

玄元之祖，天一之精。造化未肇，先稟神靈。八十二變，玄帝之名。數産武曲，度次老君。電光目閃，雲陣眉横。乘虬跨駿，千丈其身。九天聲震，四部威行。風雷倏爾，旋乾遍坤。上落逆象，下散妖氛。人鬼分宅，國土清寧。功德罔極，永鎮北旻。

石橋巖銘

汪道昆 歙人，兵部左侍郎

先帝在宥天下，凡四十有五載，端拱九重，明威四海。敬脩祀典，有事升中，眷玆白嶽，乃作玄宫。獻力普存，玄宫翼翼，屢惟豐年，莫不康食。今天子嗣興，脩先帝之德，去泰去甚，與海内休息。宣布德意，其惟良有司，祈寒暑雨，靡有怨咨。草莽逋臣，此其怙冒，周遊隩區，擇地而蹈。西暨石林，有堂有奥，跨山爲梁，寔惟天造。褰衣高時，乘彼神臯，羲和當御，魑魅逋逃。經紀五辰，雨暘時若，場事畢登，嘉生有碩。察於謡俗，民不告勞，居人露積，婦子陶陶。樂哉乎三老，式歌舞以敖。川谷逶迤，隔閡丘井，畊乎牧乎，越在箕潁。蕩蕩無名，維伊耆氏之境。我銘崇山，垂於有永。

無量壽佛贊

汪道昆 歙人，兵部左侍郎

持世世尊，時乘龍象。闡教娑婆，盈盈大藏。西極至人，牛車同軼。沉默非空，莊嚴非相。其國極樂，其壽無量。四十八願，普度衆生。千華世界，九品一城。長年丁壯，歷劫升平。林端甘露，羽族和鳴。道恒沙衆，解脱無明。同登彼岸，率履夷庚。接引何勞，跏趺何寂。無聖無凡，無顯無密。無度無迷，無通無塞。既無無央，亦無無極。十方三世，斯其第一。

紫霄宫玄帝碑銘

唐寅　吴人

乾坤定位，二儀開五劫之端；人鬼分形，五嶽鎮九州之地。東溟銀榜，標題長子之宫；西海玉門，實聚百神之野。皆所以節宣寒暑，鼓舞陰陽。萬物賴之以生成，四民順之而動止，兵戈藉之而底息，穀粟因之而豐登。玄天元聖、玉虚師相、仁威上帝、蕩魔天尊者，顓帝之神，水德繼王，在先天則正位乾符，御北斗則斟酌元氣。職領紫微之右垣，則並天乙太乙之座；宿列虚星之分野，則總司命司禄之權。劫當開泰之中，天啓聖靈之孕。幽明叶相，上下同流。凝二五之精以有生，建二一之道以度世。誕聖王宫，出胎母脅。寶光所照，三辰爲之失色；天靈護持，六種爲之震動。洎乎髫年，辭親就道，東遊震土，元君指迷。受錫劍於天帝，悟磨杵於神姥。折梅枝而寄椰，升霄峰以圓功。虎將護壇，龍神捧足。於是叩金扉而遐升，當玉堦而稽首。受命上清，敷惠下土。分判人鬼，資大禹鑄鼎之功；馘除妖魔，繼黄帝鳴角之戰。較蹟天曹，復居坎位。展旗捧劍，乾樞開黑帝之宫；玄龜赤蛇，坤軸闢玄都之府。歷朝顯應，有感必通。恭維我太祖高皇帝，德符天地，功配唐虞，用夏變夷，易亂以治。偃武脩文，而萬國咸寧；燔柴瘞玉，而有神歆享。曆數在躬，卜宅中夏。誕及太宗皇帝，纘承祖考，欽若昊天，實藉神威，以翼聖躬；爰由冥力，以靖多難。風行電掃，而天日開明；虎嘯龍吟，而江山變色。盖精靈通乎變化，誠慶達乎神祇也。是以敕命重臣，建宫福地，丁夫百萬，星霜再周，金碧極輝煌之盛，香火盡嚴奉之誠。

盖所以答神貺，宅威靈，今之泰嶽太和山是也。是以民莫不敬且信，有禱必通。離宮別館，遍於天下；名山大川，尤多顯靈。盖神藉山川之靈氣，乃可以應億兆之祈求，故其居處無常，周遊靡止。若夫亘人之國，上下於天；女媧之墓，浮沉於水。神化者不可以理測其端，妙應者不可以言達其旨。是以齊雲巖紫霄崖，有玄帝之行宮焉。其創始落成，別有記序。養素道人汪泰元，以僕業佔嗶，托戴生昭，來乞敘文。竊以爲殷薦望秩，帝王所以奉天地山川；禴祀蒸嘗，億庶所以報祖宗神鬼。莫安宗社，底家宅邦，厥旨微矣。矧夫玄天元聖，作鎮北極，應化本朝，統五帝之尊，履九宮之始，除邪鎮惡，降福消災，爰建行宮，允安兆姓也。僕雕蟲末學，難盡揄揚；草芥微才，豈能著述。涓埃無益於山海，螢爝奚補於日月，吮毫增悚，撫案知慚。薰沐以譔斯文，稽首係之以頌。頌曰：

元天玄聖，仁威上帝，作鎮北極，斟酌元氣。五雷都司，九天奕使，七曜旋時，五福治世。平安水土，調攝神靈，展旗捧劍，掣電輝霆。虛皇敕命，至德寔凝，敷惠下土，兆宅上清。赤蛇玄龜，將列水火，福善禍淫，月右日左。先天治乾，面明向午，安定山海，亘今及古。恭維我朝，太祖太宗，惟神輔弼，國祚無窮。名山大川，爰建琳宮，金銀照耀，琳碧輝崇。再拜稽首，小子作頌，上述威靈，下贊神用。磨礱礫礎，刊鐫麟鳳，百萬斯年，於昭示衆。

中立石銘

鄒守益　安福人，國子監祭酒

安成鄒守益，同劉師泉邦來，及王一峰、朱調、朱震二兒美善，遊廓巖前，奇石突立，命曰中立，予爲之銘，以期我同遊無負兹石。維汝之直兮，可以語性；維汝之方兮，可以語行；維汝之平兮，可以語政。肆中立而不倚廓乎，乾坤之正。

齊雲紀異增脩石徑碑銘

廖道南　蒲圻人，翰林學士

夫齊雲巖者，白嶽之名區奧境也。層巒嶕嶫，則蛟虯蜿蜒；虛壑谽谺，則熊彪炰烝。遠而睇之，則有石鐘鏗鍧，石鼓嶒崀，輦輅岧嶢，香爐輪囷，而天柱爲最勝，是玄靈之所冥宰也。近而睨之，則有步雲盤桓，淩風飄翩，望仙縹緲，步虛寥漠，而石門爲最勝，是幽貞之所嘉遁也。仰而眺之，則有五老耄耋，三姑窈窕，五屏森列，獨聳嶔崎，而紫霄爲最勝，是飛仙之所遨遊也。俯而闞之，則有龍池澄澈，虎岑迤邐，香洞黦黝，桃澗縈紆，而珠簾爲最勝，是化人之所棲息也。昔者軒轅訪廣成於崆峒，神農招赤松於崐崙，殷王咨學於籛鏗，姬聖諏政於鬻熊，乃知飆輪旁轉，乾輿降康，湫盤中奠，坤軫發祥。葆光會和，至道之妙涵焉。闡微顯幽，至德之精凝焉。王侯得之，淵猷茂署，握一以正天下；豊勳偉烈，參三以邁隆古。易贊神明之德，書紀馨香之治，遐哉邈矣。是故兹巖之大都也，自宋寶慶丙戌時，則拓基設像，厥有丕靈，洺水程少師標厥勝矣。我明成化戊戌時，則探奇闡幽，厥有蔍藻，篁墩程學士紀厥遊矣。嘉靖壬辰，婺源汪公上言於朝，以爲默祐聖躬，潛鍾帝胤，上可之，親灑宸翰，改題曰齊雲山。奎畫焜煌，巨碑穹窿，神宇閴寂，琳宮輪奐。先是，羽人朱素和紹天谷之墜緒，慨石梁之阻險，鳩工伐石，甃砌除道，厥役告竣，而國慶適至。豈非穹祗昭格，精誠感通，乃若兹哉。越明年春二月，内史道南遷寓兹土，冒雨如注，披雲以登。素和懇以是請，未遑也。居無何，詔徵復秩。素和仍走伻京師，懇如初。乃援筆畀之曰：

萬峰層疊趨新安，天闕地軸何糾盤。休陽西望齊雲巒，山靈秀結玄雲端。虎豹炳蔚翔鳶鸞，獅兕蹲踞騰蛟鼉。北辰奠極大宇寬，景緯璀燦淩高寒。高人於焉利盤桓，霓裳虹帶峨星冠。朝棲扶桑揚雲翰，夕息若木飫霞餐。雙劍雷焱蒼龍蟠，麟幢螭駕擁仙官。石徑險孓多崎艱，素和真士興孔嘆。鉅靈移石紛巑岏，俯憑虚壑鬼斧剜。工成天路真渺漫，奎章炳煥臨瑶壇。我來春雨鳴飛湍，黄山七十二峰攢。神遊八極昭奇觀，須臾寶月當空團。天書徵召旋金鑾，摩崖鉅石殊可刊，萬古永鑒予心丹。

石橋巖銘

汪道昆　郡人

（正文略）①

齊雲山賦

劉鳳　長洲人，御史

粵惟浩漻融絡川瀆，峙爲列嶽。鬱澮瀩之爽精，域土方而磅薄。戒祝融以作镇，奠坤后之廓剫叶烏廓切。䏿式涉切皇輿以雄矯，庬寧一而錯愕。於是封以崇山，带以巨壑。爰次泰圻，正位乎灼爚。惇明耀於星紀，應中候而有作。乃直斗分，以開嶺址，齊雲而上拓。緬休陽之経維，埒辟王以疏爵。偉九野之瓌麗，何兹嶽之鑿落。瞻彼崖巘之爲狀也，則靡迤延亘，屼居擬切䰰口猥切踦居倚切踞，嶨苦卓切躨跜乎嶟嶟也。駭碭崒才律切崨才接切，嵔攄窊居毀切窩伊彼切，博儻宧乎韞藩也。屬鴻紛以復巃兮，隴振轔而扈蔚。圫砧崆峅以踒於卧切踏他答切兮，奮侹攘乎夵原。發軔硡硠，度崸㕓而蹐嶚嵘兮，嵅阢陲力罪切之夭嫪。旷淅淅以沄沄，其相襲霫兮，揹遹皇㑗俿以踸踔叶知教切。峿嶇嵘巄之嶢繞兮，擎離右轉㫚往而横趭叶才笑切。霍嚄芬披漫羡流爛兮，合還膠轕以叫寥。於是躧步蹴躇翾翔兮，歷浚隍而甜深。渢湔湔兮石磑磑，虬屈蠖約嶆嶕，嶔崟陘遂紆縈降而復登凌。嵽嵲而道嵰嶮兮，夫何黔黮揭旋之浸滛也。

---

① 此文與前重複，此處不録。

亭蚴蟉以疏隧兮，敞嶒七耕切崆之曾岑。跨廻峪以並方梁兮，薄礰音歷硌之千尋。劃崇墉徑袱之埒嶁兮，宕重闥以衽襟。完音怳巖突之葺屋僑儗兮，窶磽确之依青。瀥襞若龍鱗呹何静窅兮，晻曖霦悠而曀霧。於時未臻夫天門也。廼微睇夫駘蕩之無垠，固已仰踐飛鵾而軼遊禽。儲與怳惘以惏惏兮，倏騰蹻鏗暝而摩灝清。乘浮氣之搏搏兮，康梁桀嶭而蹀澄滓之謍謍。礫苔洞之折入兮，颱以案衍而隱砰岭。蘽蒚薄之與新雉兮，雨君砐硪而礮渟泓。石室嵦嵦而儹側兮，堪嵓封闕連翩以輣猲叶呼肱切。媥爤青蔥靚何躭躭兮，竇倔詭叢倚而瀉津訾叶于平切。於是危石嵌岑巉峭落勢，蜿蜒而飛空。瀝液琤淙之飀飂兮，翳雰霧之濛濛。霦瀏濫以霴霖色麦切兮，注懸瀑飄飄以澧澧。玓瓅珠綴晃綃帷兮，褕嘌巘之穹窿。嶦五咸切漼粲納霞月兮，曳柔橈嫢音撇屑之環虹。霏橚攡而駕嶮兮，若秋約靡靡之從風。横澗跰補孟切走，其隃絶抄顛兮，離樓相撐以互経。撟仰睨窈窈而莫覩兮，下踉蹡眴而不暫停。長雷背秋涉冬之陵勮兮，暝滮古陌切淴湓湓而馳迅霆。灒幡幡崩漈之斐亹兮，又浛涯奔湊其泌渤。獑胡玃灟户感切而失措兮，觸嶝岫以遠遷之剨剨叶呼麥切。摽撇决裂拉隤唐兮，素雌哀號於朿陀。霙巢岌聊戾蛟龍澮兮，訇勿律吸洪河之倒躃。跐蹈皓皜攄夫景煬兮，逕閶闔而高蹠之石切。於是傴僂傾霄而心悸兮，竊覘三堦之將將。儼神居恍忽若有臨兮，曾不可得而名狀叶士莊切。軼五車連蜷於馳道兮，抗營室之嶷岠其吕切而作閬。黝糾勾陳瞿爲衛兮，儷瑢極之寥廓以相望。惟九宫之貴神，握四七之旋布兮，被萬象之曈曨而紘天綱。彷彿坎熤之陰墟兮，葳綏隗乎華盖之亢。承黑帝之行德兮，序列宿以昱於其方。晞虛危燁以炳明兮，蕩芬茀泰元之皇皇。從天乙而下群靈兮，奕奕指玉横而猋攙搶。爾其恢典度以考宮兮。球琳瓴甋，珉璞埴壚。瓌材林積，珍奇委輸。菑栗闢創，倨直構模。依井結阿，厥礱斲塗。落以棍成，駢田扶疎。洞淹地軸，要紹清都。離婁眇睇以睽倚兮，班爾心駴，而不敢施其雕鏤。經日月於户牖以爲朝夕兮，黔雷驤陵於軒除。璇題搪柲扶畢切夫北河兮，麗慶雲之灼爍乎金鋪。掬若木之菁英於納陛兮，扶虞淵之莘莘以層櫨。桂椒歕涌而承榱兮，歎沉水之儵歆乎蕭尌。菡萏垂葯而將萼兮，間壁釭之明珠。梟窂柍於兩切桭之仁切之櫛比兮，張廉瑕之强榦而薄其蔽棠測耕切。緩荼之宛而不邪迆兮，極剞劂之工巧而瞶瞶。督脩峻之中繩兮，陳勾楯之捷欃乎朝蝣。何錯紾之澤若流水兮，棼檼橣梔以孑偈。飛廉衙衙子與切而通視兮，睢盱上榮之不可隮。竝進馮夷玄螭鼀弋照切翠楹兮，包六漠之無際。信神明之所廬兮，陋林光與枍栺。於世皇之降假兮，陟皓庭而覽玆淵懿。續昌餘而有所增加兮，暾出日之蓊薆以㵘㵘彭閉切。測置槷正緯經兮，步軌繫八神之從眠。昒覽音猗覞音睨之北絶寒門兮，晳暗昧而罔不四施。匡衛鬱紅暘之酷烈兮，殷紫微之翠氣以諉誣。魁低昂而衡泰宮兮，盼鑾暐于歸切玄冥以昭類。游神北落之挈天紀兮，戚玉瓚之淑郁而飇景熹。肆宗禋何不顯潔蠲兮，穆恭嘌之承鼇。儲精白日貫三五兮，諒貺隆之在玆。於是徒觀其後，負巉嵯之丹障兮，矗庰戾之扶樹。中特高而造天兮，㠙嶂峠之危柱。刊陗戌削列帷帳兮，韡曄襄乎平圃。礀棧巐而重倚兮，辮補顔切壘壁竦峙以扈扈。巨門嶢擢之顯閫兮，基弘敷而狹乎百堵。於是接以文昌之帝座兮，殿虛無之寥陽。歘雲旗桂軨之氄潤兮，播灑東井而楪玉房。嵱岫翻狝狝(牛機切)以倐倐兮，貓左屆乎堂壇。翼長離之翬蜚兮，曲枅橫出乎宮之鬱單。櫺檻鶱翥之翱翱兮，珍館陰滛而彌乎巑岏。覔游欒之標陭隒兮，干青雲而未半(叶通寒切)。右経三元之閟殿兮，陗庨豁以凝(去聲)寒。燕靈圉於東廂兮，井公戲廡之西端。徑緣奧以邃窔(於鳥切)兮，何隵閾之不可殫。蔓莚扶臺拈迤邐兮，阧發隗阻櫼栭婳(叶彌憐切)。閈閎亹陖陪無疇兮，欂櫨鳥舉攙獮猭。澧泉涌溢貫中唐兮，陠隅陽馬枊夷衍(叶夷然切)。於是振溪通谷，扁(音偏)庡(干漬切)阞緎(音蹙)。閨闥坂阮，堂奥隩陸，碭碣文砥，雜㺐礸澳，洞室閒榭，宴清玄邈(叶莫卜切)。因方就圓，不待改築。落彩制，究華縟，翁(呼橫切)林麓，流盪滏。奇葩鞸蘇，被以脩竹，其巔巢嶘，掀離文木。松杞棽灑，櫺樬芊蔯，莽蓴峰冠，廣瀋石院。陗欲墮兮遺光曜，忽奮飛兮突若幬。懸萬仞兮庭隈隩，仰岝峈兮遥相勞。附陫㦸兮薄陲隹(徒罪切)，綴阽危兮跐不任。踦窕窵隙窬兮，頣陁陊隕之齟齬。敍㴾漖(火界切)之鶩流兮，暴灑晴空以颯澍。雨泄溟澥以消巀兮，濊漫漫之漊漊。陟叢灌距山之岐兮，閌縹碧之巑嶙。然翕欲而不徹兮，又嵁隁而捅(先孔切)殿(叶石鄰切)。節天梁之自然兮，螺崆峒沃若於河津。坱圠圠之崱崔兮，嶧峮鄰於青旻。翹香罏之峻峰兮，羌秀出之逡巡。瀛呼吸而上通兮，風潨潨而下淪。固疆驂(呼覽切)之宅靈兮，吐含化育而乘象辰。雲煙盪沃之霈霈兮，見怪物之蝹蜦。霣蒸潤以薛越兮，憒盈混瀞，以陶冶乎兆人。浥濡沆瀣之養養兮，嗽嚥霞液之餀氛叶孚因切。貤貞翼憲勞謙兮，鞏兢業而賓筵萬神。貶思抑慮之奉欽若兮，何最戒誓之，能流廷臣。蟠七宿瞻玄武之分兮，感皇心之精禋。蓋况榮顯尊之召嘉號兮，何殊祥之不臻。荅恢崇而鑠懿和兮，庸膺保我乂民。禪云亭兮封梁山叶疏臻切，天顧懷兮盛德躬叶始弘切。合靈符兮瑞更蕃叶微云切，漸萬世兮滋永年叶禰因切。極古之休則兮，豈七十二后足云叶一均切。

頌曰：

灦飀鬣鬛，溟涬黝黔，瀇瀇汗汗兮。烮烕甫勿切配黎，熛燎力吊切輿匹姚切姚，懿濞渙渙兮。奫潫潨決，精瘞棲遲，孰知其朕兮。禬禜炤炤，號戒招搖，於嗟旅兮。喬嶽憰古穴切愓徒朗切，玄瓚椶杼，洪鬯秬兮。馨惟馥芬，穰穰降福，百物宣序兮。

雲巖開闢興復記

金大鏞　邑人，參議

吾邑休陽縣西三十里，有山曰齊雲，備載新安圖中。齊雲一石插天，直入雲漢，謂之齊雲，真可與雲齊也。有巖在其中，是曰雲巖，坐南向北，一丹臺卓乎其前，而夾出於兩山之間。黃山三十六峰，環列排衙其外，儼如畫屏。惟天都一峰最高，與齊雲相顧，盼若賓主。然右挾石門、石臺、石洞天、碧蓮池；左挾獨聳巖、聚仙瀛、五老峰、桃花澗，是所謂三巖也。然石門、獨聳，兩環卑下，若拱侍其旁。惟齊雲一巖，則雄壓萬山，尊居巍巍。寶慶丁亥間，有方士天谷子余道元，自黟北來遊，謁地於城居金公安禮士龍，宏闢重拓，創殿一所，名曰佑聖真武祠。請額於内相程公洺水先生，大書『雲巖』二字，歸而刊之石。道元自記其下，備載請地之由，與金氏慨然樂與之意。後士龍由市徙中和山，結草庵於獨聳巖下。凡相與戳力雲巖香火者甚力，其三巖田山歸之齊雲，意可見矣。中經水火二變，雖契字不存，幸内相之碑在焉。其雲巖丁山癸向，鄰於丙午，山高，至己丑火灾烈焰，品物一空，獨玄帝神相頂天，一髪不動，而火不能燎矣。葉介夫與金士龍，乃重建真武殿宇，以及兩廊樓房。淳佑辛丑又水火，風雨晦冥，石崩瓦裂，從天而下。祐聖障頂揚沙飛石，淋漓之漬，障幕穿而神光愈烜，聖像儼然而水不能滲矣。天地之變莫大於水火，水火所不能及，神之靈實昭昭矣。至庚午僅四十二載，惟佑聖殿巋然獨存，兩廊顛頽，前樓欹側，幾不能支。葉介夫又與程大有、胡道祥，會緝衆缘，辟三清閣、四聚樓，脩整結盖殿宇掐水，從廊廡厨堂直舍，焕然一新。歙邑侍郎程公元嶽，載書『雲巖』一扁於樓上。又慮丙山午火無以鎮也，遂於殿前壬癸方鑿石池一口，立『水位之精』四字於石，繫四語於下曰：『静而能定，潔不可污，中潛龜蛇，上應虚危』。以北方壬癸之神，面北方壬癸之水，取太陰化生之正氣，神之由是靈也，益淵淵其遠矣。近咸淳丙寅，朝廷覈實，始鑿定殿基四至，立册赴官印押，築牆石以限，永爲不朽之基。他所未暇也，以俟後之君子。但雲巖地段，皆石山不能墾，而田又少。每歲建會醮，不可無道侶住山。於是里人朱經略、孫一鳳，與道友金道大、胡道清、胡晉龍，翕然願助田畝，以備洒掃醮壇之需。由是樂助此志者，源源不絕。琢兩石在山，一石紀《雲巖開闢興復記》，一石紀《雲巖脩造上梁文》，並本殿基址、田山、助田契字。吁，有雲巖爲祝聖道場，又有雲巖田山及道友田畝，供備洒掃，崇奉醮壇。則此一草一木，自是添鮮碧，殆不知何時而已耶。德佑元年記。

萬曆丁酉冬，邑人禮部郎中金繼震重勒石。此《雲巖開闢興復記》，余十九世祖金大鏞公所作也。記稱，齊雲三嵓爲金公安禮所助之業，而安禮公乃宋少保安節公之兄，係余始祖。其記舊有碑，在殿之廡下，余大父鵬公猶及見之。今詢諸道侶，僉云嘉靖初年碑尚存，即舊誌亦已具載。余檢族譜，其記幸存節編。恐愈久而愈湮没也，特復勒之石，以志不忘云。

齊雲巖記

程敏政　邑人，禮部尚書

環休寧縣，山皆平遠，不足以當大觀。出縣西三十里，至白嶽嶺，山始高，峰始奇。石路盤迴如線，不能容馬。遊者肩輿緣梯而升，至以雙絙曳前後。其甚處輒下行拊背，或彳亍不成步。自白嶽西南行五里，至桃源嶺，重崖夾峙，上結小屋以臨風雨，曰中和亭。立亭心下視，已數百仞，野田茅屋，秩秩如畫。下二巨石蹲伏，色黳黑，中有白質成突睛，曰石鱉塢。塢旁大壑，深不可得其底，但聞水聲濺濺出草樹間，曰桃花磵。循磵南行里餘，至獨聳巖，蒼然峭壁，横截一山。近西乃有石罅，方廣若門，盖天造以通遊者。門首石楠一株，其大數圍。四顧門下諸石，如伏犀馴象，不可狎玩。入石門，東南聯巖如城，懸石四覆，勢欲飛墜。其第一曰彌陀巖，巖屋不踰丈。第二曰觀音巖，視彌陀稍劣，前一石色正緑，昂啄而𩨨尾，曰鸜鵒石。第三曰羅漢洞，稍加大焉，二石龍循洞門旁出，鱗骨隱隱，蹴之疑爲石子所砌。諦視之，石肉相粘，復意其爲真龍也。洞深三十餘里，束炬東出，可抵縣之藍渡溪。然愈入愈狹，莫敢爲之導者。第四曰龍王巖，視觀音巖加劣。崖上飛泉灑灑，落崖下如雨，四時不竭，曰珍珠簾；瀦水沸散於西磵，曰龍池泉。西巘有虎跡，如泥淖所印者，曰黑虎岑。黑虎西行，折而南里餘，至車谼嶺，其峻視白嶽倍之。車谼南二里餘，至玄武觀。觀後一山突起如屏，倚天正立，所謂齊雲巖也。古松數十，夭矯如虬龍，皆數百年物。觀左一峰，曰石鼓。右一峰，曰石鐘。夾屏二峰曰輦輅，皆以其形名。觀前溪水如帶，逶迤而東，爲石橋以渡。南直觀門數百步，一峰挺然，拔出莽蒼中，不與群山相屬，曰香爐峰。橋西數百步，高崖中斷，一小峰離立澗下，曰捨身崖。崖西二里餘，五峰差列，如群仙冠珮，下天際以向齊雲，曰五老峰。西北聞有沉香洞，人跡罕至，草木蒙翳，時有蛇虎潛其中，不能往也。遊者始入，率以白嶽爲高。至桃源，則白嶽已在其下。至車谼，則桃源又下。至齊雲，則車谼益下。盖於此可以見天之高，地之迴，杳不知身之在何境也。舊碑云：宋寶慶丁亥，有道士天谷子自黟北來，居彌陀巖。一日，見異人至，相語曰：前山高空，可移隱於彼。天谷子許之，如約訪其處，已有塑像在焉。土人驚異往觀，以爲類玄武之神，因剏道院。己丑，弗戒於火。淳祐辛酉，大雷雨，裂石壞屋，而神像巋然獨存，香火日盛。跡其事若不經。然山靈所鍾，亦疑其有不依形而立者。予獨慨茲山之勝，淪於窮鄉下邑，而不當夫周原廣陸之間，以名天下。爰志其槩以貽好事者，且以繫他日故山之思。而又慨予文之不工，不足爲茲幸也。

推官張鵬書碑陰。正德丁卯冬，予在京師得篁墩程學士集，愛其文，不忍去手。及讀齊雲巖一記，謂宋寶慶間天谷子遇異人得其處，巖之有道院始此。凡丘壑溪洞之勝，千詭萬狀，描寫殆盡。雖造化亦不得以自秘。令人如親侍杖屨之後，而杳不知身之在于塵土中也。乃嘆曰：安得一遂登眺之樂乎。越明年戊辰夏六月，予來推刑新安。三越月不雨，民以災告，侍御姜公佐命予屬邑覈實其事，迺得以九月一日登茲嵓。其丘壑溪洞類見程學士文字中者，皆得歷覽。時予欲觀學士舊記，而道會徐秘元以未刻對。所存諸碑讀之，無足與茲山稱者。予顧秘元曰：夫何惜此一片石哉。是夜，秉燭題四詩，置山中。逮明日，緣故道而下。又明年己巳，予爲謀石刻之。茲嵓之奇，乃隱于深僻閴寂之境，始得學士探奇選勝，作爲此記乃爾。委而弗刻，主茲嵓者亦可觀已。況學士記後四年，而予始生，顧猶有待於予以刻之。雖不敢謂茲嵓之幸，而文之顯晦，不有數哉。

雲巖西記

李汎　祁門人，知府

新安多佳山，而齊雲巖與黄山爲最。巖周廻百餘里，高三百五十仞，視黄山僅百之一，而恢怪神詭，足與争雄。予弱冠嘗一遊焉，距今三十餘年，每思繼之。及讀學士程篁墩先生所爲茲山記，森然如畫在目，自是以爲可不再遊矣。今年秋間，予出守思恩，便道抵家。

巖之道士汪泰元養素子，遣其徒方瓊真雪崖，驅鹿來賀。且告曰：『吾師近得巖西異境數處，皆人未見者，願一覽焉。』予愕然曰：『有是哉？』遂戒輿夫破曉而行，滄、渭二弟策驢從之。六十里至白嶽嶺，輿夫告險，乃舍輿而躋，遇亭輒少憩焉。至午抵觀，養素迓於虛危之池，揖而進曰：『来游君子，旦來暮返，往往至是而止，竟未知有巖西之勝也，請爲先驅。』西行數十步，一石巖横可五丈餘，深半之，高又半之，上覆如閣，養素室其下，因名退思。左鑿崖引泉一線，入而爲井，淵然以涵。右古松一株，不知何代物也。出巖折西上浮雲嶺，忽聆二弟朗吟太白『願乘冷風出浮雲』之句，聲遶林谷，神思爲之洒然。南下數十步，仰視棲霞洞，其頂横卧一石如螮蝀，曰鵲橋。下有洗藥池，取盥者謂能去痍。池左嵎嵎，崛起巨厓，曰紫霄，其下砑然可避風雨。前一石銜尾封脊，引頸欲鳴，儼若槖駝，石因以名。西北人立數峰，有堆翠如螺髻者，曰三姑；有矯矯類力士之取金牛者，曰五丁；又有偉然類有道者比肩而來，曰五老。卒然遇之，不甚疑其爲山也。南一石卓立，曰天柱峰，險不可即。乃轉天獨障，障之巔有巨石夷曠，可坐數佰人。予曰：『此盖天造以憩遊者，宜亭其上。』養素欣然領之。一澗自西北委蛇而來，幽漠瀠泊，窞而爲潭者三，窔而爲井者九。井視潭加小而深，爲龍所宅。澗口飛瀑砂激，若晴雪滿山，清沁肌骨。北三里一石洞，屏榻整然如房，殆有異人隱此，莫之能見。又北一里，五峰並峙而中稍高，曰五鳳樓，上有石人，呼之，隱隱若有聲應。嗚呼，異哉巖也。或亂而理，或散而聚；或飛而欲去，或卧而不起；或狰獰而可畏，或窈窕而可喜；或遠而若聞，或近而不覩；或莊而嚴，或媚而嫵。千變萬幻，自開闢迄今，而始呈露於予，夫豈偶然耶？養素又謂：『西去十五里，有巨石飛跨兩山間，長五十餘丈，廣十丈，其下穹然去地百尺。天上人間，無此磯也。』迫暮，未及往，亟循故道返，月色已在榻矣。明旦，登天皷峰，緣絶壁而上，若有挾之去者，不覺遂至其巔。予曰：『嗟乎高哉，黟、祁、歙、婺之山。烟樹歷歷，一目盡矣。』時風烈甚，即下夷處，廻視棧勢峻絶，却股栗自危。頃之，南轉峰陰，擬觀白龍、烏鵲諸洞，聞幽籟颯颯出深谷中，遂止。因語養素曰：『名山近在百里内，且不能窮，而欲遐想何哉。』留四詩出山。觀之道會徐秘元、朱素和等，各携酒以送，遇佳處即亭飲，至石門而别，已醺然矣。入暮抵家。夜念奇勝既於予遇，不可孤也。旦起述其大槩，以遺好事者。異日或有名其勝於天下者，能非此張本也歟。

彭都憲登齊雲巖記

陳理　睢陽人，郡别駕

天下山川之神，莫不以興致雲雨、生育萬物爲職。肆惟國朝成憲，率命守土之官，春秋毖祀，而大臣行部至其境者，必崇訪焉。我大都憲安成彭公，奉聖天子璽書，撫巡南畿，惠利元元，六載於兹矣。迺弘治癸亥夏秋之交，穡事垂成，旱魃爲虐，民以災告者畢集。公憂心孔殷，爰命駕以省菑。自應天歷寧國、太平諸郡，赤土千里，遂檄有司，用加賑卹。公洎撫臨徽境，見雨暘異於他鄉，績、歙連袤，年穀小登。亟訊之，得郡守象山何侯雩柴所，感賞久之。因喜雨而留行臺信宿。尋至休寧，而休寧之穫，視績、歙加豐。公召父老詢之，僉曰：『距邑西有齊雲巖，爲玄武神所居。頃者少旱，邑奉郡守命，嘗禱於其巖輒雨應，民享其利焉。』公聞而大悦，曰：『山川之神靈有如是耶。吾將訪之。』越朔旦，肩輿涉藍津，循山麓石逕梯磴，夷險百折，遂過於嶽嶺石亭。繼躋桃源洞天，盤旋崎嶇，約行里許，有石門焉。寒泉瀑布，珠簾炫目。隨過羅漢洞，步車拱嶺，以造其巔。覺風生兩腋，凉雨並至，而蕭爽之氣，森然襲人。四望輦輅、鐘皷諸峰屏其後，爐峰拱其前。又有龜蛇龍潭，奇怪萬狀，神殿隱隱建其中。時有白雲滿山，謝絶人境。公曰：是真齊雲巖歟。公既謁神，徘徊瞻賞，情有餘致，迺作而嘆曰：『巖巖兹山，佳境天造，神靈攸鍾，雖不運動，而功利及民，殆與天地同其用。惜乎不當通都大衢，時獲名賢品題以誌方輿乎。』公值道出黟，會雨留宿山房，復念神之靈，以勝覽不可泯也，顧理叨侍陟降，命記其事。仰惟公負朝廷寄託之重，輯綏畿服，一念惠利元元之意，昭格遠邇，神明安之。而徽之山川，攸爲效職霖雨，隨車公之慰喜寔多焉。迺頻臨是巖大觀，固已重於昔矣，尚當俟宗工鉅筆紀頌盛美，以垂不朽。理何人，敢僭贅其間？而公命且嚴，謹述見聞，就正於何侯。侯曰可。於是乎書。

重修太素宮碑文

吴子玉　邑人，博士

聖人之治天下，百神受職於明堂之庭，銘心絕巘，安祀群嶽。考虞氏達奉之曠氏，告至畣祚而不時邁，其邦道立中央，神徵效應，敻鬲日觀，自接卯階，惟今日之祠嶽見之也。盖自升中建號七十有二，亞斯而後，帳殿齊乎嶽趾。巡蹕所經，奕奕亭亭。謂盛德獨起，連延不絕，榮光隨旂，祥飈繞輅，聲名文物，震耀今古。侈心所詑，無能葸與，然名山顯位，萬靈禋祀，不可缺者。文皇帝有玄嶽敕建，肅皇帝有齊雲敕建。皆遣詞官行禮，不親封玉册，不置石礎，不十二辰陛。博擇歲巡，告高之典而善通之，固爲奕百代，光之無極哉。

齊雲建宮宇不二十年，上漏下朽，勢趨於頽。萬曆戊寅，郡君侯徐公言之兵使君，下檄脩繕。顧宮之高巍巍，仰草撩而捫天，狀工鉅費不貲，莫知趨赴。徐公下教於縣，縣乃徵邑之才，好行其義者查洞、丁賔、汪福貴、汪進、蘇文謹、葉淮、程高、葉權、汪良會、查傑、邵玄彪、程問，十有二人董其事。上以忠義激乎下，下以忠義應乎上。以故十二人者，皆祗命不怠，經之營之，歷於寒暑，績用告成。約椽攻堅，倍簁於舊。繡桷璇楣，釦砌金吧，飛甍鮮妍，畫楝雩蒸，丹青映日，翕赩輝煌，四阿白盛，霄霓可接。允有以奠上帝而綏百靈，誕禧萬年社稷，福澤六幕民人。皇皇哉，其功盛矣。肇事於戊寅八月，工訖於庚辰九月。徐公屬縣大夫魯君，命雍人衈之，將攸躋以落之。值天子詔祠齊雲山太素宮，詳定法物，如嘉靖年之儀，親製贊祝，無一秘請。命真人國祥至山展禮，十日而罷。徐公曰：是爲落大矣。令縣匆落，屬幣酒勞查洞、丁寘等首功者。仍屬曾令君貽扁表其廬。野史氏曰：盖自世廟祀山後，而今始再祀云然，不先不後，遘宫宇繕成之，候右序之事，若有契焉。柱櫨之腐，竘然不隊，及繕建訖日，祀禮斯臨，非有神宰之，能幾之如是乎。虞典樂緯所載，寫黄圖，稽故實，未有若斯之可紀者也。今海内際天所覆，煙火萬里，鼓卧戎亭，燧息烽堡，東北攸寧，窮裔朝請。斯之爲符，詎俟三脊之茅。故宜召萬玉以警涂，登仙閭而勒牒，同於八九，攄之無窮，不爲進越。乃命一介，陟其高山，齋於宣室，以遥對玄宫之懽。不譎詭詫之如彼，不曠弛如此，固載縹筆所當作頌者也。徐公百政已飭，俱已報績，而是工役，上不知費，民不知勞，尊君保民，敬天事嶽，於此具見。往發之期與鳌祝，值人臣之祈年，視在上之秘請，又單厥心矣。詩曰：懷柔百神，及河喬嶽。允王維后，敢依之以作頌云。其辭曰：

於爍昊天，丙明離章，丕膺成命，伊嘏其康。吉雲油油，福草薿薿，明道既登，百昌咸即。貞而覽之，載嘉錫之，非惟錫之，維皇允保之。喬嶽巍巍，有覺椓之，震疊度宗，來茹來咨。不邁不渫，大君也哉，維北之宫，玄武虚危。上德靈運，功普樂胥，大猷配一，八洞深居。鳌起大庭，遠護宸陛，神光攸芋，斯符赤制。竘然金碧，符婁中空，摯之不撓，伊誰其功。君侯曰噫，式按厥繇，矗矗昆臺，云望命所扶。易敝以新，易脆以剛，樸屬完久，繢畫輝煌。乃召萬玉，乃詔八神，容成諏吉，鏡照無垠。神道正一，詎事天口，朱襄氏以來，曠代一有。濛渺之世，而何金泥爲既。般般之獸，而射牛何施。故曰：事天以禮，育民以仁，秩秩告成，克續克禋。此之謂也。

白嶽行記

凌登名　錢塘人，郡同知

歲戊寅夏六月，先大夫寢疾，藐諸孤皇皇無策，乃具三表，使豎子乞靈於白嶽。神弗徼福，諸孤忍死以圖大事。惟是大母墓門之石，先子屬志於汪司馬伯玉。於是小子名有事於白嶽，以及司馬氏。十月八日，出舍湖南之館。越明日，自北郭賈舟而西，亭午泊餘杭，舍舟登陸，飯於逆旅。輿行二十里，抵青山，僕夫不前，遂止宿。丁亥，過西墅。晚至於潛，宿鎮角城中。故人張時敏書紳聞予至，掃室焚香，偕其父固邀以入。爲設鷄黍，慇勤特甚，而予以齋戒弗茹。夜二鼓，就榻。陪予者諸生余某，其舅氏也。五鼓，發於潛，過昌化縣，宿朱柳舖。己丑辰刻，過車盤領。巳刻過界山，午過老竹，申過畫眉三嶺。抵暮宿杞梓里。是日也，所行九十里，越十數岡巒。崎嶇上下，絶壁危崕，高欲參天，下可建瓴，鳥道容足，傍臨絶壑，良亦艱矣。庚寅抵新都，入紫陽門，止開化寺。辛卯發新都，午刻至休寧。舖時至巖麓，有石坊曰白嶽中和山。步百餘級爲山門，曰第一仙關。折而南，山頂一亭峙焉。又上曰環峰拱秀，俯視諸峰纍纍，履舄下矣。大溪一線，當其左。循此又上，磵磴委折，巖谷上下，每高處皆有亭，曰中和，曰凌風。一道委虵，中建石坊。進此又數亭，最上曰海天一望，此臨大澗，亦奇觀也。稍西曲折最高處，則有水云亭，有漸入仙關亭，有溪山第一亭，峰巒尤勝。其上爲望仙亭。自望仙而下約百許步，窈窕邃谷，有亭翼然臨兩巖間。橋接亭下，曰夢真。下有流泉，爲二山通道，亦極幽勝。由橋而北，復度一山，登玄都亭半里許，有小石洞，爲浄樂宫忠烈巖。又上爲通真亭，過通真則天門儼然在焉。若鏤若劚，空明峍屼，一竇通行，洵出天巧。一大楠樹當天門之前，道者云此樹江南無兩。入天門，迤邐一徑，環拱殿庭，危崖上覆，若屏若幃，若雲物羃䍥。名公巨卿、高人墨客留題賦詩，幾無賸石。一洞曰雨君，水自洞下，點滴若簾，又謂之雨簾。聚一潭，曰蓮塘。巖竇虛豁，惜皆爲乞子托處，頗纍清曠。過此爲真真石室，對石室而上曰天梯。循崖而入，左爐峰，右道院，祠宇星羅，不可勝載。最近爲榔梅庵，由榔梅而東爲真武正宫，榜曰玄天太素宫。入門有石池，池水澄碧，殿宇莊嚴宏麗，令人肅敬。每歲三月三日，聞有洗殿雨，雨色微紅，洵奇矣。殿後主峰爲玉屏，左右二峰曰鐘皷，其前爲香爐。甬自平地，孤峭嶪岌。頂設石亭，一道人，主燃燈，每夕援蘿而登。壬辰五皷，肅禮玄帝，攄夙忱。禮畢，還飯道院。於是道士程某某者，遍引探诸勝。由宫前而東，入沉香洞、捨身巖。洞之上有院曰宜男，吾鄉胡使君所建。出院遶北而上，穿林陟磴，左右皆峭壁，壁上多前人書字。又自南而東，則紫霄巖在焉。懸崖古洞，襍以金碧，巖頭水落，晴空飛墜，若戛金玉，恍然洞府也。維時朝暾始發，照暎山谷，倍現精彩。因巖爲院，肖像者三，則真武之離宮也。大都巖狀如栲栳，池水瑩潔，前臨大壑，曠邈無礙，是稱幽境。入境處各有石坊，左曰雲龍，右曰風虎。由雲龍而南稍東，沿山而下，其峰爲三姑。由三姑折而南，於衆山間出一坡，平衍如掌。其上刱文昌閣，孤高精潔，盖監軍馮脩吾所建也。五老羅其前，三姑峙其左，懸瀑界其右，大溪遶其後，而爐峰一帶，亦擁於左方。鳥語人聲，寂然不聞，寔爲兹巖一大奇觀云。五老對列如斲，傍四峰都無草木，獨中一峰有九松，儼然筆床。五老之側，則有西天門。砌路一帶，如虬龍蜿蜒，三姑向之，亦極奇麗。三姑之側，傍倚一石，儼如西僧，斗笠鉢杖歷歷可睹。當其雪後月明，不知作何等境界也。程携觴，觴我閣中，勉爲一舉手，亟取茗盌連啜，以快心目。時閣初成，器飾未備，爐尚以木，風烟可慮。因授金於程，更以金石。徙倚徘徊，殆不忍去。癸巳夙興，辭神而出，初所見奇峰怪石，又得一寓目。程餞別於天門。是行也，當其搆異探奇，即在大戚，未嘗不爲伸眉。及夫撫景臨風，追念先公雅意山水，不得奉以登臨，輒復泫然悲愴。嗟乎，欲報之恩，昊天罔極，予尚何能爲情哉。既下山，午次休寧，申刻至巖鎮，舍於諸生王君之别舘。方君在者名簡，王友也，且習汪司馬。次日，遂介君在往謁司馬。會司馬卜地長干，悵然吊於其太淑人而返，晤司馬弟曰道貫仲淹，從弟曰道齊〔子隆〕者。子隆伺我於肇林，偕而返。夜漏十刻，始渡河抵其家。丁酉，復入城，次開化，遂訪田子蓺蘅於學宫。尋與子隆登城，覩斗山書院。書院者，段使君群髦士之所也。城因斗山，院又在城上，院之後有亭，曰魁杓。四顧遐曠，衆山圍繞，六水朝宗，又城闉中一偉觀也。循城而下，至迎仙觀。觀爲壽亭侯祠。相傳純陽曾隱迹於此，去之日自肖其像於壁。余瞻禮焉，神彩焕發，獨異他像，真神筆也。歸抵僧舍，田君以一詩書扇頭貽我。旦日，予復過田君，論文移晷，飾我九雲舘。復走使邀孝廉江伯禹来岷來會，磊落士也。辛丑，復偕子隆走松明，乞文於司馬。司馬許諾。餙而還義城，居二日，理檝下錢塘。歙睦之間，有灘曰芙蓉。約里許，怪石碁布，舟穿自石罅，灣環縈繞，了不辨所出，杳然奇絶。其時方水涸，行十許日始達富春。予自富春，策蹇入城。是役也，往返彌月，所歷皆佳勝地。而予寔扶杖曳苴，情事欝滯，無能探奇採幽。僅録其大凡，以識歲月。

遊白嶽記

謝肇淛　閩人，湖州推官

黄山歸之夜始雨，七晝夜不絶聲。二十有四日稍霽，歙之輿馬適來會衆，各持念齋戒。寢興，霧濛濛未解，行者疑弗決。余曰：吾業心許山靈矣，柰何以雨師故寒盟。肩輿先往，元翰、于楚、景升，以籃筍從。道中乍陰乍陽，景色變幻，薄暮抵海陽。海陽魯明府子與，知使君齋不爲具除道，戒輿馬如歙故事。夜篝燭，爲文詛雨。翼日就道，而朝曦爽然矣。行三十里，始及白嶽之趾。衆捨車而徒，緣石磴上。途紆峻而脩廣，無甚險絶，夾道怪石碚砑，如拱如蹲，不暇應接。五里許，至望仙亭，回首下視，已似隔數界矣。稍下爲石鱉塢，注水者爲桃花磵。然勝蹟漫滅，僅存其名，即土人不甚諳也。余橐中携圖以行，每至一所，輒按圖索之。景升笑謂，使君卧遊足矣，胡爲重辱杖屨。余謝曰：政自不能乃爾。從真氣亭折而下象山，一峰横截，行者杳然，以爲無復之矣。石壁窮而得亭，乃復有石梁亘架，中穿一洞以出，是爲天門。信出化工，非人力也。石楠倚門扶疎，相傳數千年物，而黛翠不改。洞中及諸石壁，碑題篆刻殆遍，什九汗漫不可讀。出天門，循崖行，爲觀音崖，爲羅漢洞。稍進，爲珍珠簾，乾久水竭，殘滴瀟瀟，即碧蓮池。亦可褰裳涉矣，意殊恨之。左折爲黑虎巖，石級嶔崎，纍然上者爲天梯。憑梯從寮，爲真真石室，門鏑不得入。復下，從車䃔嶺而西，過榔梅庵千武，而達玄武行宫。自嶽趾至行宫，可二十里而遥。日且晻嗌，亟入宫謁帝。帝祠髣髴太和，而規制差微。紫玉屏負其背，鍾皷二峰翼之祠前。一峰凝立作頂禮狀，爲香爐峰。其他萬壑千巖，環拱羅列，奔赴朝宗。帝像莊嚴精工，殆非人手。相傳以爲百鳥嗡泥所成。以啓扃先期獨小指未就，至今補塑輒落，此理之不可喻者也。時景升方有事於文昌，余三人挾黄冠，經華林塢、洗藥池，抵捨身崖而窮，不復至文昌也者，夜矣。夜宿觀中，山雲叆叇，千林凝黑，而香爐峰頂一燈熒熒，照牀蓐間。翼日，步而上五里許，至文昌閣。望五老峰端竦如玉筍班，樂而不能去者久之。至讀伯玉、伯念二先生碑，又黯然有異代之感。遂至南天門，踰五老之背以下。既下，始履康莊，阡陌村落，炊烟相望。于楚、元翰二輿人，酣宕酒帘間，每輿輒蹶。二君窘，自後下。過天井、觀音巖，導雙溪，又十里而至石門寺。寺以石爲楹，卑棲圮毁，殘燈老衲，凄然相守。即四大金身，亦僅餘泥土矣。石龍無恙，而口不注水。寺僧云，五月分龍水始吐，至十月而涸，歲以爲常，不爽也。寺右爲石橋巖，巖類天門而高廣，可五倍之。登橋而萬山廻合，紫緑千重，縈繞衣帶，故爲最勝之所。丁君以舒讀書雲巖，令其羽士金斗陽，携罇罍至橋下。盤桓一日，久之，雲氣起足下，雨且霡霂。業止寺中，顧湫褱無所舍，僕從廼踉蹡返，雨如絲不止。抵雙溪，暝色合矣。逆旅不内客，行李淋漓。景升雅知朱太學文潛，以片刺往。主人方有良會，至即謝諸親懿，從泥淖中肅客入。酒殽畢，至夜分就寢，猶聞簷溜涔涔濺户，漏盡稍息。詰朝，乃大霽。于楚欲順流觀落石臺，至藍渡橋覓筏不可得，遂入城。又翼日，至臺所，觴王讓卿、介卿二文學夢雨齋，適顧廣文靖甫、丁太學貞白，咸以飣餖來會。入夜，魯明府始具食。明府因徵余言：不腆白嶽，辱使君之雙屐，以爲地主寵光。且使君從天都來也，安所軒輊哉。余謝唯唯。惟是黄山，抗地表，入浮雲，神秀洪朗，雄視南服，固當吞白嶽八九於胸中。至於連蜷盤鬱，槎枒褷沓，若神工鬼斧，令人意羡心慴，樂可以忘死。若是者，豈兄軒轅氏而涬溟然弟之哉。景升曰：若是則使君將焉處？抑寧有兼之者乎？余謝唯唯。諸君須矣。海濱之地，不足當漢什一，而山川嵯峨，差足比數。有武夷君者，秀敵黄山，而奇不下白嶽。至於九曲瀺灂而揚波，折筍懸空而絶地，玉莖金草，仙蜕丹床，委積其間，又二嶽之所無也。諸君須矣。質明，明府，赴郡四人者，並轡而返乎豊水。

三楚升中頌

汪道昆 郡人

三楚以民治代興，皆楚之良也。馨香四達，和洽神人，輿誦升聞帝命。方外司馬汪道昆勒之石。

郡太守雲社徐公成位

御萬曆兮紀年五，恢帝紘兮睠南輔。簡在兮秩宗，蒞新都兮守土。履棖闑兮望堂皇，鏡秋水兮戴春暘。振月題兮釋策，馴蹄囓兮周行。民嚚兮訟結，五辭具兮片言決。近欲間兮囁嚅，遠將援兮蹣躡。下黄髪兮推赤心，培棫樸兮暢儒林。侍常平兮凶無暴，抶不逞兮沃毋淫。息紛争兮釋携貳，均㟨羯兮歸農事。順帝則兮相忘，窺海若兮無涘。奉繡斧兮東遷，筲六籍兮囊五絃。胠篋兮不閉，民遮道兮呼蒼天。歲功成兮三歷，繕宸居兮北極。周澤渥兮溢四封，良莫良兮二千石。

郡司直武陵龍公膺

倬有美兮禀幻清，濟奕世兮蜚英聲。剖荊山兮玉質，起丹穴兮鳳鳴。出爽鳩兮理南土，奉三尺兮具文武。陳衡石兮麗天倫，釋桁楊兮祛罪罟。押含光兮直無形，讞吴會兮宥上刑。攝三章兮流愷悌，周六郡兮民不寃。緣文學兮飾吏牘，鼓諸生兮赴正鵠。宰榆社兮蒞齊盟，急緇衣兮下白屋。吞雲夢兮吊湘魂，陟蘭臺兮括典墳。張楚材兮有斐，備宣室兮敷陳。紛推轂兮廣路，忽一跌兮夷庚。將溷夷兮幽惠，卜輿論兮憤睊睊而不平。昔周旋兮帝側，儼對越兮天則。剷峋嶁兮紀舊德，良莫良兮郡司直。

海陽令丁應泰

陸有海兮闋扶桒，規百里兮夷大方。矯游龍兮沿鄂渚，挾霖雨兮海之陽。戢垂天兮八翼，沛來蘇兮帝澤。斸水族兮屏長鯨，距污瀆兮湛空明。斥沃焦兮湯沐，浴初日兮盈盈。停佚征兮歲萬計，罷力役兮歸耒耜。因露積兮萬斯倉，立平準兮市安肆。雨暘偕兮歲殃，偃菜色兮相望。既懸罄兮比屋，疇閉糴兮關梁。遵里社兮發粟，急調饑兮皇皇。藉資斧兮良賈，職灌輸兮四方。餔饑人兮道路，肉白骨兮溝湟。粒蒸民兮鼓腹，化從目兮爲良。虎伏辜兮鬼斧，雉委質兮白章。翼頳鯉兮直上，茁少城兮芝房。反休符兮上帝，辭明覝兮未遑。帝鑒兮懔懔，良莫良兮楚令尹。

白嶽禱雨文　丁應泰　江夏人，邑令，給事中

萬曆十七年歲次己丑，夏六月初三日，直隸徽州府休寧縣知縣丁應泰，齋心徒步，率寮屬、師生、里老人等，焚香百拜，陳詞於境内齊雲山玄天上帝，而告之曰：泰生江漢，而吏海陽，七載於兹矣。竊叨再計，負惡千條：邑有政教，未能脩舉；邑有獘蠹，未能除革；邑有滑頑，未能殄滅；邑有請託，未能禁杜；邑有飢寒，未能賑恤；邑有疲癃殘疾顛連而無告者，未能撫恤而愛養之。以致接歲水旱，田穀不登，人民餓莩。去冬今春，時疫流行，夭札我赤子數百千人。此皆泰一人所致。而今夏五月以來，枯旱不雨，稼穡卒瘁。合邑士民，無大無小，無老無幼，莫不洶洶憂慌，將謂罔厥有秋，枵腹待死，而怨歸於泰一人。泰閉閤省譴，惶惶悚懼，畏天震怒，待天誅戮。又自思眇然凉薄，叢愆積惡，何德動天感天，而致彼甘霖也。惟以玄天上帝鼓舞陰陽，膏液宇宙，仁覆憫下，哀我人民。斯大決靈泉，蚤沛時雨，俾我疆理，灌漑優渥，百穀遂堅好之休，萬姓適樂利之願。而泰有罪惡，泰自甘禍讁，無以泰一人之故，而播棄衆民也。泰與寮屬、師生、里老人等，無任徬徨涕泣虔誠籲禱之至。謹疏。

謝白嶽再禱雨文

維萬曆己丑六月望日，海陽令丁應泰謹百拜而告白嶽玄君之神曰：

邇者泰暴赤日中，走白嶽道，步而禱，亦步而應，旬之日，再得雨焉。舉邑元元，呼玄君之賜，而令稍稍得售其欵誠，非神之大造乎哉。廼者接日以來，又彌旬不雨，苗勃發而勃槁，視前尤甚焉。始泰借告於神，以不令而致旱，矢詞罪己，自知無所逃譴。以元元請命，希涓滴之賜，而神亦應之矣，寧獨無終惠乎哉。夫玄君顯化北時，繼水德而王兹白嶽，又副太和而表南國，宅中亦北嚮，水德茂矣。乘坎而御兌，悦潤萬物，正神之所爲專治者。神享朝廷之望祀，犇走士女遍於遐荒，神庥之及人者且遠。而邑之人嚴事神唯謹，神之施惠最近，寧無冥扶而陰騭之乎。泰雖自罪自責，行負神明，然居官知自守，不敢抵於不才。有司祈禱知至誠，不敢私宴安口腹，而飾民觀聽。往之禱而再雨，或神之鑒格而不遽棄令也。即邑之人歸功令，亦靡不頌神之德，而神之施不終究竟耶。令跼蹐迷塗，倉皇安之，猥兹下情，寸私藴結，用是披心腹而再籲於神。邑雖號蕃庶，乃瘟疫時行，十室而六七，民不堪命矣。薦臻旱虐，將孑遺之。是咏神之享明禋於朝，而盛香火於此地，何以安焉。若謂天地鬼神，漫不問下土之情，雨而雨，不雨而不雨，皆適然爾。舉感應之理，而卒歸之寥遠茫昧，又何以稱焉。吾知神之必不然矣。夫深自罪責，以祈哀於神，猶恐神之不我答。兹且直己以與神質，世有此强項吏乎哉。伏乞大降時雨，蘇我禾稼，保我室家，即神之殛令，令甘承之矣。懸切在衷，詞無文飾，干冒明威，曷勝恐懼戰慄之至。

六邑白嶽會紀

潘士藻　婺源人，尚寶司卿

吾郡大會，肇舉於嘉靖庚戌。安成東廓鄒公，寔親舉玉趾以臨之，一時景從之士，彬彬然遂以爲常，六邑各舉於季秋。粵歲丙寅，我師天臺耿先生，大集郡人士於郡之斗山，教鐸所振，聲施至今。予晚乃知學學，然後知困困，然後益從事師友。萬曆戊子，自京師抵家。秋會於休陽之山斗，聞彭令君有民，則同天台先生之門者。明年，會祁冬祝，無功來令休陽，則予所共晨夕者，於是會當輪歙彭令君主之。遂與無功登郡仙姑山所築談經處爲會，七校之士詵詵然至，意氣勃然，若有興益。信乎，君子之德風也。予因商訂會所於玄宫之東功德堂，且謀聚金買田爲會費。是議也，彭令君又寔倡之。先是，東廓翁登白嶽，首爲茲會，山靈寔與蒞盟。天台先生至，率同遊唫眺紫霄峰巓，自謂有風雩咏歸之趣。今繼前趾，投券此山爲舘穀地，比於白鹿青原華玉諸名跡。使赴者有定所，至者有資粮，斯彭令君所爲風之者哉。無功故嘗有名會藉，茲又白嶽主也，義不當獨讓彭侯。予爲識始事之端，又請命於覺山洪先生，及一二長者。先生蓋嘗叅安成天台之席，於今爲時靈光云。

新安齊雲會紀

徐用檢　蘭溪人，太常寺卿

萬曆甲午之春，不佞走歸，自白門山居川，咏春秋仲月。堇堇赴婺邑講會，未有出疆百里游者。惟新安昔産晦翁，地靈異。而齊雲、黄山之奇，爲東南最，徒結想末從也。丙申秋，屬新郡講會期次，當星源預供具。邑庠汪生世德、王生正已、葉生繼思輩，以主會白於朱侯月樵，約書遣友至再，復懇余邑斗崙汪侯勸駕。走廼於孟冬舟遡亭步，踰上杭廣濟，徙陸披歷蒙茸，間關冰雪，旬有餘日，而抵婺。假館於東郊韓太學家，次晨赴霞源精舍，會先後約五日。主者朱侯，偕學博及孝廉程君謨、詹君衡、戴君俞、戴仲朴、太學余舜仲、文學葉德復輩，四五十人與焉。余中宇少司徒，不遠百里而赴。上懸孔聖鐫像，訢訢喁喁，質疑抒見，忘其地之非洙泗，而身之游黄虞也。會既，將踰五嶺，出郊逢雪。翌日陡晴朗，夜宿觀亭，午晌抵海陽，宿郊外。晨起，徑登白嶽。雲霧倏弄，陰霽到巖，隨雨雪。詰朝，謁玄君。雨止雪飄，就舘層樓。休、婺各友盛集，祁、歙亦有至者。日夕圍爐證學，真意躍然。若五老、三姑、萬人緣諸峰景會，陳正甫郡伯，魯子與休令，及汪登于柱史，各因朝拜，招赴宴集，乘風雪一登。眺然奇蹤攢簇，亦大概可覩記已。四宿下山，經程夷甫别舘，至西郊寓汪潛夫家，隨赴還古之會。途過邵翼廷都諫，往復憂治世，娓娓不置云。到院舍，魯君、顧仲二博士，群多士金方遠、程玄度等百餘人環拜，既次第商學。蓋院舍刱于前令祝君無功，風動有自也。信宿抵屯溪，途宿黄賓王中舍之竹樓。中舍以言事謫歸，讀書敦行。朋輩因索余作草書十餘幅。次早，與中舍及朋輩論學而别。到屯溪，朋輩群集溪滸。次早遊朱氏花山園亭，盡其奇勝。朋輩環坐半山亭中，詹孝廉首發静虚之旨，走稍爲闡明。若謂物生於虚，滅於虚，而虚終古不動。大易所謂原始反終，佛所謂寂滅爲樂，雖入門稍殊，大概不遠也。步至舟次，朋輩別去戀戀。汪維禎、張覺之、吴以忠別於浦口。走與詹孝廉並榜而行，相對各罄所脩，證歷六日，而抵舍。孝廉寓東郭禪寺，繼往趙伯兼太常山舘，阻雪旬日而返，復止宿於福嶧書舍。七日別歸，實臘之二十六日也。走念勝遊非偶，嘉會難逢，兹行與諸同心窮心性之原，昭踐行之實，間於儒釋旨歸，究至商確焉。則於往復篇章，宜有彙集，以藏名山。而諸士友，簡催面索，靡有間月，遂漫出應之，因以質正於四方之正覺。儻亦有繼河西之誨過，尋鵝湖之聚盟，而俾鄙劣，並兹會之儕輩，得有警發，以共登兹大道已乎。諸少會語俚章別具。

雲巖夢神紀

魯點　南漳人，邑令、户部主事

丁生惟暄以舒，半歲喪父，自苦志力學，治古文辭，密參西來之旨，幾悟矣。居常以舉子業鳴，令深器之。然附贅懸疣，自侈於性。令惟嘉其爲人，不見有丁生疣也。戊戌嘉平既望，劉夢陽、蘇報祖諸生，導令禮城隍之神。禮畢，則揖而言玄帝之靈。友人丁以舒素患額有瘤，如胡桃大，百法藥物不能治。近讀書雲巖，倏一夕，夢金甲神人手摩其額左，錫以菓核。驚寤，瘤遂平如右。僉以爲孝友行義作人之報云。盖是月朔事也。令始而駭，繼而疑。迨己亥正元日，丁生乃同衆賀令歲。令視之果然，問其故，遜避不言其夢中之詳，第云余小子形不肖，荷神之庥。令勗之曰：丁生勉乎哉，踐形惟肖，由自性解脱一切，神不爲虚祐矣。

……

謝玄帝表

丁惟暄　邑人

伏以鑪峰拱日，虹霓廻帶於棼楣；輦輅停雲，牛斗宛盤於洞府。座擁碧幢翠葆，笈含玉牒金書。恩普生成，靈宣踴躍。跪焚香以致悃，戴敷袵而陳詞。恭惟上帝闕下，龍御玄都，鶴軒白嶽。星臺陟降，三姑珍杵鐵之針；煙殿默臨，五老獻榔梅之果。文昌角氏，秉雹策以驅馳；武曲廉貞，騰雲旗而擁從。乾坤永護，日月同懸。一消一息之精靈，上生下生之氣候。玄門洞啓，紫氣高浮。汞融九轉瓊丹，捴是點蒸民疾阨。教演千函寶籙，無非祛下界妖氛。事每效徵，感斯蒙祚。章寵靈於皇嗣，煥璿構於名山。銀宮與貝闕争輝，儼横鳩鵲；畫栱共雕楹競彩，盡舞龍鸞。雨洞珠簾，常灑春泉若醴；天衢月嶺，遍凝秋露如漿。符瑞炳彪，幽明協贊。尊容肅穆，列館虚閑。四海雲臻，原人生之有欲；萬方輻湊，欣帝德於無私。曲成臃腫之身，寧論樗櫟；冥釋形骸之苦，奚俟扁盧。伏念惟暄五濁塵胞，一絲色界。自頭顱以至手足，毫屬甄陶；遡襁褓以及衣冠，時叨煦沫。借棲真境，誦道德而叩天閽；托寐清宵，遊神魂而窺霧術。雲軿來冉冉，恍值芝童；星佩下翩翩，言稱帝使。一丸授囊中大藥，千金勝肘後奇方。恠如瑶島之桃，非青非白；覺似玉門之棗，不苦不甘。嗟夙疾之常攖，懸疣附贅；欣故吾之自適，蜕骨改容。顧萬氣之屏消，寔神功之宰割。用垂矜育仁顯，緣因黄冶氤氲。竊駐顔如一匕，碧琳縹緲；肅啓額於重堦，旃檀允矣。紛馨靈族，翳其備降。敢云伐毛洗髓，超彼凡軀；庶效瀝胆披肝，踐兹頑質。排雲叫閶闔，何由輸丹悃而獻重瞳；向日戯辮斕，長得竭素心而娱華髪。覆載等天高地厚，履臨切冰薄淵深。仰楓槐柳杏之壇，貢橡栗栢松之篚。撞鐘伐鼓，莫報優游；摩頂碎身，難伸酬欵。惟喧無任虔忱瞻依，激切感戴之至。

【補】齊雲玉芝軒記①　汪應蛟　婺源人，户部尚書

新安在萬山中，叠巘層巒，紆環成勝，不可殫紀，而白嶽爲最。北帝行宫於是焉在，所從來久矣。時勅官鼎建，始與天柱、紫霄，並著寓内。其挺峰若笏，隱洞如壺，殆非人間所經見，僊侣羽客遄遄蘧廬焉。玄宫宸南而面北，飄風甚雨，易於頽圮，脩葺之工，取之欽免香錢而不足。况復顯貴者遊，騶從之費耗又侈焉。余族侄正暘住持棚梅菴，盖玄門之領袖也。與道士胡道彩、胡德化、朱守位等，議常貯以爲工繕。正暘於立成常貯，外無他覬，節縮以供賓廚，一切世味泊如也。丙辰暮春，余謁禮玄闕前，而揖余曰：暘籍名法宫，無

①　此文據清康熙本補。

能備灑掃，願勤脩習，叩玄鐍而鍊心性，庶不負出世初願。余曰：昔子和視壁三年而靈圖現，輒以僊去。子能用志不分，何造不就。爲卜地於殿之右，資以俸餘，築法壇一座。懇志誦經，晨昏相續，歷歲不輟，蓋幾於子和之凝神矣。法壇之後，爲雲中居，則家宰余少翁所題。其下一軒，幽窕而静潔，群道士棲焉。余以玉芝顔其居。而軒前有瞻天閣，則前道士詹竹菴所搆，而方伯余見翁所記也。常試入棚梅菴，登其閣，群峰皆俯，一眺無際，恍乎碧落與通，辰星可摘也。名之瞻天，不亦宜乎。而所謂雲中居者，則趾於絶壁之下，松陰掩映，嵐氣氤氲，依稀上清界也。或問玉芝之義何似，此子瞻所持贈胡道士也。意其爲物清芬而皓潔，可比於玉，故寶之以美名乎。夫道家者流，蟬脱塵埃之表，淖濯汙泥之中，拔乎其萃。遊方之外，豈真靡瓊瑛以爲粮，吸沆瀣以爲和哉。惟其淡然無欲，釋性之弢，故能蜚冲而霞舉耳。老氏有言：人神好静而心擾之，人心好静而欲牽之，能遣欲而心自静，澄心而神自清。如是則玉芝軒以當蕋珠宫，可矣。予其朂之，因而爲之記。

【補】桃源洞天記①

施鳳來 平湖人，大學士

天地之靈氣，突湧爲齊雲巖，中間爲桃源洞天。天門左闢，僊嶺右峙，倚展誥而面黄山，

① 此文據明末本補。

桃花磵前繞，與黟川會，誠僊靈窟宅也。先是，張邋遢道人來遊，貌古神閒，人莫之識。黃上舍國瑞一見而師事之，因買山結宇居焉。其正殿之北鄉者曰金闕，祀玄君也。後爲寥陽，祀三清也。寥陽之左，南鄉者曰大通明，祀玉皇也。簷外時灑飛泉焉。通明之背，軒曰煮石。面煮石而閣，曰生玄，祀斗母也。寥陽之右，北鄉而宮曰青羊，祀老子也。前凌虚累重臺，而顔曰應元府，祀雷祖也。背青羊而宮，曰三元。前崖壁㕒巘而中虚者，曰混元洞。洞右泉涓涓不涸者，曰華池。前二坎，甃爲八卦池。通明西，石突兀如累，逕蜿蜒而上者，曰翠微天。折而北，望空一室聳突兀之上者，曰静明居。上有石，方如枰者，曰禮斗臺。總之，稱桃源洞天云。是役也，緡盖以巨萬計矣。夫齊雲之著，自天谷始，然以佑聖一祠，合金、葉、程、胡數姓之力，篳路藍縷，以啓山林，猶未足。至徼玄武之靈，啓我肅皇帝於三百餘年後，出尚方水衡之物力以供之，而功始就。乃黃君不愛重貲，獨力成之。俾桃源之輪奂，與雲巖儷美，慳念破而丹基崇矣，不尤難哉。且以齊雲之秀異，閟孕鬱勃，宜代毓高真之士，翼玄化以輝巖嵐。自天谷迄今，抑何寥寥也。徒恃北極之威靈奔趨天下，豈秀固鍾於神而嗇於人耶？今始得邋遢歷寒暑，藉草卧地，而神逾王翀舉。可知黃君又能悟真訣以竟其詣，彷彿鍾呂之傳。將齊雲藉以益勝，寧獨桃源乎。然余往讀《藝文志》，尊老子於道家，而神僊則列之方技。輓近言僊者，悉宗老氏，何歟？老子書具在，死而不忘者壽，何戀長生。即所稱谷神不死，綿綿若存，體用具是，曷嘗有鉛汞烹煉，如《參同》《悟真》，名相絞繞哉。關尹曰：忘精神而超生，見精神而久生。忘而超者道，其藏史、關令乎。見而久者僊，則魏伯陽、張平叔其人焉。故知僊原於道，猶跡出於履，而跡非履也。以邋遢內觀，其忘耶見耶，當自辨。而余雖再入山未覿，無繇叩兹。欲亟訪之，屬貳南雍，未暇也。聊因黃君弟子汪應生，介余友吴嗣宗以請，爲之記大都云耳。邋遢無名，以貌名。國瑞字無心，休寧五城人，乙未師邋遢，己亥修建桃源洞天，兄弟猶子咸樂襄事。內惟青羊宫爲少參新陽公子黃德淳建。汪應生本黃冠，欽無心之高尚，師事之，以復師邋遢，皆可書。

【補】上邋遢僊疏①　　朱憲㶿　宗室，鎮國將軍

某生身中土，列職潢系，尸飡粱肉，逸樂紅塵。然業識雖深，幸夙根不昧。方當髫髧，即有志乎煙霞。甫及壯齡，愈精心于服食。廣延雲水，遍訪高真，內外經書閱盡，猶嚼蠟之可慙。黃白藥物屢參，恨玄微之罔利。年將耳順，悲哉老大無成。日在崦嵫，苦也紅顔易老。肓修瞎煉，祇徒勞心力于三千六百門中。混俗同塵，却虛度光陰于三萬六千場內。孜孜汲汲，切切偲偲。若云有志者事竟成，妄心豈敢。但言遇高人莫錯過，鄙念惟殷。恭聞

① 此文據明末本補。

大仙道高天地，德冠古今。袖裏丹砂，注凡形于不朽；壺中日月，運寒暑以無更。徉狂玩世，布二祖之高標；邋遢棲山，繼三丰之令蹟。嬉笑怒罵，總包含濟世度人之心；岩處穴居，盡蘊蓄深藏秘密之旨。孰非大巧若拙，盛德若愚，待詔霞霄者哉。瀠久慕高風，未親玄塵，特修疏奏一通，附心玄衲子齎持上聞。倘弟子前劫有緣，求方寸之地，爲印證之階。如聖師菩提行切，祈一尺之棒，作寶筏之津。瀠雖衰憊，微軀猶堪匍匐。縱池魚籠鳥，仍望瞻依。乞仙師廣普度之慈悲，憫愚蒙之後學，明頒金示，早決去來，臨楮［不］勝遥祝待命之至。

【補】桃源洞天積儲記①

韓敬　歸安人，翰林修撰

積氣爲天，二曜四時，運行不息。積塊爲地，九埏八荒，奠麗靡極。積石爲山，積水爲海，五嶽十洲，流峙莫測。積之時義大矣哉。兹以白嶽之聖，玄武之靈，啓我肅皇帝昌熾之祚。而玉敕懸門，瀍衣護藏，良不虚矣。獨是桃源洞天一派，左倚天門，右挾凌風，面黄山而負紫誥，注碧澗以會黟流，誠塵寰福地，人世洞天也。先是，邋遢師來遊於此業，誌其爲丹址矣。然以皤然一老，赤足蓬頭，韜光神寂，若藏用淵然，往來於海陽間者，歲月殊不

① 此文據清康熙本補。

可紀。廼黄君一見，遂師事之。而無心之名，因師嘖嘖矣。竟爲買山闢地，芟荒結宇。其正殿之北鄉者，中爲金闕，以祀玄君。後爲寥陽，以祀三清。左寥陽而南鄉者，爲大通明，祀玉皇也。右寥陽而北鄉者，爲青羊宫，祀老子也。前累重臺而府，爲神霄，祀雷祖也。通明之背，而山房爲煮石。面煮石而閣，爲生玄，則斗母祀焉。青羊之背而宫，爲三元，則三官祀焉。面三官而崖懸中虚者，爲混元洞。洞右泉涓涓不涸者，爲華池。池前二坎，甃爲八卦池，則師之豫爲登假地焉。又有通明西隅，石突兀如累，徑蜿蜒而上者，爲翠微天。一室北望，爲静明居，上有石如枰，爲禮斗臺。宇楹林錯，法相森嚴，費累巨萬不啻也。而黄君不惜重貲爲之，此其所感召者，固難以筆罄。而當季黄兄弟猶子輩，咸樂從事。少參公子黄德淳君，樂以青羊獨任焉。詎非師之玄通鼓舞乎。嗣後桃花送春，桃實報秋，師於其間，夏不扇，冬不爐，循環晝夜，藉地枕磚。日中卧起渾無事，惟祝三階泰且乾。從不以炫奇弔異，惑爚當世。而縉紳士夫登齊雲者，罔不叩洞天而謁焉。稱揚頌述，長篇今，短篇古，玄言如屑，峻韻如霜。舉欲揮金爲桃源貯積，而師殊不之有也。豈師不欲貽桃源以逸乎？余自萬曆戊午之歲訪齊雲之勝，而兆聖程君爲余道其實。及繇黄君弟子曰景岳者，進而謁師，悉韜斂而不彰，間間坦坦，若尋常然。則侍側者，皆有明叔程君，其道之爲略。余曾叩師以山中何所積，師示以隨取隨給，無乎不積也。余别桃源有年季矣。一日，景岳以素册來問余，以師于癸亥一陽月端坐而歸。倘所謂甲子三周之數適符，遂不復來年甲子耶。及述其化後，所以接荊殿下之血，誠又未嘗不恍惚蹁蹮，想見其精神也。景岳以師解脱去從不留長物，深恐烟霞板蕩，林壑交喪，愧此丹址，則非惟負桃源，負白嶽，殆非所以善學師者也。因糾合同志，廣求外護，行師所示參經悟道之教，務欲倒翻内典，開正法眼，爲人己作寶筏。懇予言題其首，以誌不忘，且以勸樂施者。予以大積藏天地，其次藏名山，其下朽腐人間廩庾耳。故在天爲積氣，在地爲積塊者，在桃源爲積儲，而在人間樂施者，則積餘慶。甚矣，積之時義大矣哉。遂書於册，以爲桃源佐一籌云。

【補】白嶽賦①

韓四維　邑人，翰林庶吉士

帝天乙之玄靈兮，來自丹霄。駕蒼龍而擁神螭兮，左玉駁而右金鑣。驅禺强與堪杯兮，鞭崒夔而引路。鎮梟楊與鉅寶兮，使神光銜銜而猋猋。瞰瑶溪芝田而騁望兮，何奥區風府之不可相洋。彼朱塵蘭林之特秀于九壤兮，惟野馗龍鱗之連華域，而容與乎山椒。于是揚靈龘龍，駒駼天馬，招摇雲宫，周視巖下。蟠虎闢途，貔貔劃野，風風颸颸，魚魚雅雅。指野媪而發跡，飲田家之老瓦。啣百鳥兮，非玉非金。抒頻頻兮，集豐豐于高岑。則有八神爲之贔屓，九龍爲之飛禽。使雪公雨師而齊駕兮，令玄武黔羸率至止而壬林。維時木公劈

① 此文據清康熙本補。

斧，夔魖運斤，畋眴瞻矅，霎霴雺雲，昒映曨晸，雩雽䨴氉，靈飌颮颩，颬嶙靂峋。雨暘霜靁，熘人龗身，牛馬無色，蛟龍目瞋。奫通肅帝，敬載十倫。黝牲致牡，玉翰飛桭。望受釐兮，峙彩坛而茵紺席；俯沉玉兮，走祈羊而獻坤珍。列峘岊而履崴嵔兮，惟此岺嵤嵺嵲于水濱。仰嵱嵸嵪嶅而不可及兮，余止乎嵰崀嶭嶵而摇其鷺巾。憚折嵣嶒于日暮兮，秋岍巏嵑而貞脆乎天囷。嗟余隨氣草而卉腓兮，髮茁鬈騷屑，因風上下而鷗馴。飲菊水而躡複澗兮，酌桃花之清潯。悵液乳而罔眆兮，冒戈堞土肪，思飡吸而滌根塵。爰遡天門而入岂焉。漏塵光細漪于崧岑兮，睢若金波漪潰乎玉津。睇銀宮紫府之巀嶭兮，覺明霞絳霄之繽紛。庀五齊三事以嘗薦兮，時亭亭而云云。下有求而疾獲兮，禮雲翹而敬信。猗歟盛哉，此化身普濟之靈也。至若蒼龜變爲山石，赤蛇離爲草木，其山則有碣石笋立，萬壽崔嵬，南岐翠列，西茆青來，獅象夔尼，鐘鼓黔雷，輦輅嶆崒，展旗闢開；香爐烟裊，紫玉雲厓，三姑娬媚，五老喧豗。聳鵲橋兮若駕，張巨門兮如排。秉䑋燭兮，火龍翻翩而焠灼；擎柱笏兮，千神傴偈而予懷。繼邈窣而下之，翾屹屹竅竅。石門黑虎，羅漢珠簾，金雞鸐鵡，棋枰睡仙，華林淡竹，紫溪黄川，盖有千名萬目，皆伯昂而仲肩。其泉則漻濭濛澒，瀁瀷瀨濤，五龍吐雲，七布飛雨，石潭九井，玉堦琴泉，天池偃月，起龍碧蓮，上華下華，洗藥浴仙。若爛烏兮遊魚，儕神井兮潮泉。醖瀲灎兮冰鼠，或炎液兮湯山。既愈疾而痊疴，亦保性而精專。飛甘潤兮藥石，下銀塘兮灌田。至若芋蕨麥蔴，菠薐葵藿，蔗薹蘿蔔，蘭芷芹芽，金瓜豆匏，油油彧彧。吐秀則兄秣而弟稝，銜滋則瘤瓟而覞㙬。非若鼠莞虎杖，雀麥牛蘄，含穎實而記異物也。相彼嶂嶹，來此葳蕤，其木則有天楠植于顯靈，棚梅頡頏于武當，梓檀層雲而檣棖，楊柳蔽崖而橄榝，欂櫨欙檄，皆于焉是斬是伐也。至若玉衡散李，緗綾發桃，柚橘朱實，壺棗邊要，珍美荔枝，石蜜葡萄，蓮珠藕雪，栗楝梨交。與夫黃精長生，茯苓歲華，千年石乳，一飯胡麻，天門顛勒，贈橘芽茶，半夏百合，七葉五加，菁菘荅荽，蓖薜麓蘧。罔不龍胎鳳髓，鳳肺鸞血，備天帝之服食，而非調下士于易牙。若乃玉簪垂白，芃蘭發幽，杜鵑望帝，萱草忘憂，山棠豔綴，玉藻香浮，仙鶴來兮山鳳下，雉鷄愛兮黃鸝啞。石鷹秋隼而靈鵲喧祥兮，畫眉朝呼而白頭未嫁。夜搗藥于月明兮，遊竹雞于澗中。飛鶺鴒于原上兮，穿紫燕于簷瓦。則有六飛三卷爲之前驅，四靈五行因而齊翺。

封禪者方祈年而保我蒸民，寧止風馭雲軺而羽化。頌曰：

承天報地兮建節登封，泥金簡玉兮告平雲峰，編録七十二代兮續長岱宗。方軒轅仁風與茂實兮，陋漢武之鼓鐘。帝禋禮稱秩于有宋兮，肅皇標臣鎮于飛龍。保乂我民而罔懌兮，雨暘時若于春冬。洽萬歲之歡呼兮，岧嶤千載之芳踪。

【補】岳游偶録①

望齊雲西北郵 查應光

窮源開闢自何年，世外人家别有天。野老忘機隨鳥狎，牧童無事伴牛眠。
深林積露晴還雨，荒浦寒煙斷復連。柱策峯顛頻極目，賞心圖畫擁空懸。

登石橋巖 查應光

翠巘穹窿反徑通，屢盤懸磴出虚空。盪開碧靄逢丹洞，迥架青霄湧彩虹。
喜豁興懷迎爽籟，更披襟袖灑天風。迴觀林影來殘照，萬壑嵐烟擁梵宫。

其二

合沓群峯積翠來，隨開紺殿倚雲隈。丹巖晴映金霞駮，珠瀑寒疏碧澗迴。
煙潤寶旛來玉岫，風傳仙梵出花臺。遥登勝地饒清况，忽聽鐘聲畏景催。

初宿岳半山房 查維鼎

初迴清夢慰遐心，獨起披衣眺遠岑。斜月松巔窺素牖，長風天外舞喬林。
空山何處來僊馭，永夜遥思静梵音。徙倚不知窓欲曙，桃源鍾磬已愔愔。

山房自爨戲謝桃源主人 查維鼎

① 以下據清康熙本補。

仙都未許再來人，況復乘槎競問津。若使此中紛俎豆，將無特地界松筠。
翠微黄獨猶堪擷，石室青精且勿陳。寄謝君家六乙火，丹成錫我玉壺春。

……

岳半與望仙亭林岫相望，閑訪子清道人，見壁間題句愴然，七載中之陵谷也。仍次前韻以贈。

多少鬚眉填夜壑，九還不肯九原作。道人尚餘冰雪姿，始信籠鷄輸野鶴。

原韻附

青嶂插天去滿壑，涼飈六月松陰作。一枝欲領衆山奇，夜夜峯前聽笙鶴。

贈桃源絶粒道者　查維鼎

子房從赤松，當年稱辟谷。誰知博浪沙，已耻食秦粟。亦有武陵人，羞指嬴氏鹿。
飄然赴青溪，遂聚雲中族。君今胡爲乎，乃踵昔賢躅。桃花洞天幽，桃花澗水馥。
信美足樂飢，稻粱忍争逐。石公不可期，閒把素書讀。商山亦我師，蕨薇聊果腹。
問君爲長生，叔季奚足欲。問君爲無生，黄虞要當勗。邈矣雲霞心，傷哉日月轂。
何地無畸人，高天敢不跼。西瞻太素宫，芝簡猶焜煜。嫋嫋風愁予，共擊漸離築。

次夏寒筠觀察使來韻時聞有弄璋之慶　查維鼎

洞中日月尚悠然，沐浴遲君實共肩。況喜生申岳實白，寧俾對越帝虚玄。

萸房九日節孤詠，桂子三秋詩百篇。寂致歡情未許異，天門一嘯發墟烟。

岳半薄暮汪天行同履初邑中來訪　查惟鼎

巖扉雲正封，跫然雙屐至。秋厓踏幾層，染得衣渾翠。幽棲怪絶儔，奇探更登樓。溪聲來木末，浩若大江流。暝烟舒復卷，山容倏百變。松杉亦低昂，驚客所未見。蕭齋竟寂然，呼童瀹石泉。夜溜猶堪聽，共我抱雲眠。紫陌紅塵紛莽蕩，喜君獨作青霞想。明朝携手碧峯頭，萬里天風一拊掌。

岳半喜夏寒翁至仍步來韻　查維鼎

訪戴誰云興索然，凌風直拍洪厓肩。晴開萬壑氣瞻紫，屐到孤峯想共玄。丹室久虚瑶卉席，嶽靈應待寶華篇。翠微今夜深深處，細訴逍遥裊篆烟。

汪自周司李詩觴遥寄步韻奉謝　查維鼎

白髪青衫老一廛，斷流空憶繞朝鞭。浮生已絶區中想，浪跡應尋物外緣。幸掩雲扉青嶂裏，幾忘塵鞅練溪邊。情深知我萸尊寄，欲慰相思池上篇。

同游别後獨坐山房　查維鼎

前山日欲曛，深林穿暮景。蟪蛄遶除鳴，寂寞松窓影。游屐歸如何，塵緒紛將整。幻海足波濤，大力幾能静。静猶或役之，矧乃日狂騁。藿蠋笑奔蜂，汲深悲短綆。白雲去悠悠，素月來東嶺。悄然萬古心，胥此刹那頃。流浪信足憂，坐馳亦堪警。

借問山中客，慧燈云何炳。

夏寒翁曰：岳游諸詩，大都寄託深遠，有令人汗浹背處，忽又飲人沆瀣，心骨俱冷，飄飄其欲仙也。知幼安興會，别有標舉，未可於游咏間索之。

王子極曰：柳柳州記鈷鉧潭勝槩，若列眉指掌。韓昌黎登華山，備極奇險，惚然成詠。雖所適不同，要以寫其襟懷之玄曠，一也。幼安胸蟠今古，賦才自長。夏觀察目吾兩人，欲以文舉竟屬。余頗沉吟讀是編，幾三日坐卧其下，即韓、柳亦何多讓，不覺爲之避席矣。

【補】白嶽賦①　歙邑人作，失記姓氏

星分斗野，地屬海陽，有靈山焉，鬱乎蒼蒼。揖黄峰而獻秀，配元嶽以呈祥。啓仙靈之橐籥，開秘宇之琳瑯。石受神鞭，聳作旛幢之衛；峰從帝徙，焕成金碧之光。爾其崚嶒拔地，峻削排空；嵒懸鳥外，樹雜雲中；門通箭括，路闢車䟐。龜蛇蟠伏而作鎮，龍象閃爍而作雄。神斿飄兮縹緲，鬼斧鑿兮玲瓏。窅窅焉，冥冥焉，千態萬彙，了莫知其所窮。嘗試登天門，躡天柱，循岡巒之體勢，快搜奇於一覩。或輻輳以綿延，或雜奇而容與；或斐亹以敷文，或狰獰而奮武；或妥若蛟跧，或翩如鳥翥；或森嚴兮開寶相金身，或嬋娟

① 此賦據清嘉慶本補。

兮迓明妝於玉女。霜傳雁信，應鏗石上之鐘；桐作魚形，莫叩壇前之鼓。怪滃雲之結蓋，輦輅如新；喜嵐彩之凝煙，香爐窮古。羌幻化以難名，悉紛羅於眉宇。遂爾下臨幽谷，俯瞰神淵。香洞則漸聞馥郁，蓮池則倍見澄鮮。雨飛紅而洗殿，泉噴碧以懸簾。白鶴飛來，猶想真仙之浴；石龍栖處，誰參羅漢之禪。掬洗藥之餘波，沉疴立解；看棲霞之舊址，逸興頻添。況乃縱覽喬林，旁徵嘉植，石楠標金澤之儲，槲梅見神功之翊。松已老而生鱗，竹方苞而結實。瑶花燦蓝，間歸香鹿之啣；珍果垂條，競入山禽之喙。洵坤軫之名區，而天都之勝蹟。宜乎數帝儲精，群靈效命，功傳磨杵之神，瑞著啣泥之應。金鋪玉墄，上燭層霄；畫棟飛甍，下臨危磴。夔魑則競就推藏，風雨則爭趨禱禜。金門羽客，愛飡峰頂晨霞；玉局真人，慣聽堂前夜磬。誰探丹訣，星官齎碧落之銜；乍薦青詞，天使稟元都之印。或懸或度，一方之祈望攸憑；曰燠曰寒，四序之調和共慶。方當有道，開銀甕以承麻；敢祝無疆，降金泥而紀盛

卷之三終

齊雲山志卷之四

宋

古詩

雲嶽　雲谷子　郡婺人，朱晦菴先生

山行何逍遥，林深氣蕭爽。天門夜不關，池水時常滿。日照香爐峰，靄靄烟飛暖。

雲嶽同遊　金子潜　邑人，潭州司户

丹崖何突兀，與客共躋攀。一嘯九天潤，斷雲千古閑。杖行龍虎背，袖拂斗牛間。願言覔刀圭。乘風尋羽翰。

雲巖　葉介夫　邑人

吾愛雲巖東，天門有路通。蒼顔巖獨聳，沉香洞空窿。車䡾雷隱隱，簾捲雨濛濛。浩歌碧雲端，萬壑生松風。

其二

吾愛雲巖西，華林卧幽棲。馴鹿林陰伏，烏鴉洞口啼。仙掌神所刓，石崕天與齊。

落月散清曉，夢回聞金鷄。

其三

吾愛雲巖南，天鏡開三潭。入門見石鼎，搆屋依山嵐。千崕紆欝翠，萬象中渾涵。居諸歲月深，留題仰晦菴。

其四

吾愛雲巖北，飄然度崕側。誰知神仙居，自與塵凡隔。萬年松更青，五老頭不白。橫玉弄寒雲，萬里天一色。

雲巖　王伯厚　慶元人，郡守

懸崕悄壁聳危巔，青蛇斷石虬藤纏。石門爐峰更奇絶，冷然別有壺中天。丹霞曉濕飛紅雨，怪石崩騰嘯巖虎。我来登覽望東溟，蓬萊弱水知何許。

律詩

雲巖　程珌　邑人，少師

曲徑峰前轉，林行見處踪。澗邊松偃蹇，巖下洞空窿。瑶草垂甘露，飛泉掛白虹。道人面北坐，應悟性圓通。

望仙　孫吴會　邑人，僉事

憶昔雲山裏，幽人搆此菴。簷松青欝欝，庭草碧毵毵。

學道當勤苦，絲玄迥絶談。静觀心自在，明月印寒潭。

雲巖 程從元 邑人，謚正惠

石門一望路迢迢，五老峰高聳碧霄。泉掛珠簾當洞口，烟拖練帶束山腰。
香爐捧出仙人掌，輦輅行来織女橋。午夜月明天似水，鶴歸松頂聽吹簫。

白嶽 吕午 歙人，翰林修撰

白雲堆裏石門開，人向蓬山頂上来。四面峰巒排劍戟，九霄烟霧幻樓臺。
水清潭底龍常宅，風静松梢鶴自回。好景留人不知晚，上方鐘皷却相催。

白嶽寄懷 朱晞顔 邑人，侍郎

林間留我住多時，似與烟霞夙有期。野老烹茶來獻客，巖猿偷果去呼兒。
静思世上千年事，不值山中一局碁。欲説行藏舒卷意，洞天惟有白雲知。

白嶽述懷 方秋崖 祁人，侍郎

因叩玄天到此山，叫開閶闔入重關。白雲飛過峰無數，緑樹深藏屋幾間。
物外乾坤常不老，壺中日月自寬閑。何時觧組歸林下，許借丹爐煉大還。

雲巖 程元岳 歙人，侍郎

直上雲巖絶頂峰，始知塵世有仙踪。懸崖蘚潤經年雨，滿地花飄昨夜風。
日月徃来蒼翠杪，烟霞舒卷畫圖中。瑶臺禮罷笙簫歇，萬壑松聲自羽宫。

雲巖　汪立信　婺人，少傅

齊雲形勝冠江南，維石巖巖不盡探。鑿洞幾時經鬼斧，度仙何日駐鸞驂。
雨餘圖畫塵埃凈，日出芙蓉紫翠含。長嘯一聲山谷應，老龍驚起出寒潭。

雲巖　錢時　歙人，翰林檢討

弾却冠塵曳素袍，小鞍乘興過林皋。山巖崒嵂雲烟合，樓閣嵯峨星斗高。
五老雲連扶鳳輦，萬松風動響鯨濤。玉笙吹徹金雞唱，落盡巖前幾樹桃。

月夜　趙戣　邑人

偶同仙侶宿巖扃，月色輝輝滿太清。秋水無痕千頃碧，天燈懸照萬方明。
自憐心似氷壺冷，更覺身同鶴羽輕。夜静山花簷外落，倚闌無語學吹笙。

元

律詩

雲巖　汪莊　邑人

度遠復登危，依山一徑微。洞寒龍正蟄，崖暝鶴初歸。
采术雲生屐，捫蘿露濕衣。層巖去天近，織女夜鳴機。

雲巖　吴訥　邑人，建德路萬户

雲破石門開，青青烟樹来。江東好山水，天上出樓臺。
日月開丹竈，風塵罷酒杯。回看争戰地，不似住蓬莱。

夜　汪堯寬　祁人，舉人

玄舘空山静，秋風晚更清。嵐光連霧氣，松響亂泉聲。
竹户流星近，蘭堦落葉平。夜寒人不寐，獨對一燈明。

白嶽　方回　歙人，建德路揔管

摳衣登白嶽，稽首叩玄宫。巖下群仙洞，山頭五老峰。
翠雲飛送雨，白鶴舞凌風。好景遊歸晚，簫聲縹緲中。

白嶽　鄭師山　郡人

名冠江南第一山，乾坤故設石門關。重重烟樹微茫裏，簇簇峰巒縹緲間。
五夜松聲驚鶴夢，半龕燈影伴人閒。忽聞環珮珊珊度，知是神仙月下還。

雲巖　鮑子壽　歙人，教授

芒鞋踏破洞中雲，石徑緣山入窈深。竹覆仙房凉似水，苔侵佛面半無金。
日斜孤鶴松梢立，露下寒虫草際吟。童子焚香延客坐，一簾山色晚沉沉。

雲巖　管子瑜　松江人，教諭

萬仞雲巖五老峰，扶筇彳亍入仙宫。龍歸洞裏千山雨，虎嘯林間萬壑風。霄漢露凝金沆瀣，浮丘霞擁繡芙蓉。一從仙子飛昇去，流水桃花幾度紅。

國朝

五言古詩

雲巖　陳寓　玉山人，邑令

久説齊雲巖，今到齊雲地。懸崖草色長，幽澗泉聲細。歷盡高低峰，染遍烟霞氣。安得筆如虹，一寫就中意。

雲巖　王守仁　餘姚人，大司馬新建伯

巖高極雲表，溪環疑磬折。壁立香爐峰，正對黄金闕。鐘響天門開，笛吹巖石裂。掀髯發長嘯，滿空飛玉屑。

雲巖　汪鋙　婺人

遥遥訪名山，雲路先遨遊。瑶宫既峥嶸，石林亦清幽。自送搏風鵬，跡寄凌虛樓。完名復何日，于焉事藏修。

雲巖　胡景鍾　祁人

好山盤百里，獨步雲路長。秋風吹客衣，振振千仞崗。
丹崕留虎跡，修竹隱仙房。星月瑶臺上，龍文發夜光。

雲巖　劉洵　鄱陽人，副使

聞説巖齊雲，陟巖雲復下。石歌星斗傾，洞迴河漢瀉。
俯覰六合間，紜紛如野馬。霓裳徹紫微，習習清風灑。

雲巖　胡宗憲　績人，尚書

朝携九節仗，倏爾臨仙宅。風捲萬梯雲，錦裂千尋壁。
乾坤歸俯仰，吴楚平分析。誰云小武當，褒崇同帝勅。

天門　朱衡　萬安人，婺令、工部尚書

洞門長不鎖，赤日午雲陰。上有老龍湫，下多嘉樹林。
松風吹素練，蘿月度玄襟。羽客時来往，閒聽灌木吟。

太素宫　焦煜　宛陵人，条政

終日苦朝簪，柰此册水癖。明發戒驂徒，玄宫酧素臆。鳥道林表来，螺髻雲端出。
空巖落寒泉，垂垂明滴瀝。于焉濯冠纓，頓令塵心息。瓊樓夜氣清，瑶笙慶蕭瑟。

望仙

汪玄第 邑人

白鹿啣山花，玄猿叫松月。縹緲隔烟霞，塵世兩遼絶。

紫炁望不至，青牛杳無跡。何如歸去来，窓前讀周易。

落照

吴棨 婺人

落照薄層峰，烟深山閣夕。羽觴飛紫霞，丹鼎爛白石。

凉月洗軒窓，清風洒蘿薜。猶有乘鸞人，凌風吹玉笛。

白嶽

胡正蒙 餘姚人，翰林學士

白嶽奠金樞，勝境標靈造。積翠鬱氛氳，崔嵬壯清昊。天門奕奕開，石洞儼鋪縞。

飛瀑灑珠簾，懸崖勢欲倒。丹臺最卓傑，屹立對雲島。逕轉華林西，巑岏峙五老。

迴流清且漣，疊巘環如抱。紛吾塵網暇，緬愛兹山好。浮驂越重關，寧辭千里道。

初乃事遠遊，亦復事祈禱。碧落秋氣澄，蒸暑頓如掃。晨策恣遐觀，夕息叩鴻寶。

探玄意未窮，了悟悔不早。願結白雲期，相將拾瑶草。

嶽頂

汪道昆 歙人，兵部侍郎

肅皇昔升中，玄時兹託始。巇㞚薄太清，丹梯窮太紫。吾儕共攀躋，高坐探溟涬。

特室雙雲門，名都三天子。南衡差及肩，東岱僅方趾。俯視曜靈生，冥搜混沌死。

神遊欲御風，天語時在耳。行樂澹忘歸，歸来路或枳。

白嶽　陳有守　邑人

夙齡志遐討，西征恣遊目。三年歷大行，旬月棲王屋。洵美自冀方，駕言歸海陸。策杖登雲峰，振衣問天谷。白嶽標神皋，紫崕峙靈隩。雲亭望仙馭，虚館探真籙。薄霄叩金庭，御風驂玉輅。天門挹非煙，日觀攀若木。晞髮九垓城，舒嘯三州閣。乞山稱外臣，樓居肇枚卜。枚卜周四覽，名區自天造。金罏緲灝光，珠簾捲靈瓅。太宇控赤螭，御屏簇翠葆。穆穆肅玄君，翩翩朝五老。鐘皷振東序，笙鶴鳴前導。有客負玉局，冲翥来蓬島。長揖執衣袂，向余稱夙好。弱水幾清淺，邂逅苦不早。傾壺飲沆瀣，出書授鴻寳。謫名尚通藉，爲爾啓蒼昊。昊宫開日月，微垣列星辰。青鳥擁絳節，金函出玉宸。爾本天都侶，伊昔軒帝臣。客成共丞弼，浮丘相主賔。芝檢俾司守，丹鼎屬陶鈞。謫居須百載，升中應千春。浮世以遼邈，拔宅何逡廵。且辭白嶽去，行結黄山隣。日逐龍鸞隊，長與烟霞親。延佇蓬莱召，劒海一揚塵。

白嶽　方弘静　歙人，户部侍郎

曰余拙訥徒，刻意躭空宇。閉帷違達觀，局步慚高舉。雖慕萬里遊，未嘗下堂序。名山邇邑境，數載彌延佇。振策發深衷，兹焉乃一覩。石磴欝崔嵬，雲林互含吐。

揮手近星辰，半躋辨吴楚。天門暝未扃，洞日晴飛雨。奇卉競参差，異禽屢翔舞。
絶壁顛削成，幻景難殫叙。清晨謁玄扉，齋心聞法皷。松月地籟沉，巖窓天人語。
塵襟於此洗，冲抱非外許。眷言念同懷，孰與營幽墅。泉壑足棲遲，僊靈儻来聚。
將窮汗漫期，何用紆金組。

白嶽　柴惟道　衢州人

弱齡抱奇癖，屢思探幽踪。南州夙聞勝，始陟仙源中。石逕入岧嶤，瑶草披蒙茸。
地形轉高深，天門啓鴻濛。流睨日月旋，俯睎烟雲重。千崖灑飛瀑，萬壑来清風。
洞宫閟靈異，爐阜疑天工。身從木石居，心與玄元通。白嶽愜偉觀，黄山渺諸峰。
是即清都遊，豈必蓬萊窮。終當謝塵土，於此巢雲松。

雲巖　趙志皐　蘭溪人，少師、大學士

偶從雲山遊，欲向山中住。覺路無塵機，紗門有真悟。風清萬法臺，月滿三花樹。
何處吹鸞簫，冷然奏韶濩。

雲巖　周思久　麻城人，郡同知

名山秋日上，忻與儒侶俱。所志在寥廓，塵網焉足拘。連鑣轉谷口，仙吹動雲衢。
遥遥歷石户，襟袂濺瓊珠。五老如相迓，三姑美且都。臨風長發咲，撫景忘物吾。
寂歷道機長，即此隱蓬壺。何必跨玄鶴，吹笙遊虚無。

雲巖逢玄客

少小學仙侶，採藥蓬萊濵。將欲覔禁方，儻然遇仙人。悠悠二十載，此志竟沉淪。乃却大丹藥，爍爍具吾身。收之不盈掬，投則滿蒼旻。却痾與益筭，小道安足論。巖頭脱遊屐，歸杖度踈筠。迤邐偶玄客，長跽獻所珎。玉書亦糟粕，金砂勿浪陳。揮手咲相謝，已矣安吾貧。

白嶽　汪翔　婺人，府尹

千峰開白嶽，芙蓉挿青天。五洞敞雲室，天門啓何年。高拱玄帝居，香爐巧當前。鶴跡玉田雨，幡影瑶壇烟。明發扳五老，逍遥洪崕巔。

雲巖　沈懋學　宣城人，翰林修撰

高巖薄秋雲，邈哉不可即。我乘白鶴来，點破晴空碧。五老咲相迎，遥向峰頭揖。雲間仙樂浮，飫飲華池液。醉倒天門西，心與桃源寂。醒来神欲飛，月照金蟾石。一嘯萬山青，頓覺塵機息。

雲龍潭　李敏　邑人

水雲深叵測，神物潛靈湫。曉日耀金光，嘘沫潭上浮。雷雨倏騰變，竒踪那可求。

五老峰　王士性　臨海人，鴻臚寺卿

真宰不終秘，靈山開左腋。石池函玉髓，顛崖倚千尺。寒雨晝常飛，明星夜可摘。

仙鹿不再至，空洞掛絶壁。何来五老人，蜕骨化兹石。我愛坐其麓，把酒酹空碧。天風下瑶臺，吹我雙鳧舄。遥向黄山去，一片浮雲白。

桃源澗

大壑渾無底，青山到處逢。連岡抱曲磵，片片削芙蓉。月冷時窺虎，雲溟尚蟄龍。洞門落回飈，隔浦聞清鐘。束炬達藍渡，百里藏仙踪。欲問桃花津，仙源杳無從。惟餘磵下水，遲日照溶溶。

白嶽絶頂

龍膺　武陵人，郡司理郎中

白嶽何欝嵂，層巔極屣㕧。策步凌陰峰，振衣眺陽崖。仰指青冥上，俯矚絳氣垂。煙樹緬薈蔚，宫闕低參差。溟谷杳無底，懸壁千仞危。巘崿故蹤滅，陘現新術疑。吕梁未云險，伯昏似者誰。側足或徑復，攀林因相隨。廻嶺覆片石，髣髴崑崙姿。風磴飛積霙，雲門隱半規。息景曠歷覽，曛日西南馳。峥嶸陟玄圃，眷言拾瓊芝。儻挹浮丘公，永與千載期。晤兹窮登頓，芒然不知疲。

望齊雲

李炳　盧氏人，廵按御史

聞道齊雲巖，玄竒世所希。我来過其下，溕溦雨霏霏。登臨儘有興，咫尺却想違。高山意寂寂，流水聲依依。延佇橋頭上，亦忘海鷗機。

雲巖　程朝京　邑人，知府

長在雲山麓，愛結烟霞侶。一涉利名場，家山成齟齬。鮮組近来歸，角巾惬延佇。林巒映襟帶，猿鳥忘機緒。山中饒芝朮，閒来訪巢許。躡磴升天門，閬風生翰羽。徜徉經雨洞，寒氷漬肺腑。爐峰矻孤柱，斗壇開玄圃。岧嶢紫霄崖，淋漓白玉乳。漱餘塵累清，坐久病魔愈。獨有五老人，逃名出闗外。肩摩日月長，髮長松杉大。我欲從之遊，神交身亦泰。朝市自生喧，雲山終無害。人生適志爾，何必荣冠盖。

白嶽　倪章　餘姚人，舉人

重遊白嶽山，披裘上林麓。削壁停雲封，懸巖障深谷。行行路轉幽，爐峰揷巖矗。石門空中開，飛泉點新緑。扳蘿入紫霄，豁然皆石屋。遥見五老峰，仙人騎白鹿。俯瞰萬壑流，千山半隱伏。兩腋起長風，舉手捫星宿。摩挲三台明，洞燭我心曲。塵想不可驅，漱流洗囂俗。偶遇玄玄君，授我赤書籙。光閃琳琅文，須臾能了讀。一粒黄金丹，食之顔若玉。飛度紫薇垣，彩雲生兩足。始知今勝遊，正值蟠桃熟。

雲巖　祝世禄　德興人，邑令、吏科給事

見説山齊雲，到来雲復下。日月巖際生，河漢衣邊瀉。萬壑欝蒼蒼，天門窺混茫。山供芝朮饌，雲染薜蘿裳。鸞鶴繞青冥，松喬旦暮遇。何物轉相驅，雙鳬下烟霧。

雪　湯賓尹　宣城人，翰林編修

鮮馬息山跡，望遠攀岑路。兩力事舁輿，欹曲難爲步。絶崿既崚嶒，廻峰亦交互。
溪響斷還續，雲封新且故。枯石織層冰，寒雲冠高樹。鶴跨劃天鄉，懸崖飛瀑布。
穆穆神居肅，愔愔道心素。寂漠合中峰，一鳥空間度。

雲巖　黄士吉　興國州人，工部主事

新都吴始營，丹陽漢初鑿。松蘿既崔嵬，南當亦寥廓。群山並崒嵂，雜沓泉峰搏。
未若此巖奇，延袤帶丘壑。東北距天門，西南循地絡。崇岡互欝盤，中峰自天落。
上有神人居，石室養恬漠。危殿生層空，丹梯標複閣。千甍臨返景，萬拱紛廻薄。
雙峰矗石户，瀑流捲簾箔。彩壁披雲霞，華池匿虬蠖。地入神明墟，巖産仙人藥。
林月啼寒猿，松風巢野鶴。上帝下清都，飛仙此騰躍。平生愛幽賞，躋攀探冥寞。
扶杖經絶巘，捫蘿坐靈崿。言采雲中芝，筋力詎云弱。擬見浮丘生，林端坐綽約。

白嶽　汪淮　邑人

出郭值清曉，春言遊白嶽。孑徑從傾危，微尚躭行樂。岧嶤入仙關，窈窕度烟壑。
俯聆百泉響，仰視千峰卓。峴亭望飛凫，松坪舞鳴鶴。探奇興逾逸，升高步安怯。
石磴奮先登，天門發長嘯。玉女来逢迎，申言久離索。攬余九霞裳，相將五雲幄。
崖懸嵌玉洞，瀑散紛珠箔。瑶笙按羽衣，綺席獻瓊液。絶頂欲窮陟，中道豈厭斁。

逍遥駕雙龍，須臾暫分握。

捨身巖　陳履祥　祁人

誰是朝隱人，亦有巖棲者。白璧沽不售，黄金煉亦假。一償青山債，滿抱玄情瀉。霞氣紫騰騰，泉聲清灑灑。石牀永夜眠，冷風悄不夏。鐘鳴深樹巔，犬吠重崖下。拂曙起推窓，紅輪駕奔馬。流水總不還，顔華寧事冶。山靈顧我笑，舍身爾飄瓦。我身屬虚空，不著風塵惹。虚空亦粉碎，何處容我舍。長揖答禺彊，舍取都非也。但當爲無爲，相遲莽蒼野。

雲巖　袁宏道　公安人，知縣

江濵有異石，好事持作供。珊瑚木難珠，似者即矜重。齊雲天下巖，深壁連紺洞。山山瑪瑙紅，高古復飛動。幽崖鬼斧窟，玄壑飛仙慟。簾雨萬絲飛，雲彩千年凍。

石橋巖

天門即前闔，石橋即後户。兩門去幾何，五五二十五。石老易生雲，山髡不藏虎。嶽神饒客情，閣起千峰雨。

白嶽　顧懋宏　崑山人，休寧教諭、舉人

句曲闢仙都，嵾上崇帝畤。曩余陟二山，忽若翔天際。兹嶽喜數遊，幽奇亦相儷。闢形劈巨靈，石勢堆精衛。泉瀑激流珠，烟光織飛翠。橋頭界緑疇，閣外森青檜。

一鼎數軒昇，五峰疑秦歲。馭鶴儻可期，胡爲人間世。

白嶽絶頂　潘之恒　歙人

白嶽何崔嵬，高高入無極。泠然思御風，忽若生羽翼。同游競先登，直欲賈餘力。峭壁日車翻，崎路雲屏塞。因之發長嘯，寒飈起蕭瑟。歸魂驚賈虚，回首如梦寐。

白嶽頂　程涓　邑人

素嶽何巍巍，縹緲出青霄。素嶽何巍巍，縹緲出青霄。天宇大詄蕩，地紀盤泬寥。吴楚欝相望，陵丘居然超。霱秀閟終古，升中遲熙朝。千秋騰真氣，八荒御飛飈。歌以言之，縹緲出青霄。

雲巖頂

徨徊升絶頂，眇思與雲齊。徨徊升絶頂，眇思與雲齊。揮手捫星辰，攬袂截虹霓。薄言采真游，天路容攀躋。蜉蝣良憫世，毋庸襄城迷。呼吸大和中，玄默見天倪。歌以言之，眇思與雲齊。

雲巖　詹天鳳　婺人

兹山盤百曲，眇與浮雲齊。長林上蔽日，赴壑下通溪。荒蔓交復結。灌叢織且低。白鶴方晨唳，玄猿此夜啼。晝晦懸崖瀑，昏明出澗霓。允爲靈異窟，還宜静者棲。疏舘臨絶壁，鑱石疊基階。岡陵森老幹，原隰苞新荑。懷土情已遣，遠遊屐始携。

煩襟今覺掃，塵慮此時排。賞心良不在，誰與陟雲梯。

雲梯在何許，遥遥碧空裡。飛龍夾驅馳，彩虹相對起。借問誰遨遊，偓佺與松子。

被服丹霞衣，鍊氣飡元始。時時垂枉顧，粲然啓玉齒。授我鴻寶篇，命我長生旨。

赤文不自辨，金丹非可擬。長跪問祕訣，招摇駕莫止。長驅凌宇宙，虚無非所履。

依稀王子笙，髣髴安期舄。萬一不我遺，長懷于夢寐。

謁紫霄宫　丁熙化　邑人

岧岧紫霄宫，躡跡追仙侶。旁通小壺天，倒景窺靈宇。霧氣排曉光，爐峰瑞烟舉。

翠微隱岑樓，珠淵藏洞府。天門詄蕩開，白雲浮島嶼。簫笙縹緲中，恍惚以延佇。

齊雲侍耿宗師　吴周翰　邑人，貢士

昔時望齊雲，齊雲高似天。今日登齊雲，齊雲不似前。吾師如履坦，我輩從其巔。

悠然出霄漢，極目觀無邊。何當步亦步，千載相周旋。

白嶽曉望　丁雲鵬　邑人

天鷄振羽翰，陽烏躍扶桑。晞微啓晨隙，蒙密生早凉。蘿璧蔽群息，卉木含孤光。

幽恠不可察，殊奇信見藏。空洞巨靈劈，岐嶷神物張。玄液浸滴瀝，葯房吐敷芳。

綿古希默養，高世貴情忘。輦輅扶北帝，椒菌申東皇。雲陰結虬駕，山響按霓裳。

傾崖垂乳竇，崩壑積霰霜。枕秘鴻人寶，芝分丹客粱。獨鶴盤霞蓋，機鼯叫石床。

曠哉日寥廓，渺以同遐方。山中饒桂朮，勿爲隱者傷。

夏日宿嶽宮柬丁明府　汪道會　歙人

薄遊滯隣邑，暑雨屆溽節。我有二三子，尊酒日間設。駕言飭中車，追隨茂宰轍。望嶽路轉紆，登高巘屢陟。迢遞凌百盤，漸與塵氛絶。是時新雨餘，山光可娱悦。衆壑漱鳴泉，泠泠噴飛雪。一宿化人居，彌令心境徹。

白嶽　畢懋康　歙人，中書舍人

補屐躡仙源，泠然隔塵世。横空千餘仞，飛霞散彩翠。天門儼中闢，谽谺列星墜。疑是五丁開，到来人事棄。滿壁紅泉飛，巋巖表靈異。震旦啓玄宫，孤峰當户峙。又有千鈞鼎，香烟恒旦夕。覽勝探奇絶，金光此焉閟。嶇嶔丈人峰，林巒盡幽邃。窮壑飄凉風，長松落寒吹。居然入蓬山，逍遥無俗累。何必慕五嶽，俯仰恣吾意。

七言古詩

雲巖　許演　江西人

江南有絶勝，盤踞休陽西。延袤亘十里，峻極與雲齊。披雲躡蹬凌空上，呼吸可以通仙仗。青天倒揷金芙蓉，片片綺霞鋪疊嶂。攀援恍惚迷路通，忽見天門敞穹窿。兩山排峙聯復斷，混沌誰闢開崆峒。一峰亭亭孤崒嵂，玉案金爐耀旭日。五老綿延天際来，起伏嶙峋如護蹕。巖雨不斷晴雲飛，簾花點滴懸珠璣。紫霄陰洞藏烟霧，商羊欲舞霾封扉。天成圖畫千萬狀，揮毫洒泚難形狀。晨夕常瞻紫氣浮，鳩和孕秀山靈王。

雲巖　江山　杭州人，博士

翠濤十里松風起，登登石磴丹霄裏。金雞唱罷海日紅，彤樓紫閣蒼茫中。掃石焚香拜真武，空中彷彿鳴天鼓。起来忽聽玄鶴聲，千崖萬壑秋風清。坐久直登巖上石，殘星落落手可摘。我觀此巖高齊天，白雲只在山腰邊。

雲巖　湛若水　嶺南人，尚書

休寧道人方直養，昔説齊雲在天上。天風浩浩吹遊人，雨晴二月花初長。遊人自愛花生意，花開不爲遊人賞。我来長咲山雲深，拍手放歌天地廣。世間聾聵人，種種不足言。不聞三十里鸞鳳聲，又安知三日有遺響。

五老峰　王子言　淳安人，知府

巢松老鶴鳴丹井，籠月梅花摇素影。竹敲白露夜窓寒，吟弄紫簫山月冷。山月簫聲明亮中，驚殘鶴夢撫孤松。我来五老峰頭立，遥望天顔是九重。

五老峰　蹇達　重慶人，同知至尚書

五老峰頭五奇石，星斗堪捫天咫尺。孤松倒挿雲模糊，萬壑千巖生肘腋。使君逸興凌清蓮，直招五老當華筵。我欲層巔飡石髓，孤標峭壁愁扳緣。紅顔可駐青山好，且停金罍問五老。此地當年載酒人，白骨于今隨腐草。

爾獨胡爲撑天閶，日月陰陽相吐吞。時呼白鶴聲縹緲，還邀青鳥共飛翻。古往今来信如寄，獨有江山長不毀。峴首空含羊子悲，牛山莫灑齊侯淚。人生盡懽須及時，但願青山徧酒巵。功名漢闥薪休問，歲月莊園夢已知。自笑折腰爲五斗，娥眉不合空回首。見説羽翰生紅顔，瑶草瓊漿是處有。種藥誰知洞裹流，青鞋黄帽尋丹丘。異時獨跨遼城鶴，凌空還過五峰頭。

天門　崔孔昕　山東人，郡守

一徑入天門，絶壁俯幽谷。晴日生紫烟，霞光拂巖屋。太清一老人，指點青雲路。授我白兎方，縱體乘鶴去。去去復依依，遨遊若相逐。萬刼謝塵寰，一中能自足。一拳打破崑崙關，眼底乾坤任反復。

五松　張書紳　侍郎

五松五松緲何方，乃在雲巖之巔、天門之傍。上有百尺虬龍髯，下有千歲琥珀光。拏雲弄日、不可以直狀，赤霄玄鶴時翱翔。主人倚松傍雲立，蒼球素玉鳴玎璫。余從九曲来，訪爾松雲堂。相逢一嘯謝烟火，時出天門朝玉皇。山之靈兮，揖余而傍徨。飡余松華、酌余瓊漿；唱步虚，歌洞章；廣樂九，音洋洋。須臾明月上松頂，天風雙鶴凌蒼蒼。

雲巖　汪尚寧　歙人，都御史

我聞海上三山起，縹緲洋洋幾萬里。君家長齡瞬息間，鶴駕翩翩頻往還。

有時靈巖稍延佇，凌風直上九重關。三山丘隱同大觀，共尔逍遥到彼岸。東門百里練一匹，何如壽山接空碧。結樓雲中凌紫霄，能與人間争尋尺。堪輿俯視何茫茫，午夜談經對瓣香。風馭蓬洲天上坐，當年却笑均忘羊。

五老峰 姜子羔 餘姚人，太僕寺卿

君不見、齊雲之山奇復奇，精靈融結當坤維。天門玉屏此其槩，崒嵂秀聳、更有五老突兀西南陲。五老峰，君爲誰，太極明孕天爲基。峥嶸萬古勢不拔，嶔岑直與元炁相追隨。頂門之松有千尺，苔侵無有完鬚眉。烱然雙眸借日月，赤霞之盖青霓帷。紫麟白鹿、玄猿緑羆，恒四時以並列，惟漱石以餐芝。億千萬刼顔不衰，手如招我登天逵。問之何爲来何遲，授以寶訣珊瑚枝。飄飄羽翮天風吹，彼我相視俱不疑。得非山嶽契，無乃陰陽期。乾坤會合信有時，請從五老無他之。斑螭之髓蒼龍脂，回鸞轉鳳同所怡。人間之樂，無有若此之快者，我何爲乎復有人間思。須臾霞彩映山麓，夕陽斜照峰之足。坐看老人意逾篤，裁雲請向山中宿。從今五老峰爲六。

雲巖 許天贈 黟人，運使

山脉西来路八千，結而爲石雲盤旋。峻削崔峨十里巖，一斷一落復接連。高者覆盖低鋪錢，間有草木生其巔。五老壁立摩旁肩，三姑對峙呼嬋娟。佇觀恍疑會八仙，紫霄洞裡玉母筵。舞鳳之羽飛翩翩，駱駝蹲踞不計年。

九井汪濊神龍潛，絶巘水滴珍珠鮮。中藏玉人陶性天，龜蛇列星左右纏。
孤峰直捧香爐烟，層巒疊嶂羅面前。石壁下覆千人緣，何物砥柱空中懸。
天門天梯非浪傳，不費斧鑿真天然。此景惜在東南偏，未與四海人人瞻。
爲我移置大江邊，棲霞牛首應争妍。幾来登臨詢高賢，望之不見思翩翩。
長才愧非司馬遷，安得作記窺遺編。

飛雨樓

黄金色 邑人，叅議

山中陰晴昏復朝，石上雨聲奏雲韶。龍涎萬點金精噴，珠樹千年玉蕊飄。
初疑春雪向日消，又疑夏氷乘風敲。或者鮫淚落成綃，更似群仙雜珮摇。
水簾鎮日寒不捲，静聽洗心衆慮抛。安得此雨被陸海，洗濯塵俗無煩囂。
安得此雨灑旱暵，灌溉百穀無枯焦。便我清閒飽煖足，日日鼓腹康衢謡。

紫霄崖

王士性 臨海人

紫霄崖頭天欲傾，半空晴雨翳雲坪。古洞谽谺絶壁横，陰崕鬼斧劖玉屏。
下有十二芙蓉城，飛泉千尺下深泓。夜半床頭風雨鳴，起向山中騎鹿行。
偃伏獅象走鼯鼪，瓊樓貝闕紛相迎。東方燁燁綵霞生，忽聽吹入步虚聲。
恍爾群真朝上清，寶幢絳節翠霓旌。五老三姑集玉京，羽人之子調碧笙。
玄鶴朝唳猿夜驚，千山月色如畫明。溪流屈曲花盈盈，榔梅疎影夢未成。

安得便爾遺世情，留賁白石餐青精，俯身千仞一羽輕。咄嗟置身一羽輕，奈何海外尋蓬瀛。

雲巖　張天德　烏程人，徽寧兵憲

齊雲巖上即丹丘，幾上齊雲復逗遛。偃月池邊月欲吐，棲霞洞裏霞不收。天門常有雲烟鎖，楠樹香花千萬朵。虎踞龍蟠誰削成，鷄鳴犬吠皆仙果。石爲天柱土爲屏，鬼斧鑿出通玄靈。四時長滴珠簾雨，萬壑争鳴碧澗冷。霧散雲收青未了，三姑五老獨亭亭。聞説吹簫乘鳳去，那得王孫歸紫庭。君不見，金丹欲成猶百鍊，壺中日月滄桑變。

雲巖　王建中　平湖人，憲副

凌空巒嶂蒼雲疊，別是壺天隔紫陌。武陵人去幾經秋，玉洞桃花自春色。載上丹梯一振衣，招摇星斗天漢齊。懸崖靈谷不可狀，高碣豊碑費品題。嗟吁乎，蔚藍仙峙更何處，青松白石堪依住。

天門　謝肇淛　閩人，推官

力士何年破山骨，石梁横架通金闕。寒棲入洞出洞雲，夜度南山北山月。呼吸遥應帝座聞，紫微絳節望中分。醉来踞石發長嘯，驚起排關虎豹群。

天門　　鮑應鰲　歙人，户部主事

三月春光春欲殘，天門峭絶春風寒。芊芊瑶草芳何脆，欝欝危岑秀可餐。
千仞一壁當空立，伊誰鑿開仙靈集。不信人間有帝閽，星辰歷落手堪拾。
側身西向天門覷，便欲飛度天門去。怪石奇峰矗矗排，使人雙腋如騰翥。
何能汗漫挾飛仙，瓊佩霞裾數徃旋。試向珠簾巖下望，分明華雨散諸天。

白嶽　　張應望　高淳人，知縣

白嶽山高與天齊，策馬登之停斗奎。蓮花聳秀衆峰出，寶座旋繞萬壑低。
背枕玉屏摩霄漢，面浮金鼎吐虹霓。石磴嶙峋通紫極，琳宫縹緲隔青谿。
更上天門朝真闕，恍疑羽化群仙躋。傲吏逃名尋丹穴，那知尺五是天梯。
五老崔嵬山之東，三姑鳴珮自天西。旭日懸泉晴雨亂，炎光幽洞寒暑迷。
山頭玉笛迎風遠，澗底松聲帶雨凄。真人有意憐凡骨，九環丹熟共相攜。

雲巖送祝明府入覲　　王之弼　龍游人

君不見，齊雲有巖稱洞天，徃来虬馭多神仙。又不見，王喬本是朝天客，
躡履凌空雙舄脱。茂宰神明恍似之，北門衰柳難折枝。此去風塵路不窮，
滄溟碣石蓬萊東。雪撲征衣看似繡，雲隨飛鳥揚鞭驟。萬里時苗止一半，
三年之刺焉肯投。燕京岑道龔黄至，考最定有黄金賜。薦言神君過明春，

縱留禁闥近楓宸，我心願爲此邦借冠恂。

天門和謝在杭司理　潘之恒

杖底泠風如可御，看君飛度天門去。瑶裾飄動烟霏霏，芝草羅生雲絮絮。
似仄未仄車愁翻，欲留不留思太繁。恍然招我雲門駕，翠旌孔盖相攀援。
恣情安得凌霄羽，昨夜隨君梦天姥。洞口蕭蕭一樹風，半空吹斷珠簾雨。

登齊雲巖　沈演　烏程人，禮部郎中

乘槎春半下瑶京，行到新安日端午。令公勞我紫霞杯，駕我雲車窺地腑。
輿人指點莽碭间，心取目成忽若睹。我行已徧燕吴峰，未若兹峰去天真尺五。
直上天門如舊遊，突兀當關虎豹怒。撫之馴伏似木雞，天生異物爲門户。
駱駝獅象就羈彊，雌雄迩逐走且僵。蛟蝘蜓蜓齞齬匿，却笑初平鮮牧羊。
忽聞鈴鐸聲相揚，又疑八月青濤泣。面面匡廬瀑布懸，乃是滿山飛玉液。
殿前湧出青髻螺，香烟繚繞垂鬖髿。銅陵仙人既辭漢，金莖承露空摩挲。
何如此物依偎窟，縱有曹瞞柰爾何。琴罷羽衣紛屢舞，持杯欲共元君語。
入山早暮陰晴變，舒卷烟霞吞復吐。培塿自與直宰接，蒼茫知有神靈聚。
攝政千山萬山雲，化作江南江北雨。須臾皎日當巖生，三山海外見絲縷。
且知世事多錯過，誰信山中足今古。願君授我大還丹，紫衣絳節五老伍。

不然置我巖洞間，日吸飛瓊飲石乳。元君咲言且弗詡，汝自不来誰禁汝。憮然歸語勾漏令，願借一廛煑丹釜。

【補】登齊雲過雲心广丁以舒先生讀書處① 邵一虬 邑人

朝旦發西郭，停午距崖邊。杖策窮登頡，一亭一留連。奇哉天門洞，一綫擘自然。楠葉紛沃若，根老盤何年。珠簾噴白雪，爐峰逗紫烟。綠瓦覆神宇，青松肅殿前。企石樂山性，開襟濯清泉。緬懷賞心客，葺宇此巖巔。翰墨時時作，人誦管涔篇。兹山長峷嵂，誌牘與人傳。

【補】② 遊白嶽

白嶽擎天帝闕開，香車寶馬擁雲來。青蓮萬朵芙蓉鏡，白馬千群琉璃杯。龍虬變幻石門側，駝獅蟠伏金臺色。遥連下界吐彩毫，擬到上方已昏黑。小輿直上山之巔，側身東望如登仙。瓊宫聳秀衆峰出，玉屏層巒萬象懸。

① 此篇據明末本補。
② 以下八篇均據清康熙本補。

三姑對峙自今古，五老壁立不記年。珠泉簾下墜石磴，清風澗底繞幽徑。
丹砂歲久煉難成，採藥人往果誰證。隱隱法偈心上傳，錚錚鐘鼓耳邊聽。
東西羅拜盡他鄉，早晚放參列兩廊。無生諸衆不肯讓，逖名傲吏頗相當。
幾年俠骨不避險，何日精誠邀神鑒。高山流水皆禪因，回頭轉身生悔懺。
仁慈廉直是片丹，清香銀寶共一盤。紅塵踏破馬蹄疾，青松留與後人看。

齊雲山放鹿　洪泮洙

白嶽山中日未斜，蕭然高寄勝官衙。祇看蛺蝶穿花徑，遑恤牧童指野麑。
瑟瑟涼颸枕大麓，清清澗水啄幽谺。百年賸有煙霞色，小憩長林即是家。

讀羅念菴齊雲山碑　洪泮洙

刹古嘗留石，人言祇見文。巖幽影若絶，世隔風猶聞。
白髮忘機械，□□代典墳。山靈訪舊友，千載一羅君。

雲巖　洪泮洙　雷陽人，戊戌進士、休寧縣令

纔到霧巖又一年，問風覽勝似登仙。携琴彈向三姑宅，隨鶴飛來五老前。
民視疑從天視遠，我心常若帝心傳。皈依聖境塵胎净，願藉慈航濟練川。

白嶽

高嶽還從白著名，紅雲歸洞山人情。青青不改桑麻色，隱隱猶聞雞犬聲。

作伴黄冠皆赤子，遊吟先輩盡公卿。一官幸托千年蔭，爲向山靈祝此生。

文昌閣

高閣凌雲向日開，陪遊登眺似蓬萊。江山突兀聯奎壁，亭榭孤騫接鼎台。前代衣冠成往事，今朝令尹迓方來。文明奕奕推南服，笑我無能百里材。

五老峰

奇峰五峙迭相高，幾度風霜不厭勞。黄髮千秋此擅最，蒼苔萬古獨稱豪。日光天半掩紅袖，雪湛長空餘白袍。海屋年年增壽筭，瞻言百里意陶陶。

奉陪賓使君遊白岳

攬勝尋幽未易攀，大名賢到大名山。爐峰亙矗渾無傍，石室嵌空總不頑。飛旆已看摇木來，焚香又見滿溪灣。繖光紫氣遥相映，尤喜趨陪度谷關。

【補】登齊雲漫賦①

名山勝蹟每吟歌，年耄方經策杖過。玉洞天開青霧起，金爐地聳紫煙多。層層雲路纖塵絶，處處僊岩萬象羅。自是至真臻衆妙，庸才俗子豈能摩。

江寧受封繡史羅德御拓莽父

① 此篇據清道光本補。

己未小春登臨，時年七十有六

五言律詩

雲巖　朱允升　邑人，國師

呼童扶杖履，特向此中遊。福地紅塵遠，函關紫氣浮。
閑雲歸洞口，曉日出山頭。試弄桓伊笛，凉風碧樹秋。

雲巖　趙汸　邑人，樞密都事

洞深通海島，地僻隔塵寰。爐卓一拳石，屏開西面山。
松陰隨日轉，雲氣逐龍還。好雨催遊興，寒生六月間。

重遊　孫遇　福山人，郡守

昔到齊雲境，别来今十年。丹房留竹月，寶鼎熱檀烟。
往事渾如夢，重遊信是緣。有懷君父事，翹首五雲邊。

天門　司馬垔　山陰人，御史

陰壑生瑶草，巔崖鎖緑苔。鐘聲聞下界，瑞氣接三台。
樓頭山月出，洞口石門開。朗吟發佳興，持節擬重来。

雲巖　張旭　邑人，知縣

天上神仙宅，山中紫翠堆。風清巖瀑響，雲散洞門開。

輦輅臨空駕，旌旗拂面来。塵緣經此脱，便是到蓬萊。

白嶽　王華　餘姚人，尚書

白嶽望中登，黄山四面屏。峰高疑近日，路險欲援藤。

野色千林雨，梅花萬樹冰。天空孤鳥外，極目是金陵。

雲巖　劉儒　高唐人，郡司理

名山今日到，好景一番新。松掛巖前月，桃開洞口春。

峰巒排輦輅，樓觀炫金銀。獨立烟霞上，曾無半點塵。

天門　葉天爵　婺人，知府

翠壁欝岧嶢，崚嶒接斗杓。石門開月牖，蘿磴作星橋。

輦輅祥光擁，香爐紫氣飄。平生塵土相，盡向此中消。

雲巖　李默　建安人，尚書

虚閣疑無地，靈棲别有天。神仙閑窟宅，鐘鼓發雲烟。

乳竇翻簷隙，星壇上斗邊。何當掃氛翳，俯眺萬山騫。

雲巖　方遠宜　歙人，御史

三五探奇客，俄成閬苑遊。日月琳宫秘，雲霞碧洞幽。

松棲玄鶴夢，瀑瀉玉虹秋。何日邀仙伴，燒丹歲月悠。

重遊　戴嘉謨　績人

山靈如有約，此日得重来。萬樹晴雲薄，千峰碧玉堆。珠簾翻地湧，石户鑿天開。行到懸崖處，新詩剔薜苔。

天門　汪宗潢　祁人

策杖穿山徑，秋陰野翠繁。雲幢覆寶藏，石棧接天門。草脚泉聲細，松頭鶴影翻。我来非丐福，采藥擬窮源。

雲巖　潘珍　婺人，侍郎

雲外真仙境，江南一洞天。上方聮斗極，下界遠人烟。屏玉山爲障，簾珠水自穿。勝遊憐日晚，北望思茫然。

爐峰　翟鏡　洛陽人，郡丞

瑶闕凌空起，爐峰倚日孤。簾虚窺海陸，門迥接天衢。崖掛猿枝老，松翻鶴背癯。東南清絶地，何必問蓬壺。

雲巖　張大魁　邑人

形勝名南國，神光燭上台。天門雙闕入，雲輦一屏開。鳳吹騰空度，鰲峰駕海来。香爐迎日上，五色散仙臺。

雲巖　孫耕　祁人

一徑雲連石，千崖玉作堆。山中開洞府，天上現樓臺。
日吐靈光烱，風啣紫氣回。俯看心宇濶，八極共徘徊。

雲巖　余勉學　柳州人，郡守

逸興懷康樂，靈巖並鴈山。每於案牘暇，即往雲霞間。
何日辭塵紱，長棲駐世顏。吏人催五馬，又向郡城還。

晴　曾仲魁　閩人，給事

風霜借晴暖，結約此登臨。仰面天台近，回頭海嶽沉。
峰巒丹樹外，洞府紫雲深。千古鍾靈異，還興曠世心。

天門　廖道南　蒲圻人，翰林學士

乘雨入天門，披雲繞洞垣。懸巖聞嘯虎，飛石見攀猿。
霞結仙人座，星垂帝子旛。未須誇閬苑，即此是崑崙。

天門　程玘賓　邑人

紫氣浮金闕，丹霞映玉臺。天門通日月，巖瀑走風雷。
芝草春長住，楠花石上開。吹笙仙侶迴，一鶴下蓬萊。

雲巖　　劉子伯　仁和人

洞府棲玄帝，山樓隱列仙。紫泥金藥秘，丹字玉符傳。
入榻雲霞護，窺牕日月旋。豈知塵世内，别自有壺天。

白嶽　　汪寬　祁人

風袂曉翩翩，高凌白嶽巔。五峰標日月，雙闕擁雲煙。
泉落巖前雨，花明洞口天。青童不相值，丹訣幾時傳。

太素宫　　童漢臣　錢塘人，御史

謁帝玄巖上，朱衣禮玉華。洗心同水月，飛步歷烟霞。
石闕先天闕，瓊宫太乙家。長生知有藥，頓首乞丹砂。

雪　　方大汶　歙人

薄暮投仙舘，丹爐火正紅。巖櫳纔積雪，石洞逈無風。
笑接洪崖侣，同棲玉室中。泠然生八翼，飛步躡層空。

珠簾　　胡天禄　祁人，監事

塵網何時脱，名山此再遊。珠簾晴亦雨，玉洞夏還秋。
天外聞仙樂，雲中出蜃樓。蓬萊疑在是，不用問丹丘。

雲巖　　徐州　慈谿人，郡司理

浪説雲巖勝，觀風特地来。洞門天設險，石壁篆封苔。
滴瀝泉聲細，参差樹影開。倚闌看月上，清夜且徘徊。

車徙嶺　　蘇景　邑人

一上車徙嶺，奇觀覺更多。石門開翠壁，金闕入烟蘿。
雲散爐峰出，天清輦輅過。悠然玄妙境，塵世自風波。

天梯　　汪善　歙人，給事

天梯登月窟，石洞啓雷城。仙境由来净，塵襟到此清。
霞烟千嶂合，鐘皷半空鳴。不見談玄客，閑雲自送迎。

飛雨　　葉景茂　祁人

突兀空中起，縈紆畫裏登。晴崕飛瀑雨，陰壑積層冰。
病骨今猶健，塵心到此澄。真知異人世，吟望一支藤。

太素宫同遊　　劉廉亨　洛陽人，御史

金闕依丹壑，琳宫近碧霄。輕霞明曉露，飛雨灑晴潮。
閬寂衣裳冷，幽閑草樹饒。玄談逢二妙，瀟灑共陶陶。

天門　汪潭　祁人，學正

久慕兹山勝，于今始一来。水通巖頂出，天鑿石門開。
簾滴珎珠絡，烟留桂栢灰。玄宮霄漢近，無數乞靈回。

雲巖　汪居安　桐城人，郎中

突兀應千仞，神靈動萬方。古今雲霧裏，衡岱弟兄行。
鹿作遊人伴，芝充羽客糧。我来忽忘去，信宿卧山房。

巖夜　王聯　任丘人，邑令

鳥道披星出，山房共月眠。簫笙雲外夜，鸞鶴洞中天。
萬壑收輕霧，三花起瑞烟。接離期再著，松下聽談玄。

天門　曹世盛　閩人，郡司理

排入天門勝，瓏璁接上台。紫霄空碧落，白嶽即瑶臺。
飛雨晴還冷，凌風暑自廻。清虚千古興，吟眺待重来。

白嶽　吴錦　邑人

白嶽陰陽聚，丹臺歲月長。蟲書留浩刼，鳳吹引清商。
寰宇思無際，雲霞興不忘。夢遊天路近，飛舄到芝房。

天門　郭鳳翔　大梁人，郡同知

石磴盤空上，天門傍日開。深山饒草木，靈境異風雷。
龍下玄元殿，鶴鳴絳節臺。秦皇徒泛海，此地即蓬萊。

秋　唐守禮　烏程人，知縣

清秋甦病骨，遠扣雲巖扉。五老峰前月，中霄弄玉輝。
雨珠泉上水，一白拊金徽。坐看冥鴻舉，星河落翠微。

天梯　程元利　邑人

福地獨攀躋，懸崕石作梯。飛霞雙闕迥，落日萬山低。
玉洞藏丹訣，金仙駕紫霓。桃花流澗水，天路豈終迷。

太素宮　張雲路　山西人，巡按御史

暑月猶馳檄，停車上紫霄。齋心瞻帝闕，祀嶽度仙橋。
靈跡瑶光秘，彤宮玉翰飄。願同天地永，瑞氣繞清朝。

雲巖　汪如珍　邑人，知縣

仙觀雲巖上，春風又一過。天門開石壁，星嶠隱松蘿。
勝地塵氛隔，華林野趣多。黄峰延客坐，此興更如何。

黄庭院　董份　烏程人，尚書學士

乘夜陟天階，劃然星斗開。梯攀千級上，人向九霄来。
碧洞雲爲舘，黄庭月滿臺。慚非王逸少，誰爲寫經回。

黄庭贈羽士　陳鎏　吴人，布政

方外有佳士，雲巖高隱身。黄庭探玅理，白鶴結芳隣。
仙壽元無筭，蓬壺自有春。願言偕道侶，同作洞中賔。

白嶽逢程松谷　皇甫汸　崑山人，副使

福地留丹谷，仙家慕赤松。逢君白嶽上，結屋紫霄峰。
盖偃堪巢鶴，枝蟠欲化龍。飡脂顔可駐，何日得相從。

雪中寄懷　洪垣　婺人，廵按御史

丹壁臨無地，氷崖玉削如。雲深不可採，日暮逈愁予。
境物紛爲異，鴻濛物有初。懷君何處所，趺坐讀殘書。

白嶽　金鋭　邑人

靈山躋望處，紫霧鎖天門。仙路茫茫出，玄關隱隱存。
谷應吹笙響，崕留拄杖痕。翻憐不死藥，覊紲未能吞。

雲巖　秦鳴雷　台州人，尚書學士

靈境真奇絶，何難遠道来。千盤仙路逈，一徑石門開。
瑶席凝芳篆，祥雲護法臺。鈞天沿路奏，恍惚入蓬萊。

太素宫

帝室何年建，高居儼太清。爐峰依日拱，輦路逐雲輕。
劍擬蒼龍躍，笙和彩鳳鳴。吾衰時遲暮，欲此問長生。

雲巖　茅坤　歸安人，副使

去天特盈尺，轉嶂復千峰。縹緲星河外，氤氲雲樹重。
飛泉挂璚玖，削筆秀芙蓉。箇是神仙境，行鞭赤玉龍。

太素宫

不必問蓬萊，今朝接上台。纔臨萬花谷，便入九成臺。
雲外芝幢引，天邊鶴吹来。劒光生赤電，早已决浮埃。

春望　申時行　吴人，少師、大學士

驅車背城郭，透邐出平林。石徑緣溪轉，山樓隱霧深。
幽花弄晴態，好鳥伴春吟。悵望雲間路，彌增物外心。

紫霄崖

山中留客劒，天上遇星軺。携手尋丹壑，披襟坐紫霄。
風兼泉瀑響，香逐嶺雲飄。明日南征路，相思越水遥。

雲巖夜宿　張應元　邑人，翰林洗馬

探遊不覺倦，夜宿傍蓉城。洞客供麟脯，山童弄鳳笙。
彩烟流幔細，華月逼窓明。即此真仙境，何論三署清。

天門秋望

浩嘯天門外，西風洶作濤。蒼蒼秋色裹，漠漠白雲高。
掠漢来雙鶴，騰波出六鼇。盧生渺何許，極目獨心勞。

白嶽　余懋學　婺人，侍郎

先年躋白嶽，轉盼已成陳。墅鶴尋新侣，閒雲亦主人。
出門都悟境，是處可修真。得日重棲跡，五雲栢正森。

白嶽　葉時新　邑人，吏科給事

采秀凌丹嶂，尋真陟紫霄。天門五丁闢，帝闕百靈朝。
鶴盖行相值，鸞書會見招。蓬莱瞻不極，縹緲白雲遥。

秋　　余孟麟　祁人，翰林侍讀祭酒

緬矣遊山賦，翛然看竹期。庭虚含午潤，洞古得秋遲。
鳥影危峰度，雲衣雜樹披。凌風如有翼，吾欲問龍之。

秋　　莫雲卿　華亭人

雲日蕩湖陰，秋光上界侵。横空開繡壁，隔水映丹林。
洞壑僊靈閟，烟嵐勝蹟沉。竒遊在眉睫，何待訪幽深。

九日　　馮夢禎　秀水人，翰林祭酒

旭日喜當晴，秋風屐齒輕。群峰懸塔影，萬壑墮松聲。
世事看蓬鬢，禅心問菊英。白衣還送酒，溪上了漚盟。

白嶽　　龍德孚　武陵人，員外

御風凌白嶽，霽色爲誰開。應識仙靈喜，重看野客来。
玄文披玉軸，紫氣擁丹臺。何處吟仙侶，遥天一鶴回。

白嶽　　李敏　邑人

秀並黄山勝，精儲白嶽竒。氣凌三竺小，名出九華卑。
日月開玄扆，龜蛇護赤墀。蒼虬如何馭，從此訪安期。

雲巖　沈懋學　宣城人

仙人馭孤鶴，何處訪方平。野鳥窺山澗，殘花點石枰。
雲流丹竈濕，斗轉劍池明。夢隔青霞侶，空邀五舌笙。

碧霄峰　董嗣成　烏程人，郎中

幽境洞天遥，青霞護碧霄。寒泉當屋溜，清磬隔松飄。
谷口芝常秀，雲中鶴可招。夜深天籟寂，仙珮下瓊瑶。

五老峰

五老在庭間，神仙玉洞閒。名巖齊四嶽，奇不讓三山。
瑶草霞爲袖，喬松緑作鬟。相邀上牛斗，談笑指雲還。

香爐峰　龍膺　武陵人，郡司理郎中

霞峰尋桂女，雲路覔芝童。據石赤霄上，飛杯絳氣中。
坐移麟角杖，吟對鹿皮翁。裊裊天香散，蒼烟捧帝宮。

天門别李太史何典客

有客隨黄鶴，聯翩下短轅。拄君九節杖，授我五千言。
雲物胸俱盪，峰巒氣欲吞。離群應共惜，别路是天門。

天池　沈茂榮　慈谿人，郡太守

何年通法水，此處闢仙關。雨氣翻蒸地，池聲倒激山。

孤亭凌漢絶，衆嶼抱雲環。欲藉觀星土，因之聽水潺。

天門　張應揚　邑人，巡按御史

奇探天門勝，翩然物外蹤。雨簾風不捲，雲洞晝長封。

鳥道盤千仞，蓮峰列幾重。相看塵慮息，玄鶴下青松。

天門　孫如游　餘姚人，翰林編修

削壁清霄外，雲開忽劃然。何人持巨斧，鑿破石中天。

虎豹當關守，風雷繞洞旋。夜深凌漢近，星斗掛衣邊。

白嶽會　丁應泰　江夏人，邑令、給事中

巖邑慚無補，仙壇會有神。江山千古勝，冠履一時新。

促膝忘形好，微言藉酒親。朝車明發近，迢遞帝城春。

白嶽會　李瓚　邑人

飛舄凌千仞，披襟俯八荒。翠微開帝宅，丹氣繞仙房。

星聚文成象，風流美擅場。高懷殊未已，日暮且徜徉。

白嶽　郭永禄　壽州人，休庠訓導

謁帝登名嶽，迎鑾禮法筵。山峰青靄合，星斗碧空懸。泉瀑飛靈雨，爐香起瑞烟。清虚人境隔，何處更求仙。

白嶽　仝人　龍　邑人

白嶽仙臺逈，玄都帝時幽。瀑飛巖竇雨，枏覆洞門秋。嶺月看彌近，窓雲拂更留。紛紛車馬跡，誰是采真游。

廓巖　鄒德溥　安福人，翰林洗馬，即東廓先生孫

廓巖何巀嶭，逈出玉衡端。烟火千村暝，風雲萬壑寒。石銘懷世業，樽酒罄交懽。不淺滄州思，持綸且釣磻。

廓巖　詹軫光　婺源人，舉人

穿雲丹磴上，一嘯碧霄卑。飛瀑尊前落，斜暉坐上移。片石孤如立，懸崖半欲垂。雲房應爾就，莫負此心期。

雲巖

曲曲疑無地，登登獨有天。層梯懸樹杪，多院倚山巔。雲氣巖前積，爐香月下然。浮生自飄泊，採藥更何年。

雨　潘士藻　婺源人，尚寶司卿

鷲嶺攢烟盖，梭篙帶雨衣。空濛迷樹影，冥漠嚮泉飛。
直上天門曉，環看碧落圍。主人何處所，石磴榭梅扉。

雨　陳履祥

石牀永不寐，夜雨亂泉鳴。何處蛟龍鬬，傳来江海聲。
虛窓留霧暝，遠樹帶山平。人代渾如失，吾從上妙行。

齋　祝世禄

齋榻無餘事，名香手自拈。虬松支石閣，蟲葉下風簷。
竹卧陰三畝，山看雨一簾。隣僧乘月訪，談笑落鋒尖。

閣　余孟麟

閣以憑虛結，尊因問字携。花深雲不散，水濶月全低。
撫檻聽龍曲，停軒待鶴棲。烟蕪秋色遠，恐侶武陵迷。

閣　歐大任　嶺南人，郎中

玄武宫西側，千秋此閣尊。雲移知嶽立，松響似濤翻。
鶴並爐烟起，鵝因墨沼存。曉来看玉檢，杖策過天門。

憶白嶽讀書　謝存仁　祁人，户部主事

夙昔此山中，孤亭燃碧空。瀑飛蘿澗月，松落石門風。
雲岫爲誰去，霞棲不可逢。那堪勞勞目，迢遞紫霄宫。

文昌閣　金茂　邑人

高閣逼層霄，登臨四望遥。三姑浮瑞色，五老挺仙標。
飛雨晴仍灑，明霞晚更飄。蹁躚来鶴馭，縹緲送鸞簫。

香爐峰雨望　潘之恒　歙人

想像浮金鼎，虚無對紫霄。雲移峰乍削，霧積氣長飄。
神劍沉風雨，榷燈照泬寥。黄山天外影，晴望不知遥。

白嶽　胡玠　邑人，主事

勝境攀初到，仙源望不迷。嶽深餘雪在，巖迥與雲齊。
紫氣隨靈駕，玄霄映御題。試看珠樹裹，鸞鶴幾群棲。

太素宫　丁惟曜　邑人

躡嶠風爲御，升階香自焚。光揺鳳闕日，彩散斗壇雲。
禮罷尋仙窟，吟邊狎鹿群。林巒看不足，杖底駐斜曛。

太素宫　汪元英　邑人

春氣彌三極，晨光啓九霄。紫衣壇上醮，絳節殿中朝。
仙樂罡風度，宸香瑞霧飄。玉墀紛舞蹈，同效祝神堯。

太素宫　沈有則　宣城人

高曠出塵寰，躋攀咫尺難。峰從天際插，雲傍地邊還。
素女青鸞駕，仙童碧玉環。恍然玄帝至，霞珮響珊珊。

白嶽值雨　查應光　邑人，舉人

靈隱林中秘，奇搜物外天。峰峰迷紫氣，片片失青蓮。
崖霧恒蒸雨，山嵐不辨烟。獨寧幽賞愜，藉爾欲書傳。

其二

磴轉疑逃世，峰孤斷欲連。乞靈還今日，肇跡自何年。
北帝威儀肅，中升秩祝偏。泠然物外意，鷄犬白雲邊。

白嶽　劉一爌　南昌人，祁令

夙有烟霞癖，空山我獨来。千盤峰礙日，萬壑水奔雷。
客侶樓臺集，松杉歲月培。那能携五老，駕海踏蓬萊。

白嶽讀書　丁惟暄　邑人

屏跡来仙境，冥心遠世囂。千函分玉笥，一榻傍丹寮。
嶽色晴還雨，溪聲暮作潮。時聞鈞樂奏，縹緲度層霄。

其二

几席清堪掬，圖書稔自寬。深山群籟寂，永夜一燈殘。
霧暗藏文豹，雲高趂彩鸞。翻懷雙闕上，沆瀣滿金盤。

五老峰　龍德孚　武陵人，員外

自負躭奇客，名山興更偏。瑶峰金闕逈，香案玉皇前。
花散晴空雨，松暝萬壑烟。啣盃邀五老，相對一嫣然。

五老峰　孫如游

聞説廬山勝，峰懸五老翁。此来登白嶽，雲際忽相逢。
拱立如迎日，逍遥欲御風。却嫌塵俗侶，還倩紫雲籠。

石門寺看大龍井宿金紫臺　朱正民　邑人，上林署丞

寶刹諸天外，誰將金紫開。護禅龍在井，聽法鳥窺臺。
朗月過巖静，慈雲擁榻来。逢僧今夜話，萬刼隔塵灰。

白嶽　　李思諫　邑人

曳屐尋靈嶽，高登恣採芳。芝童偕探歷，桂父伴徜徉。
灑落珠簾影，氤氲寶鼎香。白雲飛片片，時惹薜蘿裳。

白嶽　　汪大同　邑人

峻嶺石盤旋，登登大嶽巔。目空清净界，心徹蔚藍天。
絶壁晴飛雨，虚巖暗響泉。振衣詢五老，来者幾通仙。

太素宫

岳秀即蓬萊，雲光雙闕開。恍疑生羽翼，翻信幻胚胎。
地闢玄風振，人瞻紫氣来。布韋容對越，欣惹御香囬。

岐山　　鄒德溥

載陟岐山勝，幽清玩不窮。巖巒丹鳳穴，鈴鐸白雲宫。
瀑洒千年雨，橋横百丈虹。高岡鳴可待，應卜遇非熊。

天門陪酌　　祝世禄

名嶽雲中起，芙蓉繡作城。朱曦明使節，青鳥導仙軿。
巖挂三珠樹，霞噓五舌笙。天門星斗近，和露倒瑶觥。

天門贈羽士　詹思謙　常山人，憲副

道德慚何有，天門忽爾逢。咲談今夕事，闊達古今風。
暮色低雲樹，秋聲集草虫。幾能離世網，飄蕩亦猶龍。

桃花澗　周天球　姑蘇人

山隱雲邊路，林窺湖上天。身疑出宇宙，目已斷風烟。
幻迹虛舟外，閑情短策前。桃花春更好，爲憶避秦年。

觀音巖　曹元吉　婺源人

大士曾遺跡，巖虛不惹塵。月含蓮葉水，露灑柳枝春。
寂寂靈通境，生生玅化身。焚香觀自在，誰是箇中人。

石橋巖陪謝在杭吴元翰丁以舒謝于楚同遊　潘之恒

五老峰西路，三回訪石橋。秪疑連斗近，未覺去人遥。
黛色深如水，松聲遠似潮。幽期能自托，海客豈難招。

夜宿黄庭道院　汪元英　邑人

鐘皷破幽寂，樓臺隱窅冥。不因探白嶽，那得宿黄庭。
蘿月烟臨榻，松風青透櫺。隔窓聞朗誦，字字蘂珠經。

太微院　梅鼎祚　宣城人

鳴磬收殘照，焚香坐太微。巖空聲互答，天闕影垂輝。
冲默凝玄貺，希夷契道機。靈鳥滄海曙，合殿紫雲飛。

雲巖　吴文璧　邑人

一自登封後，蒼茫象帝存。層層青黛拭，處處白雲屯。
脉出崑崙遠，名將太岱尊。攀躋殊意興，揮手别天門。

雲巖　施守官　湖州人

謁帝趨靈嶽，幽尋興不賒。壺中别有境，谷裏舊爲家。
已訝芝如盖，還驚棗是瓜。渾疑逢子晉，相對斷三花。

雲巖　汪棟　邑人，鴻臚鳴賛

躡蹻登真境，天梯幾百盤。懸崖晴亦雨，古洞夏猶寒。
璈管雲中聽，樓宮樹杪看。赤松知不遠，我欲問還丹。

雲巖　曹邦瑞　婺源人

形勝天然造，瓊宮耀日華。氤氲峰拱闕，幽窅石通橋。
亭榭懸蒼壁，階梯接紫霞。盤桓松月下，恍若汎仙槎。

白嶽酬别丁以舒之白門　陳履祥　祁人

緣君勤學道，結客恣探奇。玄鶴山中伴，青羊市上隨。
情深聽雨夜，意得看魚時。别後勞相望，南天紫氣垂。

太素宫　謝室　歙人

帝祀高楳後，民霑雨澤私。望林成八挂，採秀得三芝。
積翠園珠闕，連峰建斗旗。路傍欣舞蹈，有慶覩金姿。

夜宿白嶽道院　吴可榮　邑人

不夢遊仙枕，遥懷太上京。巖虚通月白，壑静逗烟清。
庭樂六英奏，宫鐘九乳鳴。起瞻雙闕曙，鶴駕欲相迎。

三姑峰　黄源

玉立三峰並，霞封叠錦張。松陰晴拂黛，蘭氣暗披香。
寶月懸秋鏡，山花簇曉粧。森森如鮮珮，隱約白雲鄉。

雲巖　郗墀　餘姚人，条政

久説齊雲勝，躋攀最上層。天門懸日月，金闕御風霆。
泉滴珠簾潤，霞流石户明。擬入蓬萊島，瀟然出世心。

白嶽　羅治　豫章人

兹山表靈異，雜沓隔塵氛。地肺風雷合，天門鐘鼓聞。
衆峰殊讓岳，五老更連雲。自向玄君乞，烟霞得赤文。

寄贈丁以舒讀書雲巖　于若瀛　濟寧人，尚寶司卿

嶽擅東南勝，廬依洞壑分。青藜然夜色，丹嶂鎖晴氛。
天井垂虹度，雷壇下鹿群。山靈應妬爾，賦就欲干雲。

雲巖　朱國禎　烏程人，翰林檢討

十載尋山興，雲巖兩度来。昔遊如梦寐，今到重徘徊。
深院黄庭月，靈壇白日雷。遥遥千嶂合，一點是丹臺。

其二

曾上太和顛，危峰傍日懸。此中堪並立，兩地各開天。
奇絶遊多快，清虚骨可仙。行踪十萬里，何處不翩翩。

登白嶽　金忠士　邑人，御史

地軸蟠仙窟，天梯接帝廷。攬衣揮霧紫，瞻闕擁雲青。
閑覔成羊石，静翻相鶴經。萬方紛走叩，北極捻感靈。

其二

景色陰晴幻，蓬壺咫尺攀。掬泉分石髓，摘果駐冰顔。

竹樹凌虚迥，烟霞護道閑。泠然風已御，即此出塵寰。

白嶽　何宇度　安陸人

石磴千盤仄，雲蘿百尺懸。半生談出世，今日詠遊仙。

壑盡疑無地，峯藏别有天。醉看雙蠟屐，步步入雲烟。

其二

丹巖開雪竇，青嶂劃天門。五嶽名相亞，三吴勢獨尊。

鐘聲和鳥奏，旛影帶雲翻。何必聞雞犬，秦人似尚存。

謁白嶽　汪雲鵬　邑人

嶽峙凌層漠，探奇躡鬱盤。身環山水麗，意豁地天寬。

送影来玄鶴，流音度紫鸞。焚香朝北帝，鍾鼓徹瑶壇。

碧霄庵同丁孺三夜飲　袁中道　公安人，進士

依巖懸畫閣，客至似飛翔。南牖騰蒼壁，西窓暗緑篁。

入泉歌易隱，敲雨笑偏狂。爛醉休言去，敷蒲有石牀。

【補】① 齊雲　袁應兆　應天人，博士

天門通一線，靄靄入雲間。碧水環腰帶，青峰聳髩鬟。林幽聽鳥哢，谷静看麋頑。不盡探奇興，行行又幾灣。

其二

僊都群峭合，儼見碧摩天。古洞交靈竹，香臺簇瑞蓮。滄花羊卧石，棲樹鶴藏烟。何必尋玄圃，丹霞已駐年。

天門同丁以舒湯築夫張午垣雨遊　顧錫疇　崑山人，祭酒

舊遊如舊識，勝地頗多緣。屐挂雲中樹，笻翻雨後泉。敲棋危磴下，行酒斷崕邊。同志皆僊侣，何須更覓僊。

石橋巖

辭官謁洞府，空世得天梁。鬼斧闢濛混，山靈弄莽蒼。但能傾白墮，何必候黄粱。一仰一狂叫，無言可頌揚。

① 以下四篇，據明末本補。

五言排律

雲巖　游居敬　南平人，御史

聞説齊雲勝，今朝恣探遊。洞名開絶壁，巖竇瀉飛流。金巘龍池注，瑶宫虎穴幽。古楠依峭嶂，深澗透靈湫。入殿輕烟合，緣林宿霧收。爐峰凌碧漢，玉闕恍丹丘。泉掛千崕落，山高五老留。樓臺紫霄近，天柱白雲悠。皷吹通青梵，招携狎野鷗。坐深溪麓静，窓暝月華浮。二妙同懸榻，三春暫引眸。酒杯穿石髓，仙樂聽笙緱。雨外川全霽，洲前風半颸。未能隨羽鶴，何處覔青牛。玄嶽精靈肅，吴山草樹稠。還瞻五雲上，香輦駕蒼虬。

雲巖　姚淲　慈谿人，祁令

自昔聞勝槩，于今愜壯遊。雙凫凌鳥道，珠箔濺巖流。崖迥瓊霄逼，林深玉宇幽。遼陽雙白鶴，塵世一丹丘。名賢彙登覽，峭壁多題留。體裁滛晋魏，風格陋楊劉。畫棟棲玄鳥，盤渦浴雪鷗。春秋自来去，朝夕對沉浮。凉月分踈綺，虚窓豁醉眸。披襟爽清籟，何處聞笙篌。尋真撫丹灶，望氣覔青牛。白石煑欲爛，青松陰更稠。安得遂脱屣，乘風駕紫虬。

雲巖　楊河　會稽人

幾年懷勝地，千里到齊雲。飛嶂連標起，懸梯到石分。蓬壺開日月，丹鼎鑄氤氲。

五老峰爲侶，三姑玉作屏。門通塵外路，簾織水成紋。香氣金爐篆，星光珠斗文。烟霞九曲鎖，鐘鼓四天聞。秘籙長生訣，靈符不世勳。龍旂来縹緲，鶴馭從紛紜。更疑瞻仙闕，玄宫謁帝君。

雲巖　莫如士　建寧岡州人，巡按御史

山上與雲齊，登山雲又低。盤空天際杳，遥望曉烟迷。石磴通幽徑，團亭引曲蹊。門深非斧鑿，梯峻眇虹霓。漸與諸天近，恍於人世暌。凡心猶未脱，此地愧攀躋。

雲巖　宋鑑　烏程人，舉人

齊雲標福地，縹緲接蓬壺。閶闔天門迥，勾陳復道紆。鸞旗迎輦輅，龍盖擁香爐。石壁苔爲篆，簾泉水作珠。真人来五老，帝女下三姑。禮殿凌霄漢，齋壇鎮斗樞。雲端雙闕峻，洞口一松孤。庭舞千年鶴，池生九節蒲。丹房餘上藥，玉笥閟靈符。别岫堦前出，飛梁樹杪迂。願言依勝託，長日覽真圖。

白嶽同遊　林騰蛟　永安人，邑令、僉憲

刺史黄堂貴，名山白嶽尊。升中脩鑾事，問俗馭熊軒。徑轉雙旌迥，嶠危五馬騫。迎車馴野鹿，獻果下仙猿。陰洞懸鐘乳，陽崖掛雪痕。烟霄應咫尺，河漢落潺湲。嵐拂金章潤，風微紫盖掀。虚危應玄宿，閶闔叩天門。石鼓寒聲動，香爐瑞氣緼。天倪真有象，道教總無垠。日月棲龍勅，雲霞帶鳳幡。萬年香火奠，昭代錫恩蕃。

白嶽同遊　王謠　蜀人，邑令

白嶽凌霄漢，清秋望埜萊。天門紅日近，寶殿彩雲開。玉屑寒飛雨，金爐煖照臺。
烟浮梅院落，香度松風来。五老神仙侶，兩公濟世才。幸隨冠履後，慷慨亦開懷。

太素宫　姜子羔　餘姚人，太僕寺卿

仙蹬廻青嶂，神宫揷紫霄。何年鑿混沌，此日駕扶摇。鶩舉天門闢，鰲驅地軸朝。
風雲蒸大宙，日月避層襟。颯矣威靈爀，雄哉世界超。千楹輝翕沓，萬翼敝苕蕘。
地迥流金液，臺高響玉珧。雨花晴不斷，霞彩夕偏饒。洞窈疑通岱，池喧欲上潮。
褰帷群峭合，柱笏萬緣消。豈復縈塵幻，還將志泬寥。金丹如可就，吾欲侣松喬。

太素宫　馮夢禎

聖代肇封泥，神仙窟宅奇。丹梯隣日月，碧殿俯虚危。寳笈千年秘，靈威萬里知。
身從金闕化，道作玉虚師。帝許分玄社，妖能蕩木犀。女巫紛屢舞，祝史競陳詞。
願保君親壽，還令風雨時，小臣遥下拜，颯颯儼来斯。

白嶽微會　祝世禄

龍象標靈界，琴樽問舊盟。地浮青玉案，人供紫芝莖。自信乾坤在，誰争堅白鳴。
竹風鈴閣静，花雨石床平。混沌山雲合，清寒海月生。放歌天柱外，百谷應同聲。

白嶽　臧懋循　吳興人，博士

名山何代拓，異跡自今稱。地闢神明秘，天垂景象增。仙壇雲不散，丹竈火常蒸。
直是玄工設，端非物力能。陰晴誰譎詭，向背極崚嶒。陡絶全疑削，欹危儼若崩。
高空愁度鳥，積水訝留冰。雖即輕身濟，還應裹足憑。崖窮廻謝監，谷響答孫登。
息擬趺依草，疲思步倚藤。劃然看户闢，欣此得堦升。寶室靈光炫，香爐瑞氣凝。
虹蜺扶晝拱，日月避懸燈。虎就巖關峙，龍隨咒水騰。滛威侔造化，皈禮遍黎烝。
北與分恒嶽，南將鎮秣陵。有来誠肅肅，既往切兢兢。紫府方奚若，黄軒到未曾。
比聞脩漢祀，鐘皷夜相仍。

水簾洞　李敏　邑人

海闢鮫人舘，山藏龍伯宫。水晶簾不捲，雲母帳常空。新月垂鈎挂，輕霞散錦幪。
蝦鬚珠灑落，翠羽玉瓏璁。路接虚無上，天開小有中。仙居隔烟霧，塵磕若爲通。

白嶽　張聘夫　婺人，知縣

漫策盧敖杖，高攀白嶽巔。望中疑路斷，到處盡崖懸。瀑灑如春雨，霞明不夜天。
鳳龍拱帝座，鐘皷報堯年。丹鼎烟常合，金光草自鮮。幾時婚嫁畢，来此伴雲眠。

閲無量壽宫成　汪道貫　歙人

净域鶱初地，禪居近一乘。青蓮千嶂合，朱栱萬峰升。帝畤祇林接，仙源定水澄。

鴻濛開結搆，日月見含弘。金布寧無地，垣開信有徵。狻猊驕躑躅，燕雀喜飛騰。未散靈山會，猶傳無盡燈。遠公詩作社，陶令酒如澠。庭燎疑珠斗，江光耿玉繩。昏迷同已覺，彼岸問先登。

白嶽　金鶴　邑人

靈神開霽景，仙嶠帶清流。宿命雲中駕，朝乘溪上舟。誰非李郭擬，自是向禽投。巖壑堪紉蕙，沙汀謾狎鷗。重玄昭帝闕，疊翠擁神州。縷勝探奇到，諸峰一杖收。東来真氣滿，北接斗光浮。石室從苔繡，珠簾待月鈎。躋崖矜伏虎，寄榔羡蟠虬。花爛棲霞洞，風颸飛雨樓。天香凝藻翰，地籟戛琳球。鶴轡殊方集，蟲書異代留。登封懷屡獻，側陋愧旁求。就日睎華髮，憑虛縱遠眸。春容窺浩蕩，磴道坐夷猶。藥采三芝秀，羹珍七菜羞。狂歌山鬼伏，痛飲羽人酬。對局移初晷，燒丹定幾秋。雙騰赤玉舄，更舞紫霖裘。舉手謝塵累，還期五嶽遊。

石橋巖　劉堯治　南海人

福地仙靈集，名山日月開。飛梁跨碧巘，琪樹隱丹臺。鑿豈神丁力，看疑蜃氣来。天門攀咫尺，地脉自蓬萊。巖檻花爲雨，松扉錦作苔。芝童貽石髓，木客勸霞杯。桑海塵應見，桃源路不猜。寄言心賞侶，即此是天台。

謁太素宮　米雲卿　婺州人

昔我常通夢，今来若舊游。天門開石罅，帝座出雲頭。拔地成鰲極，飛空起蜃樓。寶香龍篆爇，金像烏官謀。五老峯巒接，三姑洞壑幽。斗杓宵挂闕，嵐氣曉張幬。藥竈山人煉，蓮花石髓流。眼經皆創見，身到即冥搜。勝槩兼三楚，靈風被九州。太虛隨感應，普濟任祈求。王者歸符命，仙班盡冕旒。高尊居作嶽，玄聖德無儔。慕道輕千里，餐霞欲久留。兹余本源地，長跪問真修。

謁太素宮　邵一經　邑人

攀緣登帝畤，紆曲入僊鄉。紫氣凌玄闕，彤雲護碧堂。春林琪樹秀，晴圃王芝芳。寶仗森龍節，金函賁鳳章。石枏浮霽靄，巖檜上朝陽。宸幛高生色，爐峰逈吐香。烟霞塵境隔，日月洞天長。願藉燒丹隱，相於五老傍。

……

【補】①入桃源洞天得見異人張邋遢　何三畏　華亭人，推官

忽入桃源徑，豁然小洞天。中有邋遢子，狀貌如顛僊。蓬頭還跣足，晝睡夜不眠。超脱塵凡外，無礙亦無牽。踞石時趺坐，瀟灑已逃禪。庭前開藥鼎，欲鍊五色烟。

① 以下三首，據明末本補。

行年百二十，將閱世三千。何地無異人，相唔良有緣。臨別慇懃祝，汲引意惓惓。未遂從遊願，聊咏游僊篇。

謁齊雲　董杏　贛榆人，學訓

何代初開劫，今朝始振衣。盤盤線路迴，疊疊翠峰圍。石鼈塢何地，桃花洞有扉。采真頻喜去，極目總忘歸。門自天空鑿，泉從樹杪飛。虎蹄痕錯落，象目影依稀。鐵樹年多歷，銀鉤字幾揮。経奇口錯愕，吟咏韻霏微。轉過僊關秀，旋聞砥殿緋。屏風天蚤設，爐鼎世今稀。帝果禽銜象，龕還香授璣。玄靈元赫穆，一介正皈依。敢道通穹極，或能兆幄幃。俄回因晚霧，薄宿待朝暉。一夜谿聲響，幾山佛火煇。凌晨景鮮艷，飽食力輕腓。洗藥池邊過，棲霞洞口睎。向晴簾雨濕，不塞駱駝威。五老排僊叟，三姑列玉妃。大羅僊頗是，震旦地疑非。得酒神愈王，搜詩音正希。百年寄玄賞，一日涉崔巍。

齊雲邂逅僊　邵繼才　邑人

山中有老人，云是桃源叟。終日只蓬頭，長年惟跣足。有爐莫問丹，勿藥何須白。不沐長不眠，無塵亦無垢。心閒體自輕，貌古神難朽。瓢破不離肩，衲穿時露肘。聲聞動縉紳，譚咲驚凡俗。未讀五千言，能賡百八壽。放形天地間，獨步神僊後。何必羡三丰，千齡猶可遘。

五言絶句

白嶽　栗應麟　上黨人，郡别駕

朝登白嶽雲，暮宿白嶽雨。林深風凄凄，六月不知暑。

飛瀑　汪景泮　婺人

瀑灑丹樓雪，春藏紫洞霞。武陵烟景暮，何處認仙家。

雲巖　汪尚儒　婺人

青巖五百仞，直欲與雲齊。自是烟霄客，蓬瀛路不迷。

白嶽曉望　范淶　邑人，按察使

蚤起白雲飛，萬山作銀海。倏忽湧紅輪，嵐光依舊在。

雲巖　徐用檢　蘭谿人，太常寺卿

長松夾煙霧，下見西日黄。陰晴咫尺間，仙境安可常。

其二

岑壑水潺潺，暗芳足金谷。明當謁玄宫，齋心洞中宿。

小壺天　鄒德溥

巖巖紫石懸，漠漠青溪遶。謾説小壺天，壺天無大小。

真仙洞

借問大羅仙，云何棲此碣。朝餐楠石雲，夕卧蓮池月。

捨身巖　詹軫光

元從何處来，更從何處去。巖前看白雲，欲辨渾無語。

通仙橋

鞭石石成橋，去天天咫尺。試問往来人，何如鶴一隻。

度凡橋　汪本湖　邑人

石梁架長虹，飛瀑應空響。凡世日往来，願言斷塵想。

萬年松

橋邊聳翠盖，神護萬年松。常容仙客撫，何必大夫封。

宜男泉

泉水瀉巖麓，清如貯玉壺。人間携一勺，中有夜光珠。

飛雨樓　梅鼎祚

懸崖晴雨飛，横空清吹發。方池湛虚明，恍惚對秋月。

桃花澗　汪宿　邑人

灼灼澗上桃，花開一何晚。疑有仙人棲，流出胡麻飯。

三姑峰

相携此尋真，木石共游處。不學大小姑，相對彭郎語。

紫霄崖　黄三策　六合人，舉人

爲慕安期術，南来陟此崖。登雲還頻望，想已是蓬莱。

石橋巖　吴翰　莆田人

半月空中影，横梁絶翠微。有時雲氣斷，鸞鶴誤驚飛。

桃源　鄒元標　吉水人，尚書

手種千桃樹，扶踈向日紅。須教時雨露，歲歲領春風。

【補】①

齊雲道中　韓士元　邑人，同知

縱步率清溪，春深麥穗齊。物華川上媚，戛戛聽山雞。

齊雲山歸遇雨　韓士元

出山朝行雲，歸途暮行雨。不自巫山來，雲雨何多遇。

① 下補二首，據明末本補。

六言絶句

白嶽　陳履祥　祁人

抱璞幾投魏闕，扶笻一問員嶠。紫霧叢中撫鶴，白雲堆裡吹簫。

其二

鑪鼎烟籠碧漢，鶯烏聲囀玄林。坐去塵襟如脱，覺来羽伴相尋。

其三

袖底玄珠閃電，雲端白鶴盤空。何處庚辛堂田，飛簾晴雨丁東。

其四

龍伯投竿人代，神鼇釣養仙潭。縱步狂呼欲起，淩秋跨上天南。

雲巖　曹鈂　婺人

玉髓香分雲洞，水簾飛濺瓊珠。半掩巖扉趺坐，真真石室自如。

其二

山静時聞天籟，彩雲幻出奇峰。何處吾伊徹夜，讀書人在雲中。

斗陽道院　邵一儒　邑人

到来空翠衣濕，望覺氤氳雨多。醉客仙厨有酒，换書道士無鵝。

桃源嶺

源裡人甘避秦，源外人争逐鹿。嶺雲飛去無心，嶺樹依然在目。

碧霄菴贈丁以舒　　張成斐　邑人

天際青環疊嶂，菴前碧擁片雲。欲向三茅叩訣，遥携九節尋君。

其二

空翠溟濛染屧，明霞掩映飄裾。伏火鼎中靈藥，焚香案上道書。

桃花洞天

古洞逶迤有徑，仙桃爛熳成花。寂寂不聞雞犬，沉沉衹見烟霞。

其二

紅雨巖花亂落，白雲洞户斜開。何處更逢仙子，此中宛入天台。

齊雲山志卷之五

國朝

七言律詩

雲巖　程信　邑人，兵部尚書

臺觀巉巖最上頭，香爐對聳篆烟浮。天河遠下千層碧，雲路遥通一線幽。鐘皷樓峰分左右，珎珠簾瀑自春秋。仙靈顯跡新安境，多少生民仰庇休。

雲巖楊司理祈雨

畎畝今年著處乾，憂民誰解聖心寬。瓣香方爇雲隨馬，一疏遥陳雨布壇。萬頃焦枯俄變色，四郊悲嘆轉成懽。他年收入循良傳，異績令人拭目看。

白嶽　葉蓁　新州人，御史

混沌誰開有此山，巉巖一竅透玄關。仙人欲訪知何處，蓬島移来在此間。目望九重紅日近，神遊八極白雲閒。歸来不跨揚州鶴，只借天風送我還。

雲巖　商輅 淳安人，大學士

齊雲形勝大江東，維石巖巖接太空。門對香爐峰卓立，路穿石户洞旁通。
雨餘烟島含晴碧，日旭林霞散曉紅。萬壑千崖遊未盡，不堪歸興夕陽中。

五老峰　周正 文江人，郡守

五老峰高逼翠微，海天空濶白雲飛。石門無鎖松蘿掩，丹井生香檜竹肥。
童子洞前教鶴舞，仙人山外跨鸞歸。凝眸一豁塵襟洗，怎却人間是與非。

雲巖　程敏政 邑人，尚書學士

四山迴合香難窮，翠錦屏開面面工。巨石穿雲成户牖，半崖飛雨作簾攏。
地靈今古神先據，境隔仙凡路可通。極目丹丘何處是，巍巍樓閣倚天中。

五老峰

何年絳節此中停，五老依然護紫庭。鐘皷分頭雙岫碧，香爐當面一峰青。
匡廬未可争誰秀，玄武應知不自靈。勝景日斜歸未得，細摩蒼蘚讀碑銘。

雲巖　汪敬 祁人

夜来飛夢繞雲頭，今日靈巖得勝遊。西望丹丘回白鶴，東来紫氣度青牛。
身忘人世三千界，眼見仙家十二樓。契古神奇天所閟，蓬萊有路不湏求。

天門　康永韶　祁人，侍郎

石門雲洞自幽偏，爲問雲巖隔紫烟。天下名山無此境，世間何地更尋仙。
雲中騎鶴還丹室，雨後驅龍種玉田。安得携書来住此，五雷山下坐談玄。

天門　程明遠　邑人

石洞誰穿薜荔封，玄雲金闕遠聞鐘。萬松風奏笙簧雜，疊嶂天開錦繡重。
久住定應凡骨換，偶来忘却病身慵。斜陽更騁東南望，正見黄山第一峰。

月夜　侶鐘　山東人，郡守

金闕翬飛翠霧間，蓬萊元自在人寰。緑圍城郭千村雨，青遍簾櫳四面山。
華表鶴歸遼海遠，瑶臺鳳去洞簫閒。我来倚遍欄干月，雲路天門夜不關。

重遊　胡富　績人，尚書

鞍馬匆匆我又来，仙巖依舊碧崔嵬。松間啜茗分烟翠，石上題詩拂雨苔。
幻世有人逃甲子，洞天無地著塵埃。品題不盡齊雲景，獨立斜陽未忍回。

碧霄峰　洪鐘　錢塘人，尚書

碧峰天際屹岧嶤，樓觀孤高倚泬寥。白晝風雷生洞府，清晨鸞鶴下雲霄。
千巖草色浮空翠，萬壑松聲捲海潮。明月幾回仙侶集，白雲深處夜吹簫。

天門　　彭澤　関中人，郡守

遥望天門紫炁浮，天梯上去是丹丘。珠簾不捲四時雨，玉洞深藏六月秋。
山似畫圖舒眼底，溪如練帶落橋頭。不知身在白雲上，更覔齊雲頂上遊。

五雷峰　　王鑑之　山陰人，御史

日華晴射五雷峰，野色山光映玉驄。按部敢辭千里遠，祝釐惟願萬年豐。
山川歷歷神仙界，民物熙熙太古風。爲飲霞觴題片石，姓名留在洞天中。

五老峰　　王賔　淳安人，御史

着屐攀蘿亦勝游，人生何必羡瀛州。路從五老峰前過，水向群仙洞頂流。
雲裏金雞三唱曉，樓中鐵笛一聲秋。層梯直駕碧霄上，更有層霄在上頭。

雲巖　　吴韞申　横水人，主簿

仙巖永日白雲封，北面黄山六六峰。石壁生寒懸翡翠，銀河倒影浸芙蓉。
功成離坎三千行，位列虚危十二重。歸去人間明月夜，步虚聲裏想行踪。

碧霄峰　　洪遠　歙人，都御史

峭壁盤廻上碧峰，齊雲隱隱玉虚宫。微風不動壇烟細，北斗平臨石勢雄。
龍出洞雲浮檻白，雞鳴海日射窓紅。遊人咫尺青天近，歷歷溪山在眼中。

雲巖　馮蘭　餘姚人，副使

齊雲巖更出雲中，勝地東南帝宇雄。石罅鑿開從混沌，爐烟飛動轉空濛。
珠泉直洒古今雨，琪樹高懸樓閣風。老我到来猶未晚，江東萬里見孤鴻。

雲巖　張鷗　西蜀人，郡司理

拂塵暫陟翠微中，蓬島遥連此地雄。石立穿雲矜磊落，泉飛作雨洒溟濛。
稚川去矣猶存竈，禦寇冷然欲御風。夜半詩成還自詠，碧霄峰外落飛鴻。

雲巖　許鋭　登州人，御史

我到雲巖豈世緣，十年夢寐若遊仙。排空石磴封蒼蘚，映日爐峰起碧烟。
斷壁懸崕飛鳥倦，寒潭古洞蟄龍眠。殷勤祠下無他祝，惟願君親福壽偏。

同遊　吴裕　紹興人，御史

久懷仙子絆塵緣，誰道登臨侶是仙。雲擁玉龍春起蟄，日晴丹鼎暖生烟。
松林人静鶯時囀，山郭民安犬夜眠。只爲輶車多惠政，相逢盡説聖恩偏。

碧霄峰　曹祥　歙人，都御史

山如圖畫映虚簷，静坐貪看自不厭。曉日烟飛千樹杪，碧霄雲净一峰尖。
岑樓渺渺聞風笛，巖洞霏霏掛水簾。好雨東来凉透骨，悠然佳興此中添。

秋　王子謨　淳安人，給事

巖洞空窿秋氣清，此中風景類蓬瀛。八牕霄色涵山色，四面松聲帶雨聲。
鼎伏離龍丹已熟，夢回蕉鹿世空驚。停杯掃壁題詩句，連袂登臨記弟兄。

雲巖　何歆　象山人，郡守

地勝由来神亦靈，九天雲霧護玄冥。翠華縹緲扶龍馭，羽盖翻翩簇鳳翎。
樂奏鈞天傳洞壑，香飄合殿肅風霆。凭高四望生遐想，夕照黄峰列畫屏。

雲巖　李汎　祁人，知府

百里雲山一萬盤，吟邊移步换奇觀。龍扶玉輦開玄扆，鰲對香爐出紫檀。
石劍倚空霜潁鋭，珠簾到地雨聲寒。月明時有鶴笙過，恠底天門夜不關。

雲巖　汪循　邑人，通判

絶境憑空擁畫圖，神仙窟宅世應無。寰中席地億萬里，天下名山三四區。
緯宿廻光騰紫炁，坤靈受職拱玄都。平生賸有烟霞癖，老去登臨不用扶。

雲巖　唐勳　廣東人，邑令

凌風絶頂亦奇遊，信是齊雲入遠眸。便小他山皆丘垤，應知此地即瀛洲。
泉飛半壁晴還雨，烟薄層巒翠欲浮。吏事催人看未了，山靈期我丹来留。

天門　唐皋　歙人，翰林修撰

望入天門接杳冥，尋閑今日一登臨。置身霄漢千尋頂，快我乾坤萬里心。雨後瑶山青似髮，雲頭踈木小如針。南薰拂面凉如洗，携客凭欄一嘯吟。

夜　陳鳳梧　廬陵人，都御史

夜宿齊雲最上頭，此身真覺與天遊。星光點點低垂殿，嵐氣飄飄盡入樓。萬壑松濤俱闃寂，五更溪雨自飛流。神清景絶渾無寐，未曉俄驚曙色浮。

五老峰　汪鋐　婺人，尚書

簇擁懸崖第幾重，憑空削出玉芙蓉。人間偶見三山境，雲外高撑五老峰。風透踈林来舞鶴，雷驚深洞起潜龍。摳衣不盡登臨興，何日重来訪赤松。

雲巖　方顯　祁人，教諭

策藜直上白雲隈，渾似飛虹背上来。金殿但從深谷赳，石門獨向半空開。桃花流出千層澗，瑶草獨芳百尺臺。不是劉郎元悮入，至今那識到天台。

雲巖　胡昭　邑人

閒上蓬莱頂上行，天風吹颺布袍輕。雲開輦輅琳宫出，日照香爐瑞氣生。羽客呼童朝種玉，仙人騎鶴夜吹笙。十年悔被紅塵悮，擬欲凌虚問太清。

新晴　　潘旦　婺人，尚書

萬木同聲吟午晴，喜看天色漸分明。石爐香氣浮雲氣，涯蕩泉聲作雨聲。
境接虛崖天户闢，路窮小澗木橋横。紫霄回首日初暝，長嘯松關月滿庭。

石室　　方謙　祁人，主事

勘破浮名一羽輕，山中端可寄平生。年華空惜花開落，賓從常勞鶴送迎。
石室夏寒冬自暖，洞門朝雨晝還晴。幾番欲結黄冠社，月白風清豈世情。

丹臺　　胡纘宗　天水人，員外

仙子何年别此臺，琳宫琅宇自崔嵬。半空香案孤峰出，百里黟河一線来。
碧石洞邊山屈曲，白雲天外路紆廻。憑高何地長安客，曉霧依微望欲開。

雲巖　　戴祥　績人，郎中

丹巖幽徑半苔封，未到先聞磬與鐘。洞鎖閒雲龍氣濕，林依空谷鳥聲重。
憑高放目心無礙，冒險尋詩意未慵。忽有好風開遠景，東南又露兩三峰。

雲巖　　葉天球　婺人，員外

紅塵幾載夢青山，始躡雲巖一解顔。蘿磴雲連唯鳥道，石門天闢自仙關。
茅菴野老真堪畫，翠壁丹崕信可攀。鞅掌自憐塵世客，藍輿又向雨中還。

雲巖　劉淮　羅山人，御史

巡行漫興上雲巖，争得丹青畫一縑。帝闕爐峰烟作篆，仙家洞府水爲簾。
江南奇觀此居最，日暮短吟殊未厭。回首瑶林發清興，好風助我筆鋒銛。

天門　姚弘謨　秀水人，編修至尚書

獨騎鵬翼上南溟，雲外天門晝不扃。晴瀑遥分千澗碧，陰崖俯眺萬山青。
篆烟縹緲籠金屋，絳節崔嵬倚玉屏。何日捴抛塵世事，紫霄深處讀黄庭。

樓　沈祥　崑山人，員外

嵯峨樓閣倚天開，雲氣經年護石臺。山鬼祇從林外嘯，洞仙常向月中来。
踈鐘晚度孤村樹，細雨寒滋小徑苔。拜罷靈祠出門去，眼前何地不風雷。

雲巖　顧應祥　吴興人，刑部尚書

萬里馳驅暫息肩，羽流扶我上層巔。山坳路轉渾無地，石罅門開别有天。
傑閣高疑山斗近，飛梯直與緯階連。逍遥物外吾所願，却笑塵踪未得仙。

白嶽　葉一清　祁人

白嶽千年形勝在，青鞋今日我重遊。當門松影留殘照，入院鐘聲送晚秋。
罇酒笑開黄帽社，石床高卧紫霄樓。此来應有烟霞分，誰説蓬瀛隔弱流。

雲巖　聞人銓　餘姚人，提學御史

齊雲石壁雲中起，斜日肩輿度碧霄。飛雨真如天半下，爐峰長對佛前高。
青童綺樹傳仙訣，玉女瑤臺吹鳳簫。古洞谽谺卧蘿月，紫霄丹竈侶松喬。

雲巖　蔣貫　祁人，給事

岐徑紆廻半草萊，輕雲冉冉傍雲臺。陽華不負山靈約，陰翳徐從地主開。
夾道蒼松排小隊，盤空絳霧逈浮埃。自從此日登臨後，一路詩囊費剪裁。

雲巖　汪如玉　邑人，舉人、司正

樓觀巍峩積翠峰，洞門無鑰有雲封。香飄丹井三花樹，陰覆瑤壇千歲松。
童子開籠朝放鶴，道人揮劍夜降龍。爐香炷罷閒吟眺，身在蓬山第幾重。

雲巖　胡松　績人，尚書

萬壑陰連路欲迷，遥從松杪躡盤梯。天門望處乾坤别，輦路登時日月低。
雲卧謾誇天谷隱，風流誰繼晦翁題。昨霄夢破雷聲動，應有龍涎泛碧溪。

白嶽　宋茂熙　莆田人，御史

終年未脱紅塵累，今日方成白嶽遊。絶壁已驚霄漢近，玅門更有洞天幽。
樓臺隱映真如畫，草樹菁葱不似秋。莫向人間説仙境，夜来清夢自悠悠。

同遊　汪玄錫　婺人，侍郎

勝日朱旙白嶽来，路沿溪曲與山隈。天門羽盖千年樹，雲際香爐百尺臺。風急劃然驚鶴過，地寒猶自見梅開。使君豪句應題遍，賦就天台識異才。

同遊　鄭佐　歙人，副使

陟磴捫蘿雨後天，雲中簫管雜鳴泉。松摇輦輅驚山動，花發香爐散麝然。日月轉丸青嶂上，滄溟浮蜃玉屏前。追陪豈是凡間客，五馬諸侯第一仙。

天門　胡密明　績人，憲副

環立諸峰此最尊，蓬壺别是一乾坤。望迷雲蹬疑無路，歷盡天梯喜有門。陰壑松濤時入座，晴川烟樹自成村。眼前事事堪圖畫，獨對清樽孰與論。

同遊　馮世雍　武昌人，郡守

黄鵠山人塵夢醒，早春約客遊太清。琳宫蕋殿倚雲出，霧袍霾磴凌空行。珠巖琅玕紫芝發，石洞窅窈丹霞生。醉登絶頂發孤嘯，千崖萬壑風泠泠。

同遊　戴嘉猷　績人，給事

秋日携朋共此臨，仙宫遥望訝幽深。空中絲竹来清韻，巖上松篘落翠陰。野鶴閒雲知客到，青天白日見同心。夜来酒後烹山茗，月掛林稍正好吟。

雪　　余光　祁人，御史

往来山下幾経年，今日登山值雪天。屐着氷花迷石磴，手攀玉樹出雲巔。
殘碑蘚落蒼崕月，古洞珠懸瀑布泉。始覺囂紛渾不染，令人脱俗欲參玄。

飛雨　　李棟　祁人

静觀天地無如此，萬壑千峰序次論。雲霧起邊常浴日，洞天深處共開樽。
雨飛石閣全無暑，月上雲梯淡有痕。未畢浮生憐尚子，終尋丹鼎養真元。

雲巖　　謝恭　邑人，知府

尋真特地步齊雲，石竇中間一逕分。日灼爐峰騰紫氣，雲開金闕擁玄君。
巖前花樹簾泉捲，洞裏龜蛇藥鼎熏。奇勝紛紛吟不盡，細看太史紀遊文。

夜　　歐陽鐸　泰和人，都御史

燒竹山行月上遲，看山好是夢回時。清風遥送笙簫曲，斷壁倒懸松栢枝。
石鼓夾屏停象輦，珠泉分派瀦龍池。神功開闢誰人力，歲歲田家自報祈。

秋　　程曈　邑人

笑挾天風騎玉虬，仙人邀我岩前遊。細將玅理説空有，不覺狂歌驚斗牛。
白石浮雲走蒼狗，丹峰落日黐金毬。一聲長嘯賦歸去，凉露滿身都是秋。

秋　　胡容　婺源人，舉人

艸對參差石磴盤，洞門谽谺層雲端。江南形勝鍾白嶽，斗北精華燭紫壇。
六月雨飛翠崖冷，千年劍倚青峰寒。斜陽回首天梯路，十里秋光桂欲丹。

雪巖　　朱孫炎　杭州人，舉人

參差石嶂插天危，俯瞰層崖片片微。鶴馭凌烟天欲暝，龍宫倒影月初歸。
地横絶壁懸金鼎，雲敞天花襲羽衣。自是仙關隔凡路，夢魂清夜總忘機。

雲巖　　程壎　邑人，錦衣千户

嵯峨萬壑與千巖，誰寫江南大幅縑。天外孤峰撑石鼎，洞前飛雨絡珠簾。
着殘棋局仙應遠，題遍詩龕興未厭。歸去塵埃空注目，神功妙劈斧痕銛。

雲巖　　沈圻　平湖人，邑令

海内名山説武當，齊雲山勝亦相方。平臨野麓開圖畫，遠格黔黎走瓣香。
靈爽有神能赫奕，塵埃無處可棲藏。請看石上篁墩記，摹寫兹巖亦已詳。

太素宫　　尹昧　大同人，郡同知

宫門雲擁麗金粧，谷口花飛寶篆香。萬里指揮龍一顧，九霄来往鶴雙翔。
星巖丹髓真難覓，石室玄文定有藏。敢向餘生希入道，願分五福錫時康。

五老峰　　顧可學　無錫人，尚書

覽勝探奇心目驚，恍如身在紫霄行。巖前五老朝南極，海外三神接上清。
旂纛半空翻日影，笙簫絶巘度天聲。黄山縹緲浮丹氣，萬道祥雲繞玉京。

香爐峰　　潘仲驂　烏程人，員外

山作香爐雲作烟，嵯峨玉觀隱千年。半空飛落千珠雨，匝地停分五出蓮。
隱隱笙歌穿石室，翩翩鳧鴈下芝田。不知乍出浮埃外，疑是乘槎霄漢邊。

雲巖　　程敏庸　邑人，知縣

玄宫靈闕生雲霓，朝曦萬壑丹翠迷。高盤空景鶴雙至，跨飲流泉猿一啼。
芝草且尋姑射洞，桃花不羡武陵溪。瓊漿謾醉有餘興，白日欲頹猶未西。

飛泉　　汪戩　邑人，州司

碧嶂丹崕隔世塵，飛泉縹緲挂嶙峋。雲封石户疑無路，步入天台别有春。
宦海幾年醒短夢，仙家端許寄閒身。酒闌何處聞笙鶴，風静瑶壇月半輪。

雲巖　　方良牧　舉人

天開别境隔塵寰，萬壑千巖鎖玉關。玄帝旌旗丹闕裏，太清樓閣彩雲間。
法筵日護龜蛇肅，仙洞時鳴鸛鶴閒。幾度焚香見天女，月中歸去佩珊珊。

雲巖　吴元良　錢塘人

萬丈丹梯有路攀，白雲天闕入仙關。凌空漸覺隔塵世，長嘯恍疑生羽翰。
獨立香爐當寶殿，雙懸鐘皷擁瑶壇。蓬萊不在寰區外，自是尋常一到難。

太素宫　唐順之　武進人，中丞

帝築離宫望列仙，崔嵬桂館接祈年。金莖晝灑千門露，玉樹晴迷萬户烟。
宫女窺粧臨緑水，中官洗馬度晴川。共言赤縣開玄圃，無事瀛洲訪洞天。

雲巖　陳時霖　閩人，郡司理

步虚影入碧漣漪，逸興遥生博望時。道路風塵慙骨相，雲霞夢寐愜心期。
森嚴輦輅凌霄逈，縹緲笙簧出洞遲。安得倐然逢白兎，紛紛鸞鳳出鞭笞。

夏　汪鏜　寧波人，尚書

五月登山暑氣微，清齋習静自忘機。幽松古檜夢差見，怪石危巒勢若飛。
一叩仙關如夢覺，翻嫌世事與心違。不辭百折紆廻路，携得烟霞滿袖歸。

白嶽　張景賢　四川眉州人，都御史

嵯峨白嶽倚長空，勢入層霄鳥道通。路接天門雲宛轉，崖懸晴瀑雨溟濛。
香爐縹緲承朝霧，金殿參差動曉風。東望太和應咫尺，更從何處問崆峒。

太素宫　　陳錠　江陵人，都御史

蓬莱遥望九霄懸，玉簡金書擁列仙。春暖松篁蕃澗芷，山高雲霧雜爐烟。
南極祥光連帝闕，東隅曉日麗堯天。撫臣百拜卿雲集，仰祝吾皇萬萬年。

重遊　　李廷龍　長沙人，郡司理

春暮曾来勝地遊，又経黄葉滿林秋。行看石磴重重險，思入清虚事事幽。
野鳥無心傳幻語，閒雲盡日卧山頭。我欲登高舒望眼，不知何處碧霞流。

夜　　朱箎　山陰人，御史

夜半山中鐘磬清，舉頭星斗最分明。雲歸古洞茫無影，雨過前溪自有聲。
出匣瑶琴流水意，離巢野鶴鮮人情。爲尋幽谷栽芝草，還待犂鋤學耦耕。

夜　　吴維嶽　孝豊人，都御史

天啓玄都衛百靈，小樓支榻宿青冥。千林風雨鳴巖壑，半夜星辰匝殿亭。
雲裏金鐘条聖樂，香前玉笈度人経。曾聽小謝談竒絶，何日同来倚翠屏。

雨　　徐汝圭　淳安人，御史

雨過雲山翠欲流，爲尋仙跡此遲留。天門掃石閒棋局，劒嶺飛泉點玉籌。
谷響忽驚仙子珮，山空時覺洞門秋。興来笑把欄杆拍，黄鶴一聲天際頭。

雪　袁煒　慈谿人，少師、大學士

玄宫萬仞倚天開，千里尋真帶雪来。風落寒聲鐘鼓動，山凝紫氣虎龍廻。
金銀仙闕丹霄近，赤緑靈文玉帝裁。獨立晴峰看碧宇，含毫欲賦愧非才。

白嶽　金理　邑人

嶽蓮金碧擁参差，洞口珠簾雨瀑垂。磴道彩雲迎絳節，爐峰香靄護彤墀。
中天晃耀龍輦下，北極飄飖鶴駕馳。廻望丹丘應此地，未須海外訪安期。

太素宫　王廷幹　寧國人，知府

靈山秀出應天文，到此尋幽勝昔聞。洞入水簾疑瀑雪，爐瞻香氣似蒸雲。
金泥鳥跡仙祠永，玉札龍函帝澤勤。萬歲百男延頌祝，虚壇清夜禮玄君。

天門　徐中行　湖州人，憲副

雲扶複道踏層空，石劃天門一線通。忽有樓臺飛碧海，遂令日月破鴻濛。
懸崖瀑散諸天雨，落木秋生萬壑風。况是軒皇丹鼎在，休餐真欲卧崆峒。

望仙　羅洪先　吉水人，翰林修撰

遊踪我定獨徜徉，處處尋山得習忘。不記歲年慚伯玉，且依木石偶庚桑。
巖頭月出閑窺易，谷裡松深可繼粮。只恐樵夫隱名姓，豹林曾有異人藏。

其二

不才無補人間世，採藥初諳物外情。白髮入山機自少，黄冠作伴語偏清。
風廻正憶冥鴻遠，木落因知委蜕輕。却笑年来樗散甚，丹砂何事未曾成。

白嶽　徐子鵬　衢人

白嶽江東靈秀開，中天積翠起仙臺。入關已躡烟霞起，倚闕頻招鸞鶴来。
恠石凌空撑殿閣，飛泉瀉澗走風雷。我来欲遇王喬侶，一笑臨風未忍回。

重遊　姜子羔　餘姚人，太僕寺卿

靈巖高與白雲齊，飛磴懸梯此再躋。人世滄桑隨變幻，天門日月自東西。
褰幃碧嶂諧新賞，駐屐丹崖得舊題。冲舉何須戀妻子，摠之吾道是醯鷄。

太素宫　汪道昆　歙人，兵部侍郎

帝畤高標落日懸，仙關遥望白雲天。衝風布帽堪晞髮，向夕藍轝未息肩。
東海虹霓秦策石，中天鳷鵲漢祈年。頻来不爲金光草，秋後貪看玉井蓮。

太素宫　程廷策　邑人，知府

漸入玄關乍雨餘，中天積翠擁仙廬。靈樞雹遶山河净，福地雲開竹樹疏。
樂奏八風諧韶濩，光分五色烱幢旗。中和毓秀春嘗在，永保吾皇萬歲居。

白嶽　余翔　浦田人，知縣

東南真氣抱神皋，謁帝重来感二毛。塵世漫隨滄海變，名山不改白雲高。
泉鳴石壁飛寒雨，風入松林急暮濤。聞道襄城迷七聖，勞生那得觧天弢。

其二

北斗天高不可從，靈巖壁立翠重重。松間此日来雙鶴，雲裏何年駐六龍。
短褐朝元隨羽節，空囊来秀躡仙蹤。日斜咲倚盧敖杖，谷口西風落暝鐘。

其三

尋真何必到崐崙，禮罷玄壇日欲昏。萬壑雲霞封帝畤，十洲鸞鶴下天門。
舄飛敢謂丹砂就，書著還瞻紫氣屯。相對高樓清不寐，長生有訣細堪論。

其四

樓閣岧嶤切太虛，客来登眺倚蟾蜍。齋分玉女青精飰，駕薦仙人白鹿車。
鷟鷟參差雲外聳，芙蓉隱映月中踈。夜闌聽徹鈞天樂，剪燭焚香讀道書。

白嶽　龍德化　武陵人，郡別駕

閶落鈞天起暮鴉，山靈驚訝使君車。千峰盡布瓊爲露，萬樹還翻玉作花。
白嶽崔嵬開壽域，紅塵浩渺隔仙家。狂吟紀勝忽長嘯，絶壁風生月色斜。

碧霄峰　　尹臺　江西人，尚書

萬丈丹梯接碧霄，上清樓閣最岧嶢。漫廻令尹青牛駕，来赴仙人白鶴招。
興結烟蘿成綺搆，思傳雲鳥度簫韶。平生奇覽無茲境，肯厭千峰拄杖遥。

飛雨　　李時英　錢塘人，郎中

飛雨樓前聽晚鐘，霞光月色水淙淙。千年瑶草堦前拾，億刼金丹洞裏鎔。
遶磴恍疑青嶂合，扳蘿直破白雲封。何年取坎填離火，振袂還棲第一峰。

雲巖　　劉庚　鄞鄗人，副使

翠擁峰頭自絶奇，塵寰那識避秦時。偶来羽客拾瑶草，何處騷人琢錦詞。
山作香爐雲作篆，金爲宫闕玉爲楣。此身已住蓬萊頂，恠得巖頭紫氣垂。

天門　　董份　烏程人，尚書、學士

雲霞扶我上高臺，一到天門迥異哉。崖下峰巒開萬疊，洞中日月劃雙廻。
珠泉晴灑瀟瀟雨，石洞雲生隱隱雷。絶境幾人能道得，却慚孫綽賦天台。

雲巖　　歐陽佑　分宜人，教諭

閒来尋樂得悠徉，勝境雲巖念未忘。千仞攢巒懸日月，萬年経世易滄桑。
羞將白髮臨深谷，欲採黄精學辟粮。時見片雲飛作雨，洞中尤有五靈藏。

天門　倪邦彦　上海人，通判

巖頂天門似劈開，環看踈傑應三台。簾垂飛瀑珎珠瀉，爐送薰風紫絳来。

絶壁松樛雲影散，晴林鶴舞月光回。玉屏卷麗明仙掌，蓬閬金花點碧臺。

雲巖　卓明卿　仁和人，光禄署正

丹房窅窕白雲隈，萬壑秋濤夜轉哀。兆夢昔年猶䙡在，禮巖今日爲靈来。

人窺上界星辰近，地涌諸峰日月開。始覺塵機才一息，攬衣還起望三台。

雲巖　謝廷傑　新建人，歙令、提學御史

昔年禱嗣雲巖裏，曾與真人結世盟。天上麒麟来白嶽，堦前蘭桂惠蒼生。

西山洞接丹臺逈，南極星連寶炬明。珍重靈文無以報，香屏遥寄一毛輕。

飛雨樓　申時行　吴人，少師、大學士

仙人結屋紫霄間，雙瀑高懸響碧山。洞口垂簾還細細，樓臺飛雨欲潺潺。

漱流何異飡瓊液，餌藥時看潤玉顔。幾度尋源向蓬島，遺波猶自落玄關。

閣　趙志皋　蘭谿人，少師、大學士

塵世浮沉大夢中，偶来問道入崆峒。寒巖夜静人飡露，曉嶂秋高鶴馭風。

窟宅若爲開混沌，嶺門未許破鴻濛。碧霄清月憑虚閣，七一峰頭揔太空。

天門　蔣坎　餘姚人，知府

朝真直上紫霄峰，石户天開一徑通。山與雲齊塵世外，心從斗轉法華中。
簾泉灑灑常飛雨，巖洞沉沉半倚空。自愧俗緣猶未了，蓬萊閬苑幸先逢。

太素宫　鍾庚陽　嘉興人，知府

洞門深鎖翠微宫，松下丹梯曲逕通。玉几遥連雲色紫，瑶臺高映月明空。
鐘聲入繞千崖瀑，爐氣晴吟萬壑風。欲問玄宗何處是，霏霏烟樹隱房櫳。

雲巖　李得陽　廣德人，中丞

攀躋曲磴訪真仙，窈窕壺中别有天。清溜散成巖樹雨，彩雲浮作石爐烟。
千峰叠翠開金像，一水澄鮮護玉田。簪黻慚余猶未脱，步虚遥望意茫然。

白嶽　金瑭　邑人

登臨欲就天門上，白嶽青春萬壑前。風磴俯觀陰洞雨，爐峰遠接曉山烟。
孤雲江海風塵迥，北極恩波草木邊。今日此身高霧裏，人間醉夢實堪憐。

雲巖　黄道　江陰人

折阪千盤到上頭，憑高下見白雲浮。珠泉不斷晴疑雨，玉洞長陰夏亦秋。
削壁一門通碧漢，奇峰五老列丹丘。冷然便有乘風意，仙迹微茫未易求。

重遊　蔣勸能　餘姚人，条政

不到靈巖已十年，于今登覽景依然。爐燃峰杪香仍遠，簾捲雨花珠尚濺。五老崚嶒廻日月，三姑掩映染雲烟。呼童試訪羽衣者，别後何人幾煉鉛。

太素宫

扶搖送我入層霄，足躡天門捫斗杓。貝闕珠宫輝碧落，蒼松翠竹漾青飈。鳥啣金像靈千刧，龍吐綸音荷累朝。繞殿歷覩諸勝跡，朗吟掀笑樂陶陶。

雲巖　朱南雍　山陰人，太僕寺卿

萬仞嵬峩萬狀奇，天工琢自混茫時。盤旋碧漢玄穹路，周匝紅雲大帝居。縱有王維難入畫，媿非崔灝敢題詩。只金暫脱風塵外，且向山人學采芝。

文昌閣雪　徐用檢　蘭谿人，太常寺卿

一樓岑起萬峰中，積素飛花望盡空。絳節影歸瓊樹色，洞簫聲入大王風。情均仲舉高懸榻，興襲山陰夜駕蓬。此日同雲迷徑路，從知吾道在崆峒。

天門　李維楨　京山人，編修、按察使

雲峰四合吐青蓮，片隙中窺小有天。地以象耕山作闕，洞曾龍卧石爲田。清風自覺羲皇上，玄竅誰開混沌先。磵底桃花春色暮，却疑人是避秦年。

天門和李本寧太史　　邵正魁　邑人

帝庭縹緲五雲連，閶闔分明象魏懸。百道晴飛丹嶂雨，九重春鏁石楠烟。
霞邊路隔元非世，洞裏花開别有天。長嘯便堪稱大隱，未應金馬負當年。

重游　　沈懋學　宣城人，翰林修撰

幾度翩然馭鶴来，雲收東海見浮杯。天風吹露霞裾濕，星斗排空月殿開。
五老靈標低紫岫，千年真氣護丹臺。可知仙子遺塵累，今古詞人半草莱。

玉屏

拂袖孤雲度石屏，月明飛錫下仙靈。江涵練影浮烟白，山揷蓮花逼漢青。
北望玉京開碣石，東来真炁接稽亭。冷然恍欲乘風去，未許人間識歲星。

太素宫　　李維極　京山人，學録

西陸初分北鴈過，至尊親駕禮纖阿。實柴典秋周官盛，少采刑糾太史多。
久已重輪歸帝德，還看三珥恊天和。祼將圭璧通神貺，簫管遥聞奏影娥。

白嶽會　　鄭應奎　邑人

萬峰晴照帶平沙，路入班龍太上家。巖下有人歌蕙草，谷中無處寄瑶華。
珠簾壁灑千秋雨，石户楠開浩刼花。垂老生涯逢化日，洞天甲子自来賒。

白嶽懷曾明府兼示羽士　黄道年　合肥人，知縣

偶從名嶽探奇勝，中有仙人醉碧桃。道德年深龍虎伏，陰符到處鬼神號。
已蒙賢令俾司篆，却笑楊朱可拔毛。願賦遂初猶未得，羽流今日羡君高。

雲巖　屠隆　鄞人，主事

結屋依巖古殿空，何年巨石擘鴻濛。樹穿一線河流白，日吐千條海氣紅。
直是手捫飛鳥外，始知身在亂雲中。洞門爇火堪深入，疑與三茅九子通。

太素宫

太素宫高入窅冥。繡旗畫戟護群靈。爐峰政對黄金瓦，寶座天成紫玉屏。
蠟炬未殘仙樂細，経臺初冷霄雲停。下方銀海波濤積，涌出芙蓉幾朶青。

香爐峰

爐香寒遶樹氤氲，林外踈鐘隔水聞。鑿石亭空宜放鶴，就牀衣冷識歸雲。
日華倒射金書額，霞氣高騫寶册文。便欲棄家携一笠，采芝長奉玉虚君。

桃花澗

下馬扶藤策短筇，斷橋西雲躡霧蹤。紅泉細落桃花澗，青靄斜拖石笋峰。
太乙壇空猶有樹，寥陽路遠只聞鐘。但教一洗凡心盡，騎鹿仙人亦易逢。
白嶽同潘去華祝無功陳光庭詹君衡

程于旦曹忠可丁以舒遊　王之弼　龍游人

傾蓋名山夙有因，掀髯揮塵爲君頻。池疑石髓浮秋露，壇入香風拂座塵。
隔世烟霞迷鹿豕，爛柯日月老樵人。尋真歲歲期携手，流水飛花莫問津。

閲無量壽宮成　龍膺　武陵人，都司理郎中

半刹新開近帝廷，紫霄宮闕度雲軿。乍分浄土黄金界，更接玄都白玉屏。
怪石縈盤邀五老，群巒羅列拜千僧。化城不夜先傳法，照遍空中無盡燈。

白嶽　丁應泰　江夏人，邑令、給事中

懸崖烟靄挂蒼松，徑轉丹梯第幾重。絶巘春回飛瀑布，亂峰天近挿芙蓉。
金銀長現雲中闕，風雨時聞谷口鐘。勝地東南稱白嶽，光輝玉簡漢皇風。

天門

振衣飛舄每從容，策杖天門第幾重。雨過連峰標翠鷲，雲穿飛瀑掛蒼龍。
巖前霧擁諸靈駕，林外風傳萬壑鐘。欲問丹砂仙客遠，坐臨高路倘相逢。

偕邵都諫明仲登香爐峰　范淶　邑人，按察使

帝居仙嶽廠璇宮，孤嶼當筵落碧空。爐自乾坤開日鑿，香留雲霧古時同。
躋攀嵂崒人難到，眺望冥茫意轉雄。不有鳳池資羽翼，憑虚那得御高風。

白嶽酬詹孝兼君衡清風行之贈

靈嶽相逢意便深，劇談終日轉沉吟。陽春忽唱清風調，下里翻慚白雪音。
龍蟄重淵非寂寞，羊亡歧路費追尋。惟君最愛糸禪語，欲借禪關托寸心。

雲巖　于君瀛　濟寧人，尚寶司卿

雲巖中聳接三台，振翮凌風亦快哉。石蹬盤紆侵漢表，簾泉淅瀝傍雲廻。
金幢寶籙輝蒼壁，玉乳瓊芝映緑苔。歷覽莫窮玄窟勝，恍疑身世即蓬萊。

雲巖逢謝生　常道立　漢陽人，祁令、主事

巖巖峭壁石門開，乘興閒隨一鶴来。萬谷陰風鳴木葉，半簾晴雨長莓苔。
凉生洞口移仍憇，逕遶山腰去若廻。仙侶雲深無處覔，相逢幸有惠連才。

雲巖雨中懷丁元甫

石床不寐聽晨鐘，欲度玄關幾萬重。金鼎含烟香馥郁，玉室積翠氣春容。
乘風遍踏諸天界，携酒同迎五老峰。飛閣捲簾時極目，喜瞻雲雨到花封。

雲巖　鄒德溥　安福人，翰林洗馬

雙屐飛飛踏紫烟，徜徉仙窟轉堪憐。步廻雲磴星杓落，醉倚天門日月懸。
翠壁擎空春澹澹，清谿帶薄野芊芊。丹臺九籥今猶秘，且托名山草太玄。

紫霄崖　金鋭　邑人

從来閬苑不虚標，應有祥光降紫霄。列壑團雲長靄靄，諸峰吐霧自朝朝。
雨簾寒灑珠璣亂，天闕晴開金碧遥。笑卧此間忘歲月，藥欄幾度長新苗。

天門　龔文選　長壽人，巡按御史

嶺頭石壁最崔嵬，百尺門從一片開。壁畫疑分造化手，高深直指上方臺。
清霄有路天堪問，玄鑰無扃竅可猜。莫道層雲關鎖密，夜深應有鶴車来。

天門　莫雲卿　吴人

夢想靈源一度尋，紫霞成障石成林。倒看日月天門小，下聽風雷洞壑深。
投杖山光生起伏，傍衣雲氣失晴陰。悟来海嶽襟期濶，到此彌長出世心。

楠　臧懋循　湖州人，博士

壁立天都削不成，一株千古鬱崢嶸。氣連宫闕烟雲上，色借巖巒紫翠屏。
空裡似浮仙鶴影，月中時落夜猿聲。底須伐作山陽鼓，自有奇音滿太清。

太素宫　陳所藴　華亭人，憲副

祥雲縹緲護簾櫳，上帝端居白嶽宫。玄極九重開閶闔，赤霞一片判鴻濛。
杖頭旙影迎初日，殿裡鐘聲送曉風。下走肅衣瞻禮畢，靈光欲賦媿難工。

太素宫　戴熺　長泰人，巡江御史

千峰寂寂與雲平，人向蓬萊頂上行，丹府有田皆種玉，紫霄無處不吹笙。
簾懸樹杪星河濕，劍倚天門日月横。驅石何年東海去，曾如此處學逃名。

白嶽　沈茂榮　慈谿人，郡太守

驅車芳甸偏行春，振策靈巖暫采真。樹杪樓臺涵紫氣，雲邊洞壑絶紅塵。
鸞笙度曲迴仙駕，龍節頒香焕玉綸。徙倚天門瞻北極，願將嵩祝獻楓宸。

天門　蒲宗啓　弋陽人，郡通判

秋色天門眼界寬，步虚聲遶碧欄干。石楠帶雨晴常濕，簾瀑生風夏亦寒。
身近雲霄玄鶴迥，手捫日月紫虬蟠。浮萍宦海勞趨走，願借真人九轉丹。

雲巖　朱應奎　蜀人，郡司理

齊雲山迥與雲齊，霧破前茅路不迷。坐嘯天門揮日月，行穿雨幙捲虹霓。
朱陵參上雄鈞禮，玄時瑶臺寵御題。一自登封南國盛，不知帝子自賓西。

其二

震旦岧嶤峙介丘，凌虚飛步儼仙遊。已超闤闠三千界，還上璚瑶十二樓。
采采青芝春不斷，紛紛紫氣晝常浮。天高露下爐峰頂，遥接峨嵋萬里秋。

祀白嶽　　魯點　南漳人，邑令、户部主事

白嶽玄宫拱帝星，封疆柴望答休寧。天垂雙闕排鐘鼓，地湧孤爐簇輦屏。
久水分龍千里澤，片香下鶴萬人靈。光亟御碣籠雲氣，呵護關門紫翠扃。

文昌閣　　顧懋宏　崑山人，休寧教諭

盡日登臨興轉多，更携月席上層坡。閣中暝色迷蒼岫，檻外流光照緑蘿。
幢蓋影隨香案吏，笙簫聲雜步虚歌。昭回五彩成文象，仰視明星渡絳河。

太素宫　　吴芊　丹徒人，休寧訓導

盤桓曲磴躡雲根，北帝高居絳闕尊。萬姓乞靈通海甸，五丁開道峙天門。
瑶壇寶劒風雷護，玉册龙章日月掀。羽士晨朝仙樂迥，步虚聲裏悟真言。

太素宫　　詹軫光　婺源人，舉人

北極虚危擁翠華，南天宫闕鬱崟岈。爐烟忽散千峰霧，燈影常摇五夜霞。
絳節雲移閶闔動，丹臺日轉斗星斜。從知禮罷笙簫歇，不盡巖前墜瑞花。

太素宫　　王宗本　邑人，府同知

白雲靈嶽鬱寵嵸，磴道攀緣百折通。虎洞吹風廻大壑，龍湫激雨散遥空。
玉笙忽度仙人駕，羽節紛朝上帝宫。聖代即今昭祀典，尊分五時儗斗中。

太素宫　張壽朋　南昌人，主事

聖帝親題寶籙文，何須七十二朝君。丹梯直上迷青靄，紺殿凴虚護白雲。
開盡客懷千里到，引来仙吹半天聞。向平婚嫁應能畢，此地松喬自結群。

香爐峰　汪文璧　邑人，知縣

芙蓉攢翠勢峥嶸，中有爐峰拱玉京。想是飛来標特異，遂令斷絶聳孤擎。
江天氣結龍文幻，海日光摇鳳篆明。攬勝緑蘿登上界，衣沾香霧覺身輕。

天門偕金子魚同遊

懸崖巀嶪倚雲浮，一竅中空貫斗牛。鑿自五丁通紫極，開從三島接玄洲。
石柟鬱鬱垂天拱，玉笋亭亭掩霧收。旋覺珠簾晴灑雪，漫同仙侶浪遨遊。

雲巖　梅守德　宣城人

峆岈廻磴入雲峰，天與玄關啓秘封。日月平臨仙掌現，星河遥接御階從。
晴空飛雨三千尺，翠壁浮烟十二重。不是玄君開妙境，人間那得借扶筇。

都下意返齊雲　邵庶　邑人，都給事

仙源靈嶽幾躋攀，塵網相驅入漢關。邸第陸沉空歲月，故園遊夢遶蒼山。
三姑製就蘿衣贈，五老遥憐華髮斑。瞥向無生翻貝葉，素心長與白雲閒。

九日同范憲副原易汪大學潛夫登香爐峰

秋来爽氣振衣輕，把菊凌風倚太清。峭壁孤峰擎玉案，重屏列嶂簇金莖。烹雲石鼎和丹竈，吹月瑶臺奏鳳笙。同調雅歌誇勝會，幾回極目媿蒼生。

雲巖　王堯封　金壇人，知府

策馬西来乍釋肩，捫蘿直上白雲巔。四圍嶂簇千花巘，萬丈梯懸一線天。咫尺桃源塵世迥，氤氳羽盖翠微連。誰能脱履来棲此，縱不飛身也是仙。

白嶽　張應揚　邑人，御史

白雲深處絶纖埃，踏破春烟幾度来。天向壺中排洞壑，人從樹杪見樓臺。泉飛瀑布懸空瀉，峰擁芙蓉帶霧開。只此冷然風可御，何湏海上訪蓬莱。

其二

策杖重尋白嶽遊，白雲依舊滿山頭。門開石壁天爲鑿，梯挂藤蘿夜未收。巖雨時看晴晝落，爐烟長傍曉嵐浮。月明何處笙簫度，人在瑶臺十二樓。

其三

名山高與白雲齊，萬壑紆廻路欲迷。水滴崖前簾是雨，步凌岡頂石爲梯。手捫星斗層霄近，袖滿烟霞下界低。更上文昌看五老，還疑太乙杖青藜。

雲巖興復碑記志感　金繼震　邑人，郎中

高躡如登泰華巔，殘碑磨洗認先賢。人経絶代十九世，名逸空山四百年。俯亂蒼雲疑去地，平窺碧落別無天。巖前不改谿山色，萬樹茫茫籠暮烟。

太素宮　孫鏊　餘姚人，上林苑監

玄極宮高五鳳儀，玉虚金闕六龍飛。幡幢日耀朱霓閃，棟宇雲生翠栢圍。寶座爐烟清細細，瑶堦草色净菲菲。詞臣未拜題封禪，却戴南冠謁紫微。

寄贈丁以舒白嶽讀書　焦竑　應天人，翰林脩撰

暫寄真君山上廬，寒雲喬木伴幽居。黄衣未出青藜火，白嶽先窺玄案書。到處天門吹玉笛，有時月磴駐金車。散花歸夜門徒聚，應覩新篇一起予。

白嶽　汪先岸　邑人，御史

危磴千尋鳥道懸，嵯峩雙闕敞雲邊。松杉紛滴金莖露，鸞鶴高盤玉殿烟。廻望樓臺開洞府，時聞璈管奏鈞天。瑶亟自有長生訣，底事蓬萊訪列僊。

太素宫

振步星壇引羽衣，玄冥赫奕助皇威。五千道籙藏丹洞，十二神樓俯翠微。飛瀑清和天籟響，重巒迴映日輪輝。軒轅遺鼎憑誰問，拾得靈花滿袖歸。

太素宫　周天球　吴人

山樓靄靄復蒼蒼，萬壑千巖入混茫。忽訝二儀還太素，何来一炁搡靈光。
玄都豈是迷塗隔，真宰應將聖境藏。咫尺齊塵歸不得，即拚身老白雲鄉。

桃花澗　真空子

桃花谷裡好藏春，不道仙鄉是避秦。煉藥経旬鸞鶴守，尋真竟日水雲親。
興來把酒情舒咲，客到談玄便結隣。雙鬢老来無點雪，風光應得谷中神。

雲巖　朱國禎　烏程人，翰林庶吉士

靈巖金闕鬱蒼蒼，萬壑松聲鶴露凉。横劍餐霞尋羽客，聯鑣采藥共仙郎。
石梁花滿行吹好，玉洞春深坐夢長。遠道悄然悲去住，那知身在白雲鄉。

天池同魯子與明府丁以舒潘景升二太學遊　錢中選　長興人，歙令

豈是般遊上翠峰，天池却喜故人逢。客星霞表懸氷鑑，郎宿花間映岱宗。
石竇泉飛晴日雨，天門曲度夜唫龍。東南俯檻空機杼，欲挽洪波潤比封。

其二

嶙峋千仞翠峰隈，一鑑澄波天半開。高下烟霞浮几席，縱横雲樹落深杯。
懸流噴石飛晴雨，危閣排空接上台。欲解塵纓聊試濯，相携多是濟川才。

太素宮　　謝肇淛　閩人，推官

上帝高居聳翠華，蒼崖晝壁動龍蛇。九天金闕千峰月，百道霓旌萬壑霞。
地涌香罏供法像，池開藥臼護丹砂。夜来鸞鶴歸何處，落盡珠宮幾樹花。

石門寺同潘庚生丁以舒

謝于楚吴元翰登石橋巖

鞭石爲橋勢可憑，遥天烟樹鬱層層。懸崕路出孤峰寺，斷碣文埋半壁藤。
寒盡已無龍注水，夜深長有鬼依燈。下山雨裏空白首，幾片閒雲伴野僧。

白嶽會　　詹景鳳　邑人，通判

雲端連嶽削空青，卜日招邀坐翠屏。折節共懽逢地主，飛書先爲報山靈。
霞蒸酒氣流丹洞，風迫歌聲入紫冥。高誼一時成勝集，更教太史夜占星。

天池雨　　鮑應鼇　歙人，主事

青青夏木長琅玕，急雨排空倒挾湍。峽吐重雲迷綺席，泉飛激瀑落高巒。
幽奇何必晴光好，欵洽還逢勝賞難。六月扶摇知已近，天池爲爾起蒼瀾。

太素宮　　黄正賔　邑人，中書舍人

磴道逶迤駐六龍，光摇金闕白雲封。巖前月落攢群玉，杖底烟空曉萬峰。
峭壁飛泉摇雜佩，離宫清夜散踈鐘。步虚聲徹天雞雊，爲祝靈星澤九農。

其二

瑶梯踏盡意茫然，忽覩光生萬丈蓮。孤柱天齊通一氣，萬靈雲擁贊重玄。

仙楠霜老無凋葉，丹鼎霞飛有紫煙。喜駕長風借羽去，禮壇高傍斗牛邊。

天池鮑司農山甫管明府彦懷遊值雨　汪元功　歙人，知縣

雲搆孤亭半壁危，一簾飛瀑挂天池。漱来寒玉盈盈碧，瀉出鮫珠纍纍垂。

急雨欲催風在幔，層嵐乍結濕如絲。樽前恍惚疑鯤化，倒峡驚湍盡陸離。

文昌閣望五老峰

江南仙境絶繁華，春色初臨羽士家。殘梦未醒巖下酒，餘糧堪借席邊霞。

青松秀出仙人髪，絳雪飄成玉女花。最喜茶鐺消肺病，藥欄徙倚試新芽。

雲巖送魯子與明府轉民部舊廣州司理　余士奇　東莞人，祁令

徙倚孤高對夕陽，重逢猶憶五神羊。青山忽映紅霞色，緑蟻旋開寶樹香。

白練晴飛泉作雨，玄關天造石爲梁。也知不屬分符客，此日追陪盡省郎。

雲巖和余明府餞魯民部北上　潘之恒　歙人

郢歌曾和五羊城，並籍仙班列玉京。雲樹幸連桃李蔭，懸花應傍棡梅生。

天工絢綵支機巧，玄圃鵷鸞篋羽成。不是淹留逢石室，壺觴何以見深情。

石橋巖和汪大呂　汪文璧　邑人，知縣

萬壑深巖石作橋，彩虹飛渡薄晴霄。樓臺隱約雲中見，鐘皷依微天外飄。
泉涌龍珠璚屑濺，韻騰鳳管竹聲遥。岐山此日拚盡醉，休詫王生漫見邀。

紫霄崖　陳揚産　銅仁人，知縣

一笑浮名歸去来，紫霄峰頂獨啣杯。夜看星斗掌中落，曉見芙蓉天外開。
盡日披雲尋幻跡，有時馭鶴到丹臺。何當結社棲霞屋，重爲山靈闢草萊。

白嶽　梅鼎祚　宣城人

靈秀東南白嶽偏，天門日月迥雙懸。挿空樓閣疑浮蜃，廻午峰嵐盡吐蓮。
寒起瀑聲珠迸雨，暖蒸爐氣翠流烟。蒼然五老遥相揖，忽訝行唫入斗邊。

白嶽　閔宗舜　邑人，知縣

振步雲梯幾百盤，芙蓉面面繡琅玕。層崖霧合晴猶雨，古洞松深夏自寒。
静聽皷鐘飛上界，恍隨雞犬下仙壇。年来簪紱相抛久，何處堪尋九轉丹。

白嶽　劉克治　廣州

名區一入絶囂氛，芝盖行逢白嶽君。紫殿泬漻開福地，丹臺窈窕出彤雲。
山中瑶草無人拾，月下琅璈許客聞。關尹衹應占氣象，遮留堪著五千文。

望嶽喜晴　吴繼茂　邑人，通判

共携佳興試春遊，遶廓山光宿雨收。不盡飛泉寒欲墮，何来叠嶂翠如流。

雲霞縹緲三千界，金碧參差十二樓。便爾乘風思羽翼，冷然長嘯入丹丘。

閱無量壽宫成

福地莊嚴法界開，化城元自接蓬萊。碧幢絳節空中下，紫鳳青鸞谷口来。

峰擁蓮花依寶座，香浮柏子散瑶臺。請看像教歸東土，試向山頭問槲梅。

白嶽同鮑民部山甫汪明府長康遊　管橋　南陵人，知縣

層巒千尺白雲連，古樹青青不記年。路入天門開玉闕，簾翻滄海捲珠泉。

丹崖石竹流葱翠，緱嶺松濤雜管絃。此夕良朋懽賞處，知勞太史德星傳。

雲巖　王以哲　邑人

齊雲岩嶺接雲逵，隱隱重關磴道岐。秀攬六州成絶勝，名肩五嶽逞天竒。

峰頭藥草堪投煉，石上丹霞可療饑。此去仙凡元咫尺，好騎白鹿一追隨。

玉屏峰

獨上玉屏愜素登，夫容簇擁最高層。石橋西峙秋空碧，珠瀑東摇旭日升。

静聽斗邊龍劍響，坐觀洞口淡雲凝。浩然長嘯鳴天籟，不異緱山頂上乘。

白嶽同湯惟學丁以舒遊　崔師訓　太平縣人，會魁

白嶽江南第一山，風雲長爲護玄關。仙家洞壑丹青裏，羽客樓臺紫翠間。
結伴登臨心共遠，乾坤嘯傲迹應閒。此中誰煉長生藥，欲乞刀圭一駐顏。

白嶽值雨　金茂　邑人

結伴朝元入谷深，高居輦輅聳千尋。烟光掩映含丹壑，雨色冥濛護翠岑。
瀑水遥隨仙樂發，濕雲低接御香沉。乞靈天上人何限，誰觧玄君度世心。

紫霄崖　高維嶽　宣城人，舉人

縹緲晴崖紫氣重，披衣長嘯振群龍。自疑九炁靈爲篆，不羡三山幻結蹤。
瑶草採將玄圃潤，步虚歌徹彩雲封。望中共指黄山秀，獨摘天都第一峰。

白嶽　張應掄　邑人，太醫院吏目

捫蘿斷處復穿雲，五老招邀日欲曛。松撼晴雷龍起蟄，洞飛霽靄鶴呼群。
聲傳瀑布噓靈籟，翠削芙蓉拂斗文。一嘯巖空低萬壑，山光野色共氤氲。

香爐峰　陳鎜　江夏人，知縣

屹立香爐挂紫烟，中林有客坐譚玄。高標蚤識黄冠趣，層閣重開羽士筵。
秋盡西風廻雁字，夜深北斗動龍泉。何緣一借松蘿榻，携手銀河百尺懸。

文昌閣　　邵一儒　邑人

璇題數仞架崐墟，天禄崔嵬揔不如。日射簾櫳明翡翠，雲流窻牖燦瓊琚。
俯臨丹壑疑身幻，獨立青霄憶步虛。欲借曠閒雄著作，夜深何物燭琴書。

太素宫　　朱完　南海人

萬仞青谿絶世氛，鸞驂鶴馭擁玄君。參差宫闕中天起，縹緲笙簫下界聞。
巖瀑晴飛疑作雨，香爐高倚半連雲。捫蘿陟磴尋鑱記，石壁猶存鳥篆文。

雲巖　　丁惟暄　邑人

合沓千峰鎖碧霞，武陵流水石橋賒。雨聲不斷巖頭瀑，春色常迷洞口花。
天上龍翔開帝闕，雲中犬吠隱仙家。蓬萊誰覓長生藥，極目空憐泛海槎。

雲巖　　李祝儀　真人，舉人

片片芙蓉削不成，結廬雲際自孤清。巖邊疑有軒轅鼎，樓上遥聞子晉笙。
漱石飛泉侵玉案，鑿山借日作金楹。閉門不散真人氣，半榻霞光度赤城。

雲巖　　潘緯　歙人，中書舍人

清曉捫蘿入翠微，天風吹露濕輕衣。千山屹立晴雲擁，一壑泉流霽雨飛。
路遶天門聞玉磬，身隨羽客扣彤闈。悠然仙籟俱空寂，頓洗塵心萬刧非。

雲巖　　張成斐　邑人

靈山西峙逼雲端，攬勝疑從畫裏看。縹緲振衣凌萬仞，逶迤曳杖歷千盤。
日華遥盪金銀麗，雨氣高浮紫翠寒。笙鶴行當逢子晉，天風并爲送飛翰。

雲巖　　錢行道　吴興人

不記烟霄第幾關，微茫人境一溪環。龍驂玉輦迴仙蹕，鳥聚金泥翼聖顔。
天樂空中来絳節，御爐烟裏見黄山。夢游十載今初覺，信宿峰頭未忍還。

雲巖　　孫旭　應天人

丹崖翠壁鬱岧嶢，杖屨幽探石磴遥。雨歇仙臺千洞落，風迴帝時五雲飄。
名山不斷烟霞色，塵世空令歲月銷。望向峰頭發長嘯，天門鸞鶴未能招。

白嶽　　汪時元　邑人

天門高揭十洲通，削出諸峰面面雄。星斗縱横低樹杪，樓臺隱見在雲中。
雙看飛瀑千秋色，一嘯寒濤萬壑風。蹤跡已浮塵世外，席茅猶得卧崆峒。

白嶽　　張邦侗　鄞人

洞府名區次第攀，翩翩鶴馭入雲間。霄峰紫似真人氣，桃澗紅於道士顔。
白日展旗開帝闕，青天拄笏儼仙班。烟光香靄空中散，知是爐峰夜不關。

白嶽　程升之　邑人

危巒簇簇擁青蓮，嶽色嶙峋倚杖前。柴望升中尊地帝，採真方外問群仙。
白雲出没陳封事，紫氣氤氳護牝玄。簫鼓嗒然流壑静，只疑張樂奏鈞天。

白嶽　汪聖修　邑人

雲表天門石劃開，金樓複道入蓬萊。爐峰斗削擎層漢，瀑布遥飛殷薄雷。
上列三姑扶翠輦，西聯五老護丹臺。翹瞻鳳闕龍顔近，仙仗今行獻壽杯。

石橋巖

白雲飛出數聲鐘，上界樓臺紫翠重。萬壑嵐光浮薜荔，三天秋色矗芙蓉。
振衣已隔人間世，曳杖還探物外蹤。我欲遥尋赤松子，到来疑向石橋逢。

香爐峰　李思諫　邑人

仙磴逶迤轉曲隈，孤峰逈聳望崔嵬。彩雲影傍金爐合，旭日光含寶鉉来。
遥聽鸞簫過碧嶺，忽看鶴盖下丹臺。振衣絶頂朝辰極，縹緲香烟半欲開。

香爐峰　吴士良　興國州人

香爐峰勢倚雲孤，影入黟江幻有無。石詫青羊標玉柱，烟分絳鶴起蓬壺。
星辰獨峙空明界，燈火長懸不夜珠。欲向此中拾瑶草，微茫誰爲指迷途。

五老峰

五老峰生五色烟，翠華縹緲半浮天。雲陰野鶴飛還墮，日落空村斷復連。
莫訝采芝餘紫氣，還看燃鼎沸紅泉。雁門廬嶽分相峙，矯首西南望獨偏。

棲真巖　金鵠　邑人

懸崖壁立與雲齊，古洞弘開静者棲。伏火尚傳三轉石，淩虚別有百尋梯。
閒来趺足調金虎，坐久降心數木雞。不必安期瀛海上，長生有術宜教迷。

觀音巖　汪元英　邑人

靈山初日歛虚嵐，山嶂中開大士龕。僧入焚香觀自在，客来鳴罄作和南。
巖禽獨峙雲長擁，洞柳高垂露半含。水月禅心知不染，且依蓮座一回条。

鸚鵡石

大士靈龕静可依，仙禽異迹見應稀。竇含日影回金眼，苔染春痕换緑衣。
何事巖前長獨立，多年隴上不同歸。想曾觧得西来意，肯學人間語是非。

老君洞

石門深映石柟花，蒼翠陰陰日易斜。古洞人疑仙子宅，空山客到老君家。
玄風柱下来何遠，紫氣關前度已賒。萬仞靈巖堪騁望，别從西極見流沙。

輦輅峰

高峰鬱律鎖烟霞，翹首遥疑太上家。閣道側廻雙鳳駕，天門分駐六龍車。

山迎御仗陳玄武，樹引靈旗護翠華。應是軒皇臨海嶠，重停清蹕問丹砂。

紫雲關

關門高鑿路逶迤，冽冽飛雲入望垂。紫氣東来占已遠，青牛西度駕應遲。

天臨函谷春山合，地隱流沙夕照移。惆悵不逢關尹子，五千欲授竟誰知。

玉女峰

華頂仙姝絶代生，盈盈獨立宛含情。濃凝翡翠妝偏靚，秀映芙蓉格更清。

紫霧擁来秦美玉，青霄送下許飛瓊。洗頭盆注銀河水，夜夜西峰盥月明。

獨聳峰　曹鈇　婺人

壁立巖巖高接天，迥然特出萬峰巔。懸崖竟日涵真氣，絶頂惟時藹瑞烟。

境入無無空眼界，身登净净斷心緣。舉頭一望雲霄近，何用乘槎到斗躔。

白嶽　程秉武　邑人

天開靈島翼神州，紫氣蒸雲不住流。人代共知崇白嶽，塵寰此即是丹丘。

空華玉作芙蓉勝，幻色巒將日月浮。草禪才非司馬輩，含情落嘯海天秋。

白嶽　吴可棨　邑人

天門楠樹儼龍蟠，弄影珠簾晝亦寒。深洞石牀長溜乳，高臺金竈幾成丹。
峰頭薜荔堪爲服，巖際雲霞好當餐。自愧不如衣衲子，山中天地坐来寬。

白嶽　汪聖學　邑人

謁帝西来瞰出東，華光初徹蕊珠宫。巖前欲問黄冠子，洞裏還逢白兎公。
環珮鏘鏘迷曙樹，芙蓉片片點秋空。乘時一謝人間去，長嘯天閽駕玉虹。

榔梅菴　李允德　吴人

層樓面面拱飛甍，萬壑如鱗縱復横。壇上香塵風自掃，爐中法火夜長明。
危梁直似穿雲起，峭壁渾疑削玉成。時有峰頭仙樂奏，泠然身世在蓬瀛。

香爐峰　喻應夔　新建人

峰頭草露曉生烟，縹緲當空對法筵。獨聳翠華揺萬壑，常浮紫氣降群仙。
靈蹤自有雲霞護，真火還憑日月懸。我欲雙笻凌絶頂，御風疑近五雲天。

桃花澗　吴守正　邑人

桃花遶澗浥香塵，誰可招尋物外春。止水不流千片去，空山能駐萬株新。
敢言道士還留詠，恐悮遊人再問津。樹底誅茅堪避世，清時元不爲嬴秦。

廓巖　　潘之恒　歙人

高尋白社舊祠壇，徑入青冥轉鬱盤。廣樂疑從天上度，翠屏如對鏡中看。

歸雲飛擁千崕動，陰雪晴吹萬壑寒。便好乘風雙翮健，不勞神鼎問還丹。

同吴太常金儀部譚孝廉探五老峰　　魯史　餘姚人，舉人

絶地奇峰浸碧空，峰峰削出如芙蓉。山腰薄霧不成雨，谷口長松時生風。

調逼西京噴星斗，才豪南國鞭虬龍。與君俱抱百年意，願得青山白首同。

五老峰　　劉權　邑人

五老何年度石關，雲深猶自列仙班，圖披太極神應古，身寄名山跡自閒。

直以烟霞供服食，並將氷雪駐容顏。望中簪笏遥相向，疑是虞廷講道還。

太素宫　　任夢榛　邑人，通判

雲峰千仞俯天都，絶頂離宫象白榆。皓月中宵窺玉扆，晴霞半壁護丹爐。

旂常並偃蒼龍影，輦輅全披太乙圖。一自先朝禖禱後，至今山嶽效嵩呼。

白嶽簡魯明府　　高可學　新安衛人，參將

祠靈不憚費躋攀，洞壑冥冥氣轉寒。地主嚮期同駕鶴，仙家未許共驂鸞。

峰頭皎月猶堪侣，樹杪明霞信可餐。不向此中生羽翼，更從何處覔還丹。

望仙臺　　吴道達　邑人

從来仙客隱名山，極目徘徊萬岫間。左盼函關髙紫氣，右瞻蓬海駐紅顔。
八公起月騎孤鶴，五老飄雲問九還。莫怪登高長嘯傲，丹梯千古許人攀。

白嶽謁太素宫　　李元儁　邑人

石楠千古鬱空青，秀蔭天門護百靈。池鑒碧蓮開雨洞，菴盤玄樃閟霞扃。
金罏捧日標孤柱，玉輦扶雲疊五屏。足躡珠庭隨劍珮，瞻依北極乞椿齡。

雲巖　　孫湛　邑人

翠壁丹崖列紫氛，銀宫貝闕望氤氲。珠簾不辨陰晴雨，石户常封晝夜雲。
樹影蕭踈摇黛色，天書琬琰畫雷文。何来飛度緱山侶，吹徹鸞笙夢已分。

雲巖　　翟繩祖　東莞人

石劃天門一線通，玄關縹緲翠微中。香爐半似凌霄漢，巖瀑全疑帶雪風。
潦倒故人千里至，多情地主一尊同。興来不盡躋攀意，猶有新題媿未工。

雲巖雪曉　　陳之龍　鄞人，翰林編修

清曉分明銀海行，下方真見玉禾生。風前山雪蕭蕭落，雲裏宫鍾隱隱鳴。
直是天開玄武宅，轉疑身到白瑶京。寒空迢遞仙人路，聽得虚無幾處笙。

文昌閣

山閣崔嵬擁翠微，天門落日映朱扉。三姑綽約凝寒色，五老婆娑振羽衣。逸思偏于方外洽，沈酣冐與世人違。追隨盡是烟霞侶，乘興堪携蘿薜歸。

天門　薛岡　四明人

石門縹緲對中台，西去遥連玉帝臺。仙路曾將銀漢接，天梯直傍翠微開。三秋欲雨雲先出，萬古通明月自来。方士浪求東海藥，不知從此入蓬萊。

白嶽贈金斗陽錬師　王應遴　紹興人

瓊宫縹緲出雲端，中有仙人擁法壇。蚤向丹臺錬赤石，時從白嶽控青鸞。百年身世驚殘梦，萬頃蒼桑總急湍。我亦吹笙来覔伴，陽光九轉莫相瞞。

天門　陳履　東莞人，邑令

白嶽峰高紫氣屯，丹梯九轉到天門。停車自拂浮雲入，倚樹徐看落日昏。物外烟霞那易得，忙中歲月不堪論。風塵傲吏人多病，空憶仙人碧玉尊。

賦答丁以舒寄齊雲新志　焦竑　應天人，翰林修撰

白嶽峥嶸天下奇，十年参道有心期。寧知竹史書麟日，猶是雲山夢鹿時。烟暖瑶壇丹竈熟，雨深簾洞藥苗肥。何當一訪仙靈窟，布襪青鞋信所之。

雲巖喜姚寅丈適至　謝廷諒　金谿人，行人

依劉曾此賦登樓，忽漫臨風感舊遊。掃石蒼苔迷姓字，映堦瑶草自春秋。
崖傾雲竇珠簾灑，岫引天香寶鼎浮。見説高禖曾錫胤，先朝祠殿擁神庥。

其二

並捧天書下九重，更從仙嶠覔奇蹤。挂旗日映桃花澗，芝蓋雲移石笋峰。
天外連翩人倚鶴，斗間雙吐氣成龍。閒披岫幌垂春日，萬緑新肥帶雨濃。

五老峰　阮自華　桐城人，饒州司理

不信補天由五石，請看輯瑞擬三清。長年倚杖陪丹穴，何日聯裾戲赤城。
短髮如松垂古雪，蒼顔和霧起新晴。備官孺子滄洲遠，小别何堪萬里情。

三姑峰

飛瓊自向仙都住，玉女空車漢畤宫。别後白雲時在野，到来黄竹尚摇風。
吹簫那得隨高羽，含睇遥知惜轉蓬。誰令紅顔盡爲客，青天白霧久溟濛。

雲巖　林國光　閩人，安慶同知

靈宫白嶽自何年，萬丈丹梯百柝懸。珠瀑長飛青嶂雨，爐峰高拂紫霄烟。
雲廻鸞鶴疑無路，洞鎖笙簫别有天。帝子昇真遺鼎在，敢云蓬海訪神仙。

其二

絳閣憑虚聳太空，黃山面面露奇峰。門前珠樹干霄緑，澗底桃花點水紅。
五老龍嵸瞻氣象，三姑縹緲挿芙蓉。何人能解長生訣，疑在雲巖翠幾重。

白嶽　汪懋孝　邑人

白嶽靈區標地勝，紫泥睿詔貤天褒。輿圖不數秦封古，柴望應齊漢畤高。
象闕雲扶雙翠輦，珠庭風度八琅璈。小臣願取長生籙，拜舞遥持獻衮袍。

丁以舒讀書雲巖夢中有感遂建庵于碧霄峰下賦此以贈　施文德　黃巖人

新結精廬傍碧霄，紅塵自不到山椒。帝心神夢徵前席，高棟飛甍見此朝。
壁挂雙龍光射斗，藜燃太乙火通霄。凌雲賦就乘時獻，豈獨山靈屬望遥。

雲巖

雲巖翠壁應天星，開鑿何年借五丁。石上丹池神水注，簾前珠雨碧蓮停。
鹿馴古洞依金殿，鳳集神樓抱玉屏。好訴孤衷向帝座，天門高峙不曾扃。

冬日遊齊雲　黃流芳　博羅人，同知

門從天外鑿山開，浩劫應隨拄錫来。寂定法堂花舞雪，香浮蘭若石懸臺。
珠簾飛瀑齊雲出，碧澗傳聲遶殿洄。頓覺浮生無定着，九還何日覓蓬萊。

其二

曾説禪心花欲開，今看紫氣度關来。天門坐見楠無樹，石壁高懸鏡豈臺。霧捲珠簾晴復濕，雲環玉殿去猶迴。相逢休問長生訣，東南猶復有污萊。

冬日遊齊雲 鄭友周 定襄人，推官

奇峰峭壁倚雲開，仙境疑從海上来。萬樹天門隣日月，三山鐘鼓傍樓臺。香爐烟帶晴嵐矗，江水光浮拂檻迴。幾度凭高看不厭，恍生飛翰到蓬萊。

其二

齊雲金闕自天開，喜共休文載酒来。四海名山相對眺，百年嘉會幾登臺。軽烟淡霧零朝霰，野水平橋帶夕洄。瞻雲倚徙鄉思切，歸計何由學老萊。

庚子冬月同黄郡丞鄭司理祁閶

勘木道登齊雲次和二律 沈茂棨 慈谿人，郡太守

仙關獨倚半天開，上客聯轆覽勝来。削壁高懸疑欲墮，孤松秀蔭儼爲臺。梵音縹緲雲中度，澗水潺湲殿外洄。海内共憐時事沸，羽流幸未説蓬萊。

其二

萬石争奇四壁開，巨靈神劍削成来。飛梁洞吐風雲氣，絶頂烟横日月臺。獅象對蹲泉作吼，皷鍾旁擁嶂仍洄。新安全借回天力，把酒臨風賦有萊。

再登白嶽謁太素宮　凌登名　錢塘人，郡司馬

勑使傳宣下玉除，経駝白馬到雲居。琅函萬軸傳真誥，洞府千靈護秘書。帝遣蒼龍迎絳節，人看玄鶴駕鑾輿。仙壇分得蘭臺簡，夜夜神光燭紫虛。

其二

不到名山又十年，重因盛典謁金仙。舊時簾洞仍霏雨，常日爐峰自吐煙。朝禮暫来趨帝闕，皈依真已度人天。一官幸比東蒙主，願以金湯叩上玄。

奉陪登齊雲次韻　陳翔鸞　閩人，郡別駕

崔嵬金闕接雲開，上客聯翩作賦来。天外峰巒連紫府，筆端風雨洗瑶臺。鶴翻松影疑山動，花拂爐烟散麝廻。自愧凡心猶未了，漫陪仙侶步蓬萊。

其二

叠嶂霞光曙色開，玉簫聲逐彩雲来。眼空天外三神島，坐渺人間百尺臺。五老嶽凌霄漢近，萬松風捲野朝廻。使君登玩還憂國，當宁何年問草萊。

登齊雲　陳向廷　東莞人，郡司理

封内神臯北斗壇，上清宮闕出雲端。層崖鸞過簫聲渺，白晝龍歸玉乳寒。浩蕩幾人當選勝，陰晴終古此凭闌。揭来何處皈依地，猶笑浮生一宰官。

其二

高閣層崚向遠開，何来三度此徘徊。褰幃五老窺人出，倚檻千峰倒影来。
龍虎深堂空日月，洪濛驚坼起雲雷。共瞻紫極文昌地，争得群星對酒杯。

白嶽　黄尚忠　邑人

高峰秀出鬱崔嵬，仙子樓從北斗開。石劃天門通日月，泉飛洞壑走風雷。
金函書似秦庭至，玉井蓮分華嶽来。一肅玄崖超覽盡，千秋豪客此登臺。

其二

中天積翠象蓬壺，飛磴斜盤更鬱紆。瑶海夜光懸石室，函關紫氣抱香爐。
尋源漢使乘槎上，采藥仙童挾羽呼。名嶽登封何獨晚，白雲依舊鎖玄都。

雲巖　周維韓　嵊人

夙仰雲巖五老峰，幕間乘興步仙宫。重重烟樹籠明月，簇簇山巒駕綵虹。
洞裏龍歸晴亦雨，林間虎嘯静還風。鯫生遍覽渾如醉，幾度桃花夢裏紅。

白嶽宿金斗陽道院　馮煐　慈谿人，禮部郎中

天門路入欲忘歸，洞啓雲封閶闔扉。直造混沌空世界，却留雞犬洩真機。
冲霄壁立開丹扆，飛雨珠流拂素衣。望入虚危含紫氣，一聲鳥背塞鴻飛。

其二

玄嶽名從五嶽開，更遺白嶽屬雲来。天潢濬發歸鴻造，地軸雄尊舞象廻。日月籠開三里霧，烟霞袖拂七衮裁。勝遊幸續蓬萊興，堪羨登高作賦才。

雲巖　陳太醇　錢塘人，舉人

大和形勝絶天都，白嶽名區闢草蕪。色相莊嚴瞻寶界，山陵拱護占方壺。人勞竭歷攄丹悃，帝憫虔蒙闡秘符。況復高賢增壯麗，两度徘徊興不孤。

登齊雲懷丁明府　章嘉禎　德清人，吏部

何来飛鷲劈層霄，石闕岧嶢絳節朝。浮翠忽連滄海色，落霞遥接赤城標。即看靈嶽千峰紫，一嘯天門萬刼消。静夜泠然明月下，冰壺濯魄坐吹簫。

其二

香爐峰削拱香臺，碧瓦參差碧漢隈。雲裡笙簧時縹緲，殿頭日月自輪廻。層崖瀑布晴看雨，絶壑松風夜聽雷。最是登高堪作賦，幾人揮翰大夫才。

登白嶽　李喬岱　陝西洋縣人，邑令、户部主事

靈巖宫闕敞玄天，禮叩星壇瑞氣纏。桂父茅君藏洞壑，藻旒芝盖逗雲烟。紅飄桃澗春流外，香擁爐峰夕照前。幾度登臨清沁骨，抽毫長嘯賦遊仙。

其二

高盤帝時鎮神州，躡步虚同天地舟。不問羨門有白鹿，且騎函谷舊青牛。
依微五嶽雲邊出，隱見三山海上浮。下界頻聞歌歲稔，須知聖澤遍田疇。

謁太素宫 全天叙 鄞人，翰林學士

天然斧扆負罡風，端拱烟霄法相雄。豈爲流虹開帝畤，從知亭毒冒玄功。
萬霧肅駕龍鸞合，率土皈庭肸蠁通。敢以微蒙晞大道，願同田畯祝年豐。

五老峰

豈是飛来鷲嶺頭，龍鐘寉列采真游。白雲變换衣裳冷，玉洞緘題姓字幽。
聚族衹應窮浩劫，煉形誰與覔浮丘。三姑綽約臨朝鏡，長歛蛾眉背汝愁。

登白嶽 朱家用 邑人，中書舍人

神皋岝崿絶塵埃，幾度凌風振羽来。屐底烟霞隨吐納，杖頭星斗共徘徊。
宸居逈闢黄金闕，仙跡長存白玉臺。彷彿一壺多變幻，誰云勝槩異蓬萊。

其二

石户弘開隔宇寰，嶄然天設此爲關。欲探靈笈尋仙侣，仰叩玄宫禮聖顔。
雲罩御爐香裊裊，風傳鈞樂韻珊珊。棲心莫問人間世，且學軒轅鍊大還。

其三

玄君朝罷訪奇蹤，聖境何緣遇赤松。古洞綉苔攢翡翠，危峰承露湛芙蓉。
泉飛絶壁晴猶晦，霧寫芳林淡忽濃。長笑一聲空谷應，連翩鸞鶴得相從。

其四

百折千盤最上頭，流觀大塊即浮漚。清虚恍下三姑步，福地常隨五老遊。
斗燦南天開壽域，日升東海映丹丘。長生在訣從誰授，歲歷佺鏗結好仇。

登白嶽　王士昌　臨海人，大理寺丞

岧嶤名嶽俯晴空，積翠盤雲一棧通。秩自升中稱帝時，地當直北奠神宫。
巖前玉笈靈全秘，天半璇題勢更雄。霽色蒼茫臨欲動，扶桑初日映曈曚。

其二

躡屩危拔最上頭，飛雲脱木正深秋。名齊五嶽誰賓主，星絡中樞控斗牛。
清嘯儻能逢阮籍，勝緣還擬遇浮丘。步虚吹落霓裳曲，昨夜層霄聖蹕游。

其三

碧霄清切傍仙庭，獨擁天邊萬壑青。玉節徃来瞻紺宇，琅輿肅穆走玄冥。
乘雲鶴去墟烟暝，施雨龍歸海藏腥。聖世登封無一事，不將禪草副山靈。

其四

銖衣風御入虛無，吹雪雲門灑碧蕪。真氣匆匆浮扆座，晴烟細細駐香爐。
櫛梅院鎖軒窗寂，松栢途連洞壑孤。三十六峯相對起，山鄰天子舊仙都。

雲巖　駱駸曾　武康人，巡按御史

杖底蒼苔擁屐痕，冷風尺五是天門，玄關不散真人氣，絳闕常瞻帝者尊。
谷口雨簾晴乍響，壇邊星斗夜堪捫。遊人欲覓長生訣，五老無言道已存。

雲巖　程涞　邑人

羣峰環繞秀如華，巍殿中開擬帝家。香裊爐烟聯碧漢，樹摇岳色抹青霞。
寒生絶澗夏遺雪，暖聚層巖冬著花。步躡天門懸隔世，浪尋海上問星槎。

重登白嶽　許文玥　邑人

幾年未歷故山遊，此日重登值麦秋。洗藥池邊雲欲散，香爐峰頂霧初收。
神居碧落三千界，人倚瑶臺十二樓。是處烟霞堪結伴，尋真何用問瀛洲。

登雲巖　蔡翥　紹興人

曲磴盤廻翠幾重，不知身在緑芙蓉。草叢恠石驚蹲虎，樹杪飛流噴毒龍。
環珮風鳴深澗竹，笙簧雲奏隔溪松。生平賸有躭奇癖，濟勝還依一短筇。

其二

咫尺天門謁帝難，側身霄漢路漫漫。懸崖噴瀑晴還雨，古洞陰深暑亦寒。
塵世久無千歲藥，靈山合有九還丹。夜来得藉遊仙枕，清夢雲扶駕彩鸞。

雲巖　袁中道　公安人，進士

尤物從来九子聞，兹山奇幻更誰群。三姑絶似三珠樹，五老居然五朵雲。
列鼎陳敦存岫骨，飛朱灑墨寫巘文。滂沱頃刻翻霞壁，雨韻泉聲兩不分。

登白嶽　查柏　邑人

凉風輕屐蕩氤氳，滿壑松陰變夕曛。鳥路梯蘿千嶺上，洞門劈石九天分。
嵩頭瀑布飛青雨，峰頂爐烟鬱紫雲。好茹五芝騎隻鶴，僊壇長揖榔梅君。

登白嶽　吴孝標　邑人

嶽色屏開翡翠連，芙蓉片片撲高天。雲端錦字傳青鳥，樹杪銀璈逗紫烟。
石室夜封燒藥竈，玉泉秋滿種芝田。相携會擬騎玄鹿，笑指洪厓共拍肩。

登齊雲巖四首　邵繼才　邑人

石楠高擁白雲隈，蒼翠陰陰鎖緑苔。池上碧蓮開净社，關前紫氣護丹臺。
洞門一線通玄竅，磴道千盤接上台。何處仙人横玉笛，一聲吹落嶺頭梅。

其二

振步天梯望碧霄，行隨麋鹿度山椒。爐峰突兀雲成篆，澗道虛危石作橋。鵠立三姑殊窈窕，鵷班五老亦逍遥。飄然便欲乘風去，華表蹁蹮鶴可招。

其三

遥分紫氣半虛簷，書著還期令尹瞻。山擁晴嵐浮輦輅，嵯垂雨瀑挂珠簾。松風隱隱流清籟，池月依依暎素蟾。笑倚孤楠頻極目，白雲堆裏一峰尖。

其四

天門一望海天低，鍾鼓殷殷日未西。雙瀑遥從青嶂落，層巘高與白雲齊。山饒梅楖菴曾結，澗有桃花路不迷。欲向此中尋大樂，還將爐鼎傍霞栖。

【補】①雲巖　顧錫疇　昆山人，翰林祭酒

引伴投巖躡秘蹤，轉千名嶽寄情濃。三姑翼翼丈夫氣，五老依依稚子容。鹿卧樓前人不駭，鶴歸峰頂客能從。孤楠獨向天門立，羞傍差肩百尺松。

① 以下據明末本補。

中和坊　袁應兆　金陵人，博士

陟蹬乘風那倩扶，人天咫尺是玄都。凌空松韻鏗霞佩，絶頂雲陰護玉爐。

翠染烟蘿縈袖舉，碧環雪巘側身孤。到來已忘紅塵事，幽處時聞鳥自呼。

太素宫

靈山天劃迥凌虚，上帝巍巍此駐車。麗日團輝翔玉陛，碧霞蟠蓋映宸居。

氤氲烟氣香爐裊，縹緲音聲鐘磬餘。前代多男曾叶祝，一誠端賴速歆予。

文昌閣

文昌樓峻倚嵓龕，漫攝秋衣試一探。桂送午香風拂拂，樹摇山色碧毵毵。

傳家陰隲彰靈縣，駐世因緣著廣男。不盡塵心皆望遂，願教重作化書譚。

三姑峰

何處飛來三小阿，年華閱歷幾經過。未和管曲調儀鳳，誰爲梳粧挽髻螺。

鎮日垂簾觀雪瀑，含情無意剪春蘿。冷然明月同相照，世上紅塵到此麽。

珍珠簾　朱泰禎　嘉興人，御史

雲蹬層攀樹杪行，雪飛晴昊夜泉鳴。石爲銀蒜風初定，蔓引煆鬚熨未平。

笙鶴丹臺天籟發，懷新江畔稻畦成。脩廊詰曲沿溪轉，玉液霏微作雨聲。

太素宫　陸錫明　平湖人，郡太守督學

天遣名山護紫虚，芝泥曾到使臣車。石幢隱見宫中緑，碧瓦參差帝者居。
封禪有書非漢畤，榔梅何地不秦餘。底須泛海尋靈藥，水落花開自起予。

天門

乾坤户牖劈層空，納納憑虚受遠風。鳥道璁瓏非色界，九封突兀入神工。
雲穿屐底千尋札，天倒峰頭尺五通。倏忽此身疑夢翼，暫離塵鞅即崆峒。

文昌閣

我生有癖在奇探，一逕俄登似夙眈。傑閣雲章飛片片，諸天花雨落毵毵。
階侵鳥跡先遺頡，樹老龍鱗待問聃。翹首岱宗遥可接，絶勝説法現優曇。

三姑峰

僊姝結伴駐巖阿，莫訝巫山暮雨過。黛色半含侵緑鬓，烟容一抹點青螺。
春風自長宜男草，晴壁高懸附女羅。彷彿上元君鼎峙，夜深曾否散花麼。

朝真橋　王佐　嘉善人，邑令

長虹高駕影洄鄰，紫霧霏霏碧漢垠。千歲松枝巢野鶴，萬年石色冷荒榛。
從來石髓留僊跡，此去花顏逗水津。昨夜群昇向天際，傳聞笙笛覲玄真。

紫云關

陡立雙峰忽有群，珠宫逗露篆烟分。巖獅隱現呑朝日，嶺象霏微吐午氛。
電影列開嘘蜃氣，霞標劈碎散鯢鼦。想從丹盖遊旋處，若駕長虹覆海雲。

五老峰

盧山高卓拂烟嵐，此老猶然此處菴。鶴叫雲霄呼去北，猿隨杖履跪當南。
秦封愧與稱爲五，漢禮榮褒顯只三。满酌霞觴使君壽，華封先拜祝多男。

三姑峰

林林青髻簇山阿，峷嵂誰當此地過。老去求僊抛白日，閒來携伴曳紅螺。
囊猶繫肘留丹藥，衣上纏身有碧蘿。見説宰官親覿面，曾將靈訣贈貽麽。

登白嶽　姚之典　歙人，舉人

步虚直上白雲巔，突兀瑶臺出世緣。日曜東溟山是紫，烟籠北極帝爲玄。
字懸鳥跡千年石，岩吐龍涎百丈泉。聽罷黄庭飡玉液，飄然羽化欲登僊。

其二

天門天柱望僊蹤，拱日香爐輦略從。鳳雀飛來鸜鵒石，象獅蹲踞駱駝峰。
屏開玉嶂横旗誥，簾濺珠泉聽鼓鐘。五老三姑高萬壽，紫霄丹鼎鎖雲龍。

登白嶽　姚思孝　歙人，庶吉士

揮斥懸崖仄仄攀，重關鎖盡更留關。石包瓊玖何緣秘，雲媾崆峒不放還。
纔問天梯誰引級，忽從霞塢一分班。相逢莫訝塵中想，孤鶴凌飛萬仞間。

其二

鑿幽已沁心頭雨，何處龍湫帶雨寒。雲葉坐披羅漢影，風松笑落老人冠。
峰從慣識翻相怒，山自回頭幾借看。去去池邊迸洗藥，不知勾漏尚餘丹。

雲巖同灼洲年兄訪百歲老人　胡永順　杭州人，推官

雲際高巖石徑紆，望中巒岫只侏儒。帝從縹緲開雙闕，人在玄清掛一壺。
磨杵訣成輪是羽，步虛聲散藟爲珠。登臨最喜同僊令，飛舄行看欲化梟。

齊雲和胡司理年兄　唐登儁　蜀人，邑令、參政

山形錯繡似相隈，枏護天門石乳開。巖古猶傳玄帝跡，地靈應有貴人來。
泉如珠也飛瀑雨，峰似爐兮砥柱材。忽報山頭氣正紫，五雲瓊翠爲君催。

登白嶽訪邋遢仙　陳以聞　麻城人，進士

一道肩摩雜沓遊，亂山蒙茸有丹丘。武林世代何曾易，絳邑生年知幾周。
山爲有情偏有累，道惟能默始能休。憑師度與超凡訣，笑指終南八百秋。

齊雲　雪径涵

鳥道斜穿碧玉臺，龍宫深鎖白雲隈。山門停午日方到，草閣長年霧不開。
幾見梟將飛舄過，猶聞鳳引洞簫來。三千界外知何地，十二峯頭即三台。

珠簾泉　許寧　歙人

卓削青冥絶壁懸，挂空飛灑自濺濺。曉風不捲鳴鐘後，晴霰常垂立仗前。
萬顆蚌胎光錯落，一鉤蟾魄影嬋娟。荷衣得覲垂旒座，願洗塵根測上玄。

丁以舒先生讀書碧霄菴感神異夢賦此奉贈

真宇離宫接杳冥，還容一榻借談経。夢魂常作真人想，肸蠁俄通北極靈。
丹灶乞來煨芋火，珠泉分滿煮茶餅。令威解脱人間世，爲謝南華論贅形。

珍珠簾　韓四維　邑人，翰林庶吉士

削壁晴空灑緑苔，翻然坐冷亂珠來。無雲自下罘罳罩，不雨誰教疋練開。
已見葳蕤風乍捲，遥知纓絡日常洄。舊遊帝子真爲我，好挂霓裳對剪裁。

五老峰

仙班晴日麗玄都，笏拜真人自不孤。大化豈容留姓字，凌空何處覔根株。
蒼回天地玄元氣，秀畫乾坤太極圖。安得扶笻登絶頂，碧蘿煙月老雙梟。

文昌閣

振衣閣上拜文昌，坐眺西風桂子香。松繞青雲秋浄好，山迴赤日氣輝光。
人間天禄瓊琚列，我自圖書絳節長。況復有身香案吏，登臨不負紫霞裳。

桃源洞天

天門東下採真遊，風冷煙青道者留。丹竈有人埋日月，白雲無計换髑髏。
寧隨雞犬分靈藥，自向山泉擁蔽裘。悟得紫霞心一片，五湖明月此芳洲。

登齊雲　韓士元　邑人，同知

春宵挂仗上丹丘，啓路呼童秉燭遊。天地蒼茫知海曙，烟雲動繞覺山浮。
龍宫鳳輦神明護，玉檢金泥帝澤留。朝罷仙巖看次第，人間信是有瀛洲。

雲巖　陳治　邑人

翠巘丹梯萬仞盤，壺天樓觀九霄寬。珠簾織水疑鮫客，金像啣泥自鳥官。
静夜笙簫聞月殿，有時風雨繞雷壇。多生曾作玄真想，應許中宵沆瀣飧。

鸚鵡石

一脱唐宫幻夢驚，化身爲石伴珠纓。點頭已悟無生法，結舌寧忘解語情。
色相也因冬雪白，眼根長借夜燈明。緑衣舊侣空憐汝，枉受金籠學巧聲。

【補】① 題飛雨崖　戴章甫 邑人，户部

崖顔飛雨是耶非，散綺輕雲幕翠微。正許封姨遲月娣，可知神女灑香霏。蛟投合浦珠千顆，馬曳吴門練一圍。潤下碧潭清且冷，熱中人向濯癡肥。

贈棲真别業蘭谷山房　汪垍 邑人，御史

葆初熙世還其淳，何處桃源避甚秦。魄濯冰潭渾是澹，魔降毒猛不生嗔。囊雲飛潤流芳畹，野鶴鳴皐和德鄰，氣味一襟誰擬似，幽香千里永爲紉。

椰梅庵策經金羽士三元閣讀書之作　汪泗論 邑人，御史

潛修結伴山之阿，揚子玄亭未足多。五色雲深齊捧聖，一堂星聚想鳴珂。草呼書帶藉靈寵，閣敞木天賦切磋。嶽色參差看不足，錦囊爲爾費吟哦。

宿雲巖　郭奎先 蜀羅江人，僉事

盤盤曲磴上雲峰，藐視千山孰並雄。奇鬬石門天匠巧，異傳聖像鳥鳩工。三姑松髮常年緑，五老丹爐返照紅。坐對簾泉塵慮滌，此宵身在蕊珠宫。

① 以下據清康熙本補。

七言排律

雲巖　綦才　東萊人，巡按御史

靈府嵯峨翠幾重，海天一望遍雲封。丹梯巧踏華林月，幽洞遥傳浄藥鐘。猿鳥鮮能迎客下，烟霞偏覺入眸濃。千年泉灑珠簾雨，百尺濤鳴碧澗松。環珮蹁躚迷上界，芙蓉隱約削群峰。樓標紫氣疑浮蜃，旛繞青蓮恍挾龍。覽勝最欣能弭節，步虚誰謂借扶筇。東南自有鍾靈地，何必蓬壺訪秘蹤。

和綦直指公齊雲八韻　張天德　烏程人，兵備副史

環翠瓊巒壁萬重，浮嵐縹緲隱晴封。紫霄日近霞明練，丹鼎烟消送曉鐘。唱徹金鷄山色白，吹成鐵笛夜華濃。泉飛瀑布珠聯栢，石立嵯峨壁合松。多士皈依三教地，羣仙護法五雷峰。穿花爛漫思騎鶴，覽勝蹁躚欲化龍。謾道雲巖遺鳳管，誰知崖澗遍瑶筇。秦皇不識蓬壺境，入海間關覔秘踪。

雲巖　龔文選　蜀人，巡按御史

春風扶我步齊山，指點仙蹤另一般。磴道盤紆白嶽上，峰巒突兀紫霄間。桃花洞口含霞笑，松葉山腰帶雨顔。石竇幾開藏窖府，天門宜闢見玄關。縹緲丹梯聯碧落，金銀高閣出塵寰。一拳鐵削千年鼎，四面屏開萬壑灣。簾捲珠泉仙掌露，練拖嵐靄翠微斑。數椽羽屋笙迎鶴，幾處龍池玉作湲。

五老晴梳青髮鬟，三姑秀挿彩雲鬟。星辰絶頂低堪摘，日月層岡近可攀。
入夢畫圖雙眼濶，照人燈影一龕閒。空中鷄犬聲聲曉，壁上芙蓉色色班。
巖畔薜深疑島嶼，玄臺籟寂響瓊珊。喜從勝地千尋立，覔得浮生半晌閑。
老我風塵牛馬走，那尋勾漏乞丹還。

展誥峰即事　丁熙化　邑人

崛起中天接上台，宛如寶誥展瑤臺。蒼茫絶巘靈光動，縹緲層巒真氣廻。
秀攬玉函裒逸誌，華摛錦翰發新裁。文昌視草翩翩集，太乙吹藜数数来。
紫府籙成誇異代，黄庭書罷憶仙才。花宫象緯連霄映，石室烟霞滿地開。
盛典秖應同岱嶽，奇蹤差可比蓬莱。山川迥爲誰增色，翹望雙凫碧漢隈。

雲巖　曹元吉　婺源人

巘崿凌空峙扆屏，雲中神秀結玄扃。玉虚縹緲生天籟，金闕嵯峨啓曜靈。
瀑掛珠簾含雨碧，峰擎寶鼎吐烟青。丹光忽見流丹洞，紫氣何来滿紫冥。
隱隱瑶笙隨鶴馭，飄飄翠葆引鸞軿。九還從此逢有訣，始信松喬不記齡。

雲巖　侯維垣　儀真人，太倉司訓

名嶽嵯峨道路賒，群山合沓静無譁。羊腸一線捫蘿入，鳥道千盤隔世遐。
雲巖齊雲常蔽日，天門通漢欲乘槎。珍珠簾下晴飛雨，紫玉屏前夜放花。

金户憑虚呑碧落，瑶臺承露散青霞。泉流瀑布銀河掛，風起香爐紫霧斜。
千樹桃花開玉洞，萬峰晴雪卷寒沙。五老鵷班朝帝闕，三姑鵠立獻仙葩。
壇前星斗明飛電，掌上芙蓉吐翠華。玄虎藏威陰壑冷，紫霄凝靄暮嵐遮。
真人化去神留谷，靈境常生棗似瓜。野客扶筇探勝蹟，道人煮石煉丹砂。
吹笙聲應松濤響，洗藥香浮玉澗涯。欲學延生餐石髓，漫留此地飯胡麻。
採芝雲外千年食，種玉田中五色芽。疑汎海舟遊浪苑，還同閶闔駕雲車。
不知宇宙年何久，自擬喬松壽可加。豈必丹丘訪方外，人間玅境即仙家。

七言絶句

雲巖　汪進　婺人，布政

琅玕芝草滿空山，月上瑶臺鶴未還。五夜夢回凡骨冷，始知身在白雲間。

雲巖　于明　新安衛千户

青山一帶白雲封，金闕宏開動鼓鐘。兩袖清風輕欲舉，飄然直上最高峰。

雲巖　方漢　祁人

淡月雲房別有春，巖頭鐘鼓發清晨。香爐峰側車祇嶺，時見烟中作禮人。

雲巖　宋國華　奉新人，邑令

偶向山中摩道眼，孤踪偏喜鶴爲群。不妨芒履披長袖，踏破峰頭幾片雲。

雲巖　鮑仁　無錫人，都事

翹首雲巖倚碧空，萬重峰擁玉芙蓉。瓣香千里英靈裡，風落青山日暮鐘。

紫霄崖　汪尚恭　郡守

秋風吹客紫霄巔，萬壑千崖在眼前。烟靄莫教遮嶺樹，遥心先到五雲邊。

太素宫　茅坤　歸安人，副使

仙人丹竈九成臺，雙引河流天際来。長風吹洗峰頭色，萬朶芙蓉掌上開。

文昌閣　汪道昆　歙人，侍郎

亭亭虚閣倚招摇，風雨千山積翠饒。一片雌霓當户起，晴光初度赤城標。

天梯

萬丈丹梯入翠微，片雲冉冉叩巖扉。祇應洞口招黄鶴，不向山頭問白衣。

九日

大隗何處問迷途，五老翩翩緑髮殊。瑶草只今堪把贈，空山不用插茱萸。

天門　崔孔昕　山東人，郡守

西入天門步上台，茫茫石径倚雲開。遨遊浪跡歸何處，跨鶴楊州今又来。

秋夜　汪若海　婺人

明月瑶壇秋夜清，石床松屋聽談経。松間雙鶴忽飛去，萬籟不鳴心杳冥。

望仙　方廷鋭　歙人

石樓晴日翠雲生，赤脚山人雲裏行。搔首長歌紫芝曲，阮郎休作鳳凰聲。

白嶽會　何其賢　邑人，御史

崔嵬白嶽斗牛邊，邑屋賢豪大會年。莫道掩關機事息，片心遥逐嶽雲懸。

獨聳峰　王圻　松江人，提學副使

獨聳危巒接紫虚，洞天爲廪石爲渠。千年黑黍依然在，信有靈明護帝居。

太素宫　徐用檢　蘭谿人，太常卿

上帝居岑太素宫，步虚披雪羽衣同。篆香直與烟霏接，陡覺身浮渾沌中。

劍石　王寅　歙人

五老峰前鑄劍成，霜磨石上赤虹生。延津肯與雙龍比，仙駕青鸞覲玉京。

望仙

烟霞足處息飛仙，鍊就金丹不記年。一嘯萬山雲氣合，間呼白鶴下青天。

五老峰值雨　范涞　邑人，按察使

雲深細雨聽鳴鐘，載酒吟詩五老從。不是東山謝安石，偶来着屐歷高峰。

雲巖　金階　杭州人，御史

歸去蹁躚鶴御風，斜陽一望斷高蹤。不知後夜烟霞夢，飛過黃山第幾重。

白嶽　陳新玘　邑人

白嶽清秋入望新，瑤宮石室倚嶙峋。松堂夜半壁月上，鶴下聽経不避人。

天門贈羽士　王泮　紹興人，布政

賓陽谷口玉嶙峋，遥望天門映樹春。爲問此中誰是主，清虚宮闕誦経人。

石橋巖　李敏　邑人

石户穹窿透綵霞，乘風遥訪玉清家。數聲銕笛秋雲裂，落盡仙楠一樹花。

太素宫　馮夢禎　秀水人，翰林編修、祭酒

夢踏丹梯禮上清，紛紛仙樂奏乾城。玉皇親賜緋衣着，五色雲中樂珮聲。

雲巖　黄金色　邑人，叅議

良朋呼我躡雲來，長嘯一聲青天開。道士相逢渾不識，霞光月色滿樓臺。

白嶽亭　沈懋學　宣城人，翰林修撰

白嶽靈區隱少微，千峰秋色澹荆扉。閒亭獨坐渾無事，片片晴雲亂撲衣。

雲巖　程朝京　邑人，知府

齊雲山上露華新，面面芙蓉瑞日曛。芒鞋竹杖從来穩，踏破峰頭幾片雲。

其二

乾坤若大百年身，忙裏能閒有幾人。輪却道人巖下老，輪廻甲子不知春。

太素宫　錢穀　杭州人，郎中

萬丈丹梯百折通，飄飄兩袖御天風。欲從羽客窮玄討，先禮雲中太素宫。

大門　邵庶　邑人，都給事

峭壁天開一線通，雙懸日月照圜中。足亂烟霞紛錯日，却疑身世御罡風。

其二

芙蓉宫闕藹清暉，秀擁雲霞掩翠微。五老翹然塵壒外，遲予放鶴碧空飛。

白嶽　彭好古　麻城人，歙令、御史

滿簇停雲天際西，遥看白嶽與雲齊。只今踏破羊腸路，一㕭巖空萬壑低。

其二

千尺齊雲百里天，問期着屐已三年。洞中休覓長生藥，一日逢僧一日仙。

天門　陶望齡　會稽人，編修

一入天門路更幽，每從林杪見溪流。白雲坐斷人間世，猶有溪聲到上頭。

夜

丹壑蒼崖處處鍾，夜深天畔有孤筇。寒燈一點松龕裏，照見雲中五老峰。

水簾洞

祝世禄 德興人，吏科給事中

借得仙人碧玉笻，冥搜巖洞鶴能從。水簾不逐晴雲捲，閑數天青六六峰。

碧霄峰

散策相將汗漫遊，峰頭墮翠雨初收。凌風更上峰頭石，萬壑白雲如水流。

陪許閣老宿榔梅菴

羽士程松谷卷

章嘉禎 德清人，吏部

天上歸来海鶴姿，白雲五老夙相期。垂髫道者眉如雪，丹竈分光餉紫芝。

仙窟蒼虬倚寂寥，流霞滴翠翳晴霄。道人閱罷黄庭出，明月清風弄碧簫。

雲巖

謝存仁 祁人，户部主事

謁帝天門紫氣重，群真擁散望仙宫。低垂拾得金光草，一夜天風駕白龍。

白嶽

張訓 邑人，光禄署丞

乞靈如螘度仙山，萬古猶新路不閒。秪入白雲無十里，陰晴寒燠異人間。

其二

錦簇峰巒玉作關，貫珠簾幙瀑潺潺。爐烟結霧渾無晝，鳳蠟光中覲聖顔。

天門楠

詹軫光 婺人，舉人

疊疊峰巒勢自參，天門隱映紫雲含。虚皇應恐人迷處，故挿懸崖百尺楠。

五老峰

薜蘿爲衣松爲髮，聯翩蹴蹋凌超忽。道人長跪問紫芝，笑指巖頭一株發。

天門　陳履祥　祁人

鑿竅渾淪透太空，當年殊費巨靈功。雲霄咫尺金銀闕，不問桃花澗水紅。

紫玉屏

紫嶽峰頭列紫屏，綠雲深處隱彤庭。叩開石壁朝元去，留看乾坤隻眼青。

捨身崖

刹那由旬刼刼塵，空巖剩有萬年春。塵身不捨層崖下，那得虚空身外身。

月　沈有則　宣城人

斷崖千尺削芙蓉，一錫閒雲落晚鐘。獨倚月明清嘯發，居然天半走群龍。

夜　謝肇淛　閩人，司理

中天別岫翠糢糊，咫尺丹霄即帝都。夜半山窗烟雨裏，香爐峰頂一燈孤。

其二

洗藥池邊丹杵聲，紅塵隔斷旅魂驚。夢中不識朝元路，只在棲霞洞裏行。

珠簾泉　孫鏊　餘姚人

松月吟成出紫巖，泉聲汩汩落谿南。種桃道士歸何處，只隔雲山見雨簾。

雲巖　朱瑞鳳　會稽人，知縣

帝城斜日滿高臺，萬井千山烟樹開。樹裏黟江流不盡，南風時送客帆来。

香爐峰　張萱　嶺南人，中書舍人

紫烟高閣萬山青，禮斗歸来集衆靈。白晝玄關無一事，香爐峰畔讀黃庭。

五老峰　吴道達　邑人

五老各各邀仙子，霓爲羽衣雲爲履。西瞻亟谷紫氣多，東望扶桑紅日起。

老君洞

洞裏老君若箇是，五千著言猶在耳。霞光柱下片片青，氣色關前翩翩紫。

桃花塢　高維嶽　宣城人

獨御天峰萬疊霞，尋源亦自有仙家。人間欲覓迷相問，歲是三千一結花。

拱日峰

占盡靈山第一峰，青天片片散芙蓉。忽擎滄海扶桑日，照破塵寰幾萬重。

廓巖中立石　朱正民　邑人，上林署丞

廓巖突兀碧雲堆，又得偷閑着屐来。望裏雲天高尺五，相看中立對靈臺。

飛雨樓　周天球

盡日看山飛雨樓，飛泉挾雨映窓流。陰陰雲氣侵衣冷，信有人間五月秋。

五老峰　皇甫汸　崑山人，副使

五老西来高揷天，参差遥與白雲連。三姑若問誰争長，緫在山中不記年。

五老峰　汪道會　歙人

三孤石畔晚霞明，五老峰頭落日晴。翠管雲璈飄不斷，天風遥散步虚聲。

天門楠　吴翰　莆田人

一樹枯楠碧漢間，天門開處鶴飛還。孤根化石晴含雨，香葉爲雲暗滿山。

丹梯　詹天鳳　婺人

曲曲丹梯萬石攢，天門中斷五丁開。虚皇不塞長生路，却許世人自徃来。

玉屏峰

扶摇烟霧亂山青，仙侣乘鸞駐翠屏。鐘皷聲中經未罷，天花落處樹冥冥。

珍珠簾　徐作　南昌人，侍郎

天門杳靄接罏峰，中有飛泉挂玉龍。白晝晴飄珠萬斛，决眥真可蕩心胸。

玉屏峰

巍峩仙闕玉屏開，朶朶青蓮擁上台。蔽日虧雲高列嶂，時聞風雨萬靈廻。

白嶽　趙善政　涇人，兵備副使

白雲長向嶽中生，此巖因之以白名。一線通天知有路，回看人世萬緣輕。

飛雨樓

聞説齊雲接上台，危樓長嘯忽雲開。何人倒挽天河水，幻出晴空飛雨来。

龍池

一道寒流瀉劍峰，遥看白日霧重封。只今四海思霖雨，誰識天池有卧龍。

虎岑

怪石依稀出薜蘿，負嵎勢猛欲如何。新安自是弘農政，有虎于今亦渡河。

棲真巖

棲真巖上有真人，我欲飄然作比隣。嘯引清風丹灶在，紫芝瑶草自相親。

車谼嶺

白嶽雲巖此在中，千盤鳥道一車通。不知身已平霄漢，兩液飛颷倏御風。

鐘鼓峰

天造玄宫即化城，東西峯列不知名。容来夜半聞清籟，疑是空中鐘鼓聲。

沉香洞

沉香洞外路微茫，洞裏懸知日月長。五百神仙頻駐輦，時聞笙鶴度蒼蒼。

文昌閣　朱國禎　烏程人，翰林檢討

高樓百里望黄山，一碧天青襟帶間。獨有白雲封絶頂，瑶光點點鶴飛還。

其二

灑然飲酒五峰下，猶記當年六六峰。三浴寺前甘露水，至今身在覺從容。

太素宮　劉汝佳　邑人，工部主事

窈窕玄宮金碧輝，香爐前裊玉烟飛。漢皇方祀勞封禪，無上高真擁太微。

五老峰

五峰天表挿芙容，秀聳文昌閣上逢。把酒欲呼諸老醉，白雲何處覓仙蹤。

雲心广訪丁孺三　黄習遠　蘇州人

碧霄峰下羽人家，縹緲笙簫隔暮霞。馭鶴仙郎何處去，攤書几上點飛花。

雲心广　朱廷旦　嘉善人

碧霄峰下畫欄凭，縹緲香風入座蒸。翠雨話深山閣草，白雲眠破石床藤。

珠簾泉　汪應婁　新建人，舉人

曲曲尋幽叚叚殊，巖懸清溜灌醍醐。山晴不斷一簾雨，海日常傾萬斛珠。

碧霄峰

碧霄庵上碧霄峰，隱見雲霞淡復濃。長嘯一聲鸞鳳至，秋風傳遍萬山松。

【補】①

贈邋遢　姚舜牧　湖州人，修國史

清晨來訪邋遢僊，邋遢僊人猶未起。嗟予常存邋遢心，祇恐僊人亦如此。

桃源洞　范允臨　蘇州人，督學

羽袖飄飄香夜風，翠幢歸殿玉壇空。步虛聲盡天未曉，雲壓桃花月起東。

桃源洞　葉秉敬　開化人，知府

白嶽雲邊一徑通，扶餘海上自稱雄。何如少室齊嵩嶽，堪老稜層面壁翁。

贈邋遢仙　劉鐸　廬陵人，知府

碧樹晴嵐鎖洞奇，洞中仙子薜爲衣。人間日月誰能管，獨坐峯頭送夕暉。

其二

翠屏烟障漫爲家，跣足蓬頭歷歲華。已拼此身爲木石，不知世上有丹砂。

贈邋遢　沈士茂　湖州人，主事

千丈崖前一衲遊，人傳甲子欲三週。只饒徑寸光明地，年年海屋爲添壽。

---

① 以下據明末本補。

【補】①

本朝

中州古蓼王者香同新鄞楊式棡於皇帝嘉慶十六年閏三月初一日偶遊齊雲宿梅軒道院感而賦詩以誌齊雲勝跡

霧融烟靄接空濛，水遶山環無路通。會待振衣千仞上，始知身在五雲中。

其二

峥嶸天險見崇山，雲徑崎嶇覔路艱。凿瀑夜飛珠箔洞，丹霞朝擁玉虛關。畫圖妙境工難繪，日月壺中奥可攀。學得長生真諦訣，瑶臺端不羡塵寰。

其三

百年啣泥塑化身，而今顯應屬蒸民。洞天毓秀峰巒古，福地鐘靈殿闕新。大士預栽陰隲果，五丁開闢艷陽春。吾儕盡覔登雲路，誰是蓬萊隊裏人。

其四

昔聞齊雲仙，今到齊雲山。仙爲木居士，山在萬峰巔。遍訪衆羽士，不知人與仙。但觀靈秀地，勝境屬天然。

① 以下據清嘉慶本補。

卷之五終

【補】①

道紀司都紀　吴思道　號德伭　俞麟振　號聖濟　汪奇功　號廷勳
道會司道會　程長生　號位修　程德鳳　號瑞文　朱之晨　號志汝
提點司提點　鮑公盛　號文郁
江永壽　號焕南　汪朝伸　號襄佩
贊教廳贊教　黄含章　號德兆
提舉司提舉　李敬禄　號德其　汪日根　號東望
知事廳知事　汪千昇　號如日　游世鈞　號天勻　江有輝　號惟耀　程忠倫　號丹仙
贊教廳贊教　胡永華　號舜年　業鳳翔　號岐山　洪士鉅　號惟周　汪元福　號宜遐
王起種　號植五　朱世楷　號端木　吴文科　號瀛仙　汪三元　號廷英
黄德亨　號君獻　金士龍　號秉六　曹忠興　號惟邦　汪廷羆　號渭陽
張明鑑

① 以下增補内容，據清嘉慶本補。

提舉司提舉　汪廷杭　號文洲

道士　吴日瑶　號奇玉　潘麒麟　號廷雲　金正銓　號在周　詹聯文　號凡有

江振鷟　號羽彩　朱天馥　號馨谷　汪騰蛟　號龍友　吴兆龍　號見田

游率義　號士宜　戴大柯　號璨廷　吴永和

嘉慶辛未重修

東陽道院

東一房

道會　汪汝城　朱起瞻　王廷珍　汪得英　凌慶時

程有亮　汪秀　汪標　江衍慶

浄樂道院　金銘玉　胡時意

西一房

梅軒道院　江尚禮　汪瀾川　提點　汪爾昭　諱汝睿　劉槐修

道會　宋則兼　宋震倉　宋廷珍

丁復先房　汪振芳　汪金順　詹錫雲　程光宗　汪兆林

汪秉熙　汪連榜　廷標

斗陽書院　知事　洪樹三　洪玉章　胡光元　江開慶

吴伯貞房　楊錫三　曹三壽
江蘭谷房　倪世榮　汪德孚　汪開榜　鮑桂亭　游文勳

東二房

徐海岳房　程思祥　汪汝泰　胡有元　汪文燦　汪秉植　汪邦炎
太微道院　李廣聞　胡增喜　王宜秊　汪福龍
程茶邸房　洪芹初　詹凝璧　汪期贊　汪百歲　詹旺林

西二房

西二道院　道會　詹啓思　舒國治　劉雙龍　汪汝聰　汪觀寶
王平安　洪三慶　胡天喜
胡伯陽房　汪有福　劉炳兆　潘友雲　俞君耀　江惟照
程旺保　汪　松　江萬源

星源　弢甫詹積中承命秉筆修誌。因誌内間有糊塗闕略之處，僭擬誤書，以俟後之繩愆君子再復删定，贊修恕督是禱。

嘉慶十六年歲在辛未仲秋月，孫叔一房道會宋周喜倡首捐修。

本羅正修房原版倡修，補其闕耳。

卷之五終

歙西虬川黄雨金鐫訂

附録一

嘉靖刊齊雲山志（節選本）

齊雲山志序例

一山之志雖非一邑一郡之志，其事亦必稽實，斯可垂之久遠。

天門爲斯山絶勝，志者亦未特書。他若居人、遊士獨賞斯名者，往往采入，今悉除之。

斯山西來二十里，自石橋巖丹厓翠嶂，交疊争奇。無舊志，其名不可考見。相傳萬鼓山、九鼓峯、應龍巖，今采入之。

凡名山必以人顯，志山而不志人，可乎？今自唐龔栖霞以下數人不復列于道侶。斯山以太素宫爲統領，石橋院、蜜多院故各系二巖之下，而高僧亦稱附録焉。

汪以先，志者不祖，而以道寓書之誤矣。且明時復振，斯山道行，歷可考見。方士欽、方鼎，師受其道，俱得與龔栖霞並書。

許道永、胡守中俱師鄧道瞻，而與力興起，斯山志者遺之，以潛陽子之傳未有考耳。

身後而功與行迺定，凡道流存者，俱惟書其姓名而已，他盖有所俟也。

杜昱有《石橋巖記》，如覺有《蜜多院記》，于瑄有《潛陽子傳》，今皆訪采入之，存古盖以信今也。今人紀詠，有大乖於述作之旨者，不敢詳焉。

齊雲山圖

（略）

齊雲山志

勅命

皇帝勅諭官員軍民諸色人等：朕惟玄元之教，其來尚矣。肆我祖宗朝以來，所在崇奉，有隆無替。齊雲山寔惟真武棲神之所。近該正一嗣教懷玄抱真養素守默葆光履和致虚冲静承先弘化大真人掌天下道教事張彦頨奏稱：齊雲山肇自宋初，真武化身，百鳥啣泥，塑立神像，顯應於昭。嘗經水火、迅雷、烈風、厓石，屋宇巔摧，神像不動。迄今數百餘年，金容如始，凡飾難加。四方士民，遇蝗災旱澇，徼福永嗣，有禱即應。朕嘗專遣真人詣山禱祈儲嗣，果獲感應。但祠宇年久卑陋，傾頹未加修理。今將本觀原納該府香錢，特與除免，以備本山常年修理之費。觀賜名曰玄天太素宫。特降敕護持，凡一應官員軍民諸色人等，敢有不遵敕旨，肆行欺毀，攪擾侵損作踐者，必治以重罪不宥。故諭。

勅　命

嘉靖十九年正月二十一日

之　寶

嘉靖十八年九月初九日奏請
正一嗣教懷玄抱真養素守默葆光履和致虚沖静承先弘化大真人掌天下道教事臣張彦頨謹奏，爲懇乞天恩，旌揚福地，以昭祀典事，差本山住持道士楊玄相親賫。本年十二月二十日欽奉聖旨：覽卿具奏，爲國報神忠悃，觀賜名玄天太素宫，原納該府香錢，特與除免，以備本山修理，便寫護勅給去，禮部知道。

嘉靖二十年九月十五日，正一嗣教懷玄抱真養素守默葆光履和致虚沖静承先弘化大真人掌天下道教事臣張彦頨謹奏，爲謝天恩，請天選永潔焚修永隆聖典事，本山住持道士楊玄相親賫。本年十月十五日，欽奉聖旨：玄天太素宫昔著靈應，挺生皇嗣，委宜崇重，朱宗相准授太常寺寺丞兼本宫事，汪曦和除授提點，鑄降印記，公同管理道衆，晨夕焚修。禮部知道。

嘉靖三十八年正月十六日，正一嗣教大真人張永緒題奏，爲懇乞天恩，請天選以續焚修，永隆香火事。保勘得道士金元清，合應銓補提點，加授道録司左正一，職員管理宫事。奉聖旨：是。禮部知道。

御製齊雲山玄天太素宫之碑

徽州府齊雲山齊雲觀，原有真武聖殿，相傳自宋寶慶中建，而真像則百鳥啣泥所塑成者。

迨今數百餘年，金容如始。遐邇人民，凡有祈禱，必皈赴焉。朕因嘉靖壬辰，以正一嗣教真人張彦頨奏，令道衆詣山建醮祈嗣，果獲靈應，自是設官焚修。而祠宇卑隘傾頽，不稱崇奉至意。爰命巡按御史，庀工程材，遣高士陳善道，錦衣衛千户何昮，往董厥役。以嘉靖丙辰八月啓工，脩建真武正殿，並左右配殿，添設供器、鐘皷樓等項，復創建三清殿一區，規制宏麗，儀物備飾。更題曰玄天太素宫。惟此山高五百仞，盤繞百餘里，上應斗宿，俯瞰大江，峯巒秀特，嵒洞幽奇，允爲東南之福地，神霄一洞天也。至是宫成，金鋪玉映，始足以妥明神而增勝槩矣。御史奏請朕文勒碑，以示永久。朕惟帝以天一之精，炳靈降世，感召元君，授以無極大道，丹成冲舉，受册瓊臺，主鎮北方，輔化制運。昔我太祖、成祖，開基創業之時，帝赫著神靈，翊成丕績，乃立廟南都，建宇大嶽，殷禮秩祀，前後並隆。及朕纘承大統，復荷帝宣靈昌胤，章章若是。玄功聖德，莫罄報稱。比歲常發帑銀，脩飾大嶽太和山宫殿門廡揭坊，額曰治世玄嶽。夫神無往而不在，則禮宜無往而不備。朕謹效法祖宗，隨在祇若明祀，於兹宫之建，罔敢緩焉。惟帝鑒享，克誠保佑朕躬，昌延皇祚。俾歲稔時和，内安外靖，佳祥駢集，教法興隆。則帝之福德，益衍於無窮，而朕實永有賴矣。

嘉靖三十七年六月初九日

勅清微演教崇真衛道高士兼三宫住持陳善道：直隸徽州府齊雲山真武神殿年久頽圮，已經巡按官查勘估計，具奏前来，今命爾同錦衣衛千户何杲前去，與同太常寺寺丞兼玄天太素宮提點朱宗相管造，修盖正殿，并添設配殿鐘皷樓等項。爾等宜用心督理，建造如式，期於工程堅固，可垂經久，以稱朕崇玄妥聖至意。其欽承之毋忽。故勅。

廣　運

之　寶

嘉靖三十五年六月十二日

勅錦衣衛千户何杲：直隸徽州府齊雲山真武神殿，年久頹圮，已經巡按官查明估計，具奏前来。今命爾同清微演教崇真衛道高士兼三宫住持陳善道，與同太常寺寺丞兼玄天太素宫提點事朱宗相管造，修盖正殿，并添設配殿、鐘皷樓等項。爾等宜用心督理，建造如式，期於工程堅固，可垂經久，以稱朕崇玄妥聖至意。其欽承之毋忽，故勅。

廣　運

之　寶

嘉靖三十五年六月十二日

巡按直隸監察御史莫□□，爲懇乞天恩，欽施勅建，大昭聖德，永隆香火事。奉都察院巡按南直隸應字六千五百一號勘合劄付前事，准禮部咨該本部題祠祭清吏司案，呈奉本部送禮科抄出。太常寺寺丞兼玄天太素宫提點事朱宗相奏：伏照齊雲山肇自宋初，真武化身，塑立神像，顯應昭著。嘉靖十一年欽差真人臨山建醮，祈誕皇嗣。續蒙聖恩，特賜額，授臣寺丞提點，受恩至渥，補報莫能。但逢聖壽、元旦、長至等節，修醮誦經，一誠祈祝。每隨朝賀之年進呈經數，以表報私。切緣本山高峻一十餘里，中虚五十餘畝，拱北鎮南，山形奇勝。但懸厓立宇，神殿年深，風雨滲漏，棟宇朽腐，雖有香火微資，屡加脩補，不能建立新殿。臣見太和、龍虎等山，俱蒙施建重新，伏望恩施錢粮，勅建琉璃瓦殿宫宇，添設左右配殿，及鐘皷樓三門，差道官一員，協心監督，例照諸山堅固，永遠崇奉，俾臣等焚修有賴等因。奉聖旨：該部知道，欽此。欽遵抄出到部，送司案呈到部。爲照本山形勝奇特，玄靈顯應，素著護國佑民之績，當弘崇神表異之規。經今年久，殿宇損壞，欲照太和、龍虎等山，並賜重建，似亦相應。查得二山重新工費用，堪動官銀及香錢内動支湊辦。今據宗相奏稱，本山香錢僅足脩補，未充盖造，所有應用銀兩，合行酌處，候命下行。移都察院轉行南直隸巡按監察御史，即將一應工程，擇委廉能官員估計，合用琉璃瓦木植磚石顔料，及匠作夫役工食等費銀兩數目，查勘本山香錢，如果不敷，應該動支何項無碍官銀，逐一議處停當，徑自具奏修盖等因。嘉靖三十五年二月十九日，太子少保本部尚書兼翰林院學士王□□等具題。二十日奉聖旨：便着估計速奏，不許欺怠。欽此。欽遵擬合就行，爲此備咨到院，准此合行劄，仰本職依奉查照施行，奉此仰抄，案行府照依劄案備奉。欽依内事理，轉行推官李廷龍，估計查勘，議處停當，造册具由呈奪，以憑施行。

右仰直隸徽州府經歷司抄案

嘉靖三十六年四月初八日，工部營膳清吏司爲傳奉事，奉本部連送該本部題本司案呈，嘉靖三十五年六月十六日辰時，該内府承運庫發出欽降銀一萬兩，着本部官領去，交與陳善道等因到部，送司案呈到部。今將前項銀兩，親詣該庫領出，即日差委本部進士黄□□管領，星夜赶送，交與陳善道，取經该衙門回文收照等因，本部左侍郎雷□□等具題。十八日奉聖旨：是，欽此。欽遵連送到司，擬合就行。爲此合用手本，前去欽差高士陳善道處煩爲查照。本部題奉，欽依内事理，欽遵施行。

嘉靖三十五年六月十八日，郎中劉秉仁、巡按直隸監察御史莫如士，爲懇乞天恩，欽施勅建，大昭聖德，永隆香火事。奉都察院巡按南直隸應字六千六百九十四號勘合劄付前事，准禮部咨該本部題祠祭清吏司案，呈奉本部，送禮科抄出。巡按直隸監察御史莫如士題稱，修建齊雲山真武殿已經具題，合用物料，會同估計，該銀三萬三十八兩四錢，後蒙欽降銀壹萬兩，共四萬三十八兩四錢，欽遵謹將前銀分給委官置買物料，成造殿宇，尚有餘銀一萬兩。經高士陳善道、千户何杲，會同臣等，看得舊殿左廊後原有屋宇一區，内供奉三清、玉帝聖像。議照上帝不當例在正殿左側。查得太素宫東拱日峯下隙地一段，入深一十六丈，橫闊九丈六尺，相應創建殿宇一區，左右兩廊，前蓋三門，奉安聖像。及照真武新殿并配殿等處落成之後，内缺供器牌位鐘鼓等項，半山坡可建石牌坊一座，并碑亭碑石。欲將前項餘銀買辦物料，召募工役，建造竪立，庶俾享祀各隆，儀度益備等因。奉聖旨：該部知道，欽此。欽遵抄出到部，送司案呈到部。臣等看得御史莫如士所奏，三清玉帝聖像列在旁廡，神棲未妥，委宜改建，其供器牌位鐘皷等項，及牌坊碑亭，均不可缺。既有前項餘銀，工亦足辦，相應俯從所請，合候命下即行。彼處撫按衙門，會同高士陳善道等，准令動支，照議建置，儘一萬兩爲正，不許再行科派。候工完之日，具奏等因。嘉靖三十六年正月二十九日，本部尚書兼翰林院學士吴□□等具題。二月初一日奉聖旨：是，欽此。欽遵擬合就行，爲此備咨到院，准此合行劄仰，本職依奉查照，施行奉此仰抄，案行府照依劄案備奉。欽依内事理郎使，會同管工官員，作速依式建造，仍備行欽差督工衙門知會施行。

右仰直隸徽州府經歷司抄案

嘉靖三十六年四月初八日

齊雲山志目録

齊雲未有古志，邇來已兩修志矣。歲乙卯，郡侯朱公命寅復修之。且提點汪曦和、道紀汪尚相、道會陳鑾相請之於予久矣，於是略爲撰次之。名山分鎮宇内，而彰顯遲速有時，故志肇運第一。奇秀錫號紛紜，而地理各有所據，故志山水第二。神靈栖託莊嚴，不可不侈其奉，故志建置第三。非人則神靈無所司，故志道侶第四。無人則奇秀有貽羞，故志高道第五。帝王統宰宇內，凡名山不經祀典者，終非彰顯，故志祀典第六。文以飾萬物，以徵往昔，以垂來今，故志紀詠第七。七篇具而齊雲可槩觀矣。其詳略尚有望于後之君子正焉。

齊雲山志卷之一

肇運

齊雲嵓在新都休陽西三十里，高五百仞，盤繞百餘里。上臨斗宿，雄鎮大江之南，中多峯厓嵓洞。石門嵓、蜜多嵓、石橋嵓，闢自唐代。至宋寶慶中，有余道元居蜜多嵓，廼有異人立像擬真武，而齊雲嵓始闢。至我明永樂中，有汪以先益宏其規。至我皇嘉靖中，皇嗣禱應，勑賜改齊雲觀爲太素宮，改齊雲嵓爲齊雲山，以總括峯厓嵓洞諸勝。設官寺丞、提點司之。

玄帝傳略　附録

（正文略）①

① 整理者按：此節文字在前魯點編《齊雲山志》中已有録文，故此處省略，以免繁冗。以下亦有數節文字從略不録，或因前編中已有録文，或因與前編文字大同小異。不再一一出注説明。

按，武當顯自唐貞觀中，至我文皇始被勑建。齊雲顯自宋寶慶中，至我皇始被勑額。二山奇秀，顯有後先。至是齊雲浸得追盛武當，而南北相照耀矣。

齊雲山志卷之二

山水

（正文略）

予遠遊名山，未得遍天下，而足迹已幾半矣。按斯山香爐峯深斷孤翔，正面金闕五老峯聯翩拱揖，石橋嵓架鑿垂虹，固皆稱奇絶，在他名山亦有之。由山麓仰攀千盤，渡桃花磵，象鼻岡横卧，疑若無徑。忽見香楠百仞，擎盖張帷，蒼翠中巨石豁然中裂，方廣天成。入户俯視，西行蜿蜒一徑，而諸洞次列，徑左飛泉灑灑，若珠簾掩映洞前，斯則罕有。上古時不得與諸洞天福地，惜哉。

齊雲山志卷三

建置

宫

玄天太素宫　舊名齊雲觀。

浄樂宫　在東天門外。

玉虚宫　在紫霄厓下。

天乙真慶宫　在玉虚宫左。

治世仁威宫　在玉虚宫右。

三元宫　在浴仙池右。

殿

寥陽殿　在宫左。

興聖殿　在棲真嵓。

樓

通明樓　在宫左。嘉靖中欽降道經六百六十九函，貯於樓上。

紫霄樓　在西一道院。

隱雲樓　在東二道院。

飛雨樓　在紫霄厓前。

晨夕樓　在潛龍洞。

悟真樓　在飛雨樓。

閣

清虚閣　在東一道院。

凌虚閣　在西一道院。

東明閣　在東二道院。

黄庭閣　在東二道院。

三官閣　在西一道院。

冲虚閣　在西二道院。

壇

廣濟雷壇　在宫右。

萬法雷壇　在東二道院。

司

監生司　在宮左。
社司　在宮右。
雷霆糾罰司　在東天門外。
龍虎賞罰司　在西天門。

祠

土地祠　在宮右。
福地祠　在宮左。
東岳祠　在三元宮右。
浄樂善聖祠　在東二道院。

院

朗靈院　在紫霄厓右。
東一道院
西一道院
東二道院

西二道院

庵

榔梅庵　在肅儀亭上。

臺

初仙臺　在車硔嶺上。

星臺　在插劍峯上。

凌虛臺　在輂輅峯下。

飛昇臺　捨身厓右。

七星臺　在退思嵓。

館

雪厓館　在棲真嵓右。

初仙館　在棲真嵓左。

松鶴館　在宫右。

室

真真石室　在車硔嶺下。

関

第一仙関

云龍関 在紫霄厓左。

風虎関 在紫霄厓右。

紫雲関 在五老峯下。

橋

迎仙橋 在宫前。

天仙橋 在桃花磵。

步瀛橋 在龍昇嶺下。

中天橋 在岐山。

亭

朝真亭 在赤豆嶺上。

步雲亭 在白岳嶺下。

環峯拱秀亭

登高亭 在白岳嶺。

中和亭

凌風亭 在石羊岡。

白嶽亭 在白嶽嶺。

瞻敬亭 在石羊岡。

松月亭 在石羊岡。

海天一望亭

雲水亭 在望仙嶺下。

漸入仙関亭 在虎嘯嵓。

溪山第一亭 在望仙嶺下。

望仙亭 在望仙嶺上。

桃源洞天亭 在桃花磵。

步虚亭 在棲真嵓右。

更衣亭 在浴仙池上。

肅儀亭 在咆哮石上，榔梅庵前。邑西義士汪文奇造。

五老亭 在三姑峯下。

太平亭 在太平嶺。

授經亭 在茅臺嶺。

凡民間俗稱乞福，予徽爲甚焉。以故亭臺祠館，星次雲連，充滿嵓洞，足快遊觀矣。邇幸我皇，勅宫顯名太素。而宫未勅造，使金碧巍峩，以尊統領，山靈尚有待哉。

齊雲山志卷四

道侣

宋

余道元　號天谷子，鄉里無所考見。宋寶慶中先居蜜多嵓，後來遊齊雲嵓，得潛師印記，宜居于此。乃請山建祠，奉玄武之神。爲齊雲嵓第一祖也。事具載于金大鏞、程富記并自記。

元

葉元鄭　鄉里無所考見。按休寧縣舊志云，元至元中焚修齊雲嵓。

國朝

鄧道瞻　休寧黄川人。汪以先復建齊雲祠宇，道瞻實佐成之。

許道永

胡守中　二人鄉里俱無所考見。其師鄧道瞻，佐汪以先復建齊雲殿宇，二人與有力焉。

汪曜生　休寧資川人。建佑聖殿。

陳文生　休寧藍溪人。同建佑聖殿。

項志生　休寧藍田人。同建佑聖殿。

吴立生　休寧旌城人。同建佑聖殿。

汪弘道　休寧西門人。建山門。

汪高元　休寧白茅源人。建碧霄峯玄帝石殿。

張慶真　休寧廈東人。建忠烈嵩，又同建寥陽殿。

方瓊真　休寧石門人。雖方外，事母甚篤。官道會十有三年，歸山中。同建寥陽殿、興聖祠、梛梅庵。齊雲古無志，瓊真乃倡興修志，使山中事不致湮没無聞者，瓊真力也。

朱素和　休寧資川人。官道會九年。後結真真石室于天梯側懸厓上。生平好文翰，四方縉紳往來者，樂與之交。凡有贈言，刻之成集。山中亭館，多與倡興之力焉。

汪世和　休寧環川人。道會。同建寥陽殿。

潘融和　休寧東亭人。賛教。同建寥陽殿。

程仁和　休寧環川人。建日萃坊。

汪相和　休寧汪村人。贊教。精科儀，善祈禱。

汪曦和　休寧上資人。嘉靖壬寅中，欽授提點，掌太素宫事。

江惠和　婺源謝坑人。賛教。

楊玄相　黟縣葉村人。賛教。禮部箚付本宫住持。

朱宗相　休寧前村人。嘉靖壬寅中，欽授太常寺寺丞。

陳鑾相　休寧藍溪人。道會。
方德相　休寧珊溪人。贊教。
汪尚相　婺源大坂人。都紀。
趙雲清　休寧魯城人。贊教。
汪麗清　休寧渠口人。贊教。
汪椿清　休寧南溪人。知事。
戴萬清　休寧溪口人。授大真人府贊教。
胡慎清　黟縣嚴岑人。贊教。
余淑清　歙嵓鎮人。贊教。
汪景清　黟縣瑪川人。贊教。
汪潭清　休寧渠口人。贊教。
汪藿清　休寧方塘人。贊教。
汪汝清　休東門人。知事。
吴濂清　休寧江潭人。贊教。
黄渡清　歙潭渡人。贊教。
楊建寧　黟東門人。贊教。

胡瑞寧 黟黄岡人。賛教。

吕永寧 休回川人。賛教。

吴伯寧 歙溪南人。賛教。

吴繼寧 休流口人。知事。

程天寧 休寧汊口人。

諸名山雖多始于神道彰顯，而實賴司守有人，以佐幽也。予昔海上游鴈山，未暇論其峰崑怪幻，而龍湫果爲稱絶宇内，庵院數十，大半荒翳草莽間。使青城尊者東來錫響，日浸無聞矣。齊雲四百年來，香火日盛，可以識司守之賴于人也。

齊雲山志卷五

高道第五

唐

龔栖霞 名字鄉里無所考見。休寧舊志云，唐乾元中抱道絶粒，栖隱于石門嵓。

國朝

汪以先 績溪人，名天進，字以先，法名智了，號潛陽子。儒家子也。謁無念禪師于九峰。謁李素希真人于太和。深得二氏密旨。永樂庚子乃入齊雲嵓，改建祠宇，益宏大之。爲我明山中第一祖也。事具載于瑄《傳略》。

方士欽

方　鼎 二人開化人。服勤苦節，以先以其道授之。以先事，非二人傳於于瑄，則湮没無聞矣。

徐秘元 休寧山溪人，官道會九年。嘗往武當、武夷以訪修鍊性命之學。歸還宫左沉香洞，結茅以居。雖山中道流罕接。邵真人、陳中丞亦師拜而問焉。年八十四，絶粒四十九日，怡然而逝。藍渡橋、東夾橋皆秘元倡造。今人賴其功，而肖像祀禱焉。

汪泰元 休寧藍田人。宫之雷壇，及真仙洞、紫霄厓石祠雕閣，皆獨力成之。後于宫左石嵓下結退思庵，修鍊居之。中築七星臺，夜必焚香禮斗，禱雨嘗靈應焉。養一鹿，馴狎若僮子然。居則繞榻而卧，出則負篋以隨。郡人李太守汛，每從泰元相與參究玄旨。泰元知將逝，汛乃乞鹿歸養之。

高僧附録

唐

本立

光聰

宋

昕 上俱石橋院僧。事具載杜昱記中。

潛 石門寺僧。授天谷子記者。

齊雲非不奇秀甲東南，而不得稱洞天福地者，予論以上古未有仙昇佛化故耳。由唐宋至今，而真修卓行者，代有學人，可謂不墜宗風矣。

齊雲山志卷六

祀典

御製求嗣青詞 碑刻

維嘉靖十一年歲次壬辰五月戊申朔初七日甲寅，嗣天子御名潔心秉誠，冒干神聽，謹再拜緘詞：予惟人君膺宗廟社稷之託，國本爲先；爲天地神人之主，元良允賴。不有資於神化，曷以企乎蕃昌。敬竭丹忱，遠祈靈貺。兹備香帛之儀，遣妙應真人李得晟，恭詣齊雲山北極佑聖真君神祠下。取五月初四日爲始，修建金籙祈恩求嗣繼緒保國大齋七晝夜。至初十日圓滿，修設九天監生醮禮三千六百分位。仰祈陰佑，爰謹緘詞。恭至北極佑聖真君神鑒。冀威靈之有赫，助神力之無方，俾予早生哲子，以嗣洪基。予聞仁者有後，爲善降祥。予自繼統以來，寅肅畏恭，祇奉上帝。事神尊祖，常懷翼翼之心。發政施仁，實望昭昭之鑒。顧兹一紀，儲位尚虚。雖禋祀間舉乎高禖，而瑞應未孚於嵩祝。前星將耀，椒室或違。憂心上切于慈闈，企望下廑乎臣庶。予懷用懼，口與心謀，匪藉神休，奚來繁衍。爰遵道範，往禱靈祠。冀悃愊之上通，紛祺祥之下集。禎符濬發，弘開東震之祥，錫羡有輝，茂顯南離之照。民安居于樂土，國養德于長源。寶曆無窮，皇圖有永。無任瞻天仰聖懇悃祈禱之至。謹詞。

維嘉靖十一年歲次壬辰五月戊申朔初十日丁巳，嗣天子臣 御名 即日秉誠，冒干天聽。臣謹百拜上言：臣惟人君膺宗廟社稷之託，國本是先；爲天地神人之主，元良永賴。不有資於神化，曷以企乎蕃昌。謹竭丹忱，遠祈洪造。兹卜良辰，敬賫香帛，遣妙應真人李得晟等，恭詣齊雲山北極佑聖真君神祠下。取五月初四日爲始，修建金籙祈恩求嗣繼緒保國大齋七晝夜，至十日圓滿，修設九天監生醮禮三千六百分位。拜叩洪仁，鑒斯微悃。以今祇迓真光，修陳醮禮，謹具真詞。臣誠惶誠恐，稽首頓首，百拜上奏

玉清聖境元始天尊 玉几下

上清真境靈寶天尊 玉几下

太清仙境道德天尊 玉几下

昊天至尊玉皇上帝 玉陛下

勾陳上宫天皇上帝 御前

中天星主北極大帝 御前

承天効法土皇地祇 金闕下

高上神霄九宸上帝 聖前

臣恭望大道天慈，俯垂省覽。伏以出守宗祧，實賴儲宮之主鬯；恭膺神器，必資元子以維城。臣仰承眷命，敬撫輿圖。念寅畏之雖存，思付託之尤重。顧兹一紀，儲位尚虚。雖禋祀間舉乎郊禖，而瑞應未孚于嵩祝。企望下勤乎臣庶，憂心上切于慈闈。遥憶名山，實爲聖境。爰遵道範，往禱靈祠。冀悃愊之上通，紛祺祥之下集。禎符濬發，弘開東震之祥，錫羨有輝，茂顯南離之照。民安居于樂土，國養德于長源。寶曆無窮，皇圖有永。臣下情無任瞻天仰聖激切懇禱望恩之至。謹詞。

御製求嗣意 碑刻

樂静凝玄清微志默悟法崇真履和守一紗應真人領道教事參受上清三洞五雷經籙九天金闕大夫玉府上卿清微昭真使知諸司院府便宜事臣李得晟，欽奉皇帝聖旨：朕以菲薄，仰荷天命，君臨海宇，奉守宗祧十一年。歲時若流，百千世統緒至重。儲嗣未立，朝夕戰懼。聞齊雲山乃北極神真之福地，敬瀝誠懇禱，真靈垂鑒而錫庥。備香帛之儀，遣真人李得晟恭詣神祠下。取今五月初四日爲始，修建金籙祈恩求嗣繼緒保國大齋七晝夜，至初十日圓滿，修設九天監生醮禮三千六百分位。端拜玄恩，賜予賢子。綿宗社於萬年，世世守宗祧而主祀；保國祚於億載，代代宜君位以承天。年穀豐登，百姓有樂生之慶；邊疆寧謐，四方無警戒之虞。欽此。臣欽承惟謹，依教奉行。

聖母太皇后求孫意

臣李得晟欽奉聖母章聖慈仁皇太后懿旨：俯爲當今皇帝陛下，承天景運，紹祖洪基，主有國於中天，慮無遺於後嗣。省躬切切，晝宵遑遑。叨膺至養之勤，尤抱惟惶之懼。禱至神而洞鑒，祈天德以垂憐。遍告名山，投誠瀝悃。發心誠造聖像經典幡袍等項，涓取嘉靖十一年五月十三日爲始，特命妙應真人率領官道，就於福地齊雲山神祠下，啓建玉籙祈恩求嗣繼統保國大齋三晝夜，至十五日圓滿，修設九天監生醮禮三百六十分位。上奉玄天列聖，山嶽萬靈。願垂副禱之仁，同賜扶持之力。元儲早降，茂延宗社於萬年。帝道光華，庶振丕圖於億載。宮闈喜兆，海宇昇平。欽此。臣欽承惟謹，依教奉行。

中宮皇后求嗣意碑刻

具前職臣李得晟奉中宮皇后懿旨：恭惟聖主陛下，奉天命以釐民，思繼承而爲重。元儲未降，宵旰遑遑。發心於嘉靖十一年五月十六日爲始，謹命真人敬賫香信，遠叩福地齊雲山神祠下，修建玉籙祈恩求嗣繼緒保國大齋三晝夜。至十八日圓滿，修設九天送生保命醮禮三百六十分位。端爲保延國祚，早賜東儲。嗣承皇極之丕圖，上副慈闈之至望。皇圖日永，聖壽天長，宮壼清寧，民安物阜。臣敬承惟謹，依教奉行。

僖嬪求嗣意 碑刻

具前職臣李得晟敬奉僖嬪令旨：念惟薄職上侍宸極之尊，思報無由。用是虔祈玄造，謹備綵旛香燭之儀，因妙應真人奉命詣山，恭取五月二十二日爲始，仗命真人，修建清微祈天懺過酧恩求嗣大齋二晝夜，至二十四日圓滿，修設九天送生保命清醮三百六十分位。伏願三寶垂慈，玄真洞鑒，一念上通，宿咎永消，而災厄解散。九天下佑，命宫順度，而刑害無侵。早結良胎，副承聖眷。敬此。臣敬承惟謹，依教奉行。

彔嬪求嗣意 碑刻

具前職臣李得晟敬奉令旨：恭惟聖主陛下，盛德日新，至仁春育。功光聖祖，致象譯以來庭；孝重慈闈，謹龍樓而問寢。恭至有生之敬，惟惶無後之憂。兹以特命妙應真人率領官道，奉命詣山，涓取今五月二十五日爲始，啓建清微祈恩求嗣繼緒保國集福大齋三晝夜。至二十七日圓滿，修設九天送生保命醮禮三百六十分位。上奉蒼穹列聖，玄造垂憐。勑監生大神瑞應嬪妃之室，命衛房聖母默符胎息之堅。保生君守於黄房，集氣神歸於紫户。十月胎元之結秀，萬年宗室之隆昌。海宇昇平，邦家鎮静。敬此。臣敬承惟謹，依教奉行。

内庭夫人求嗣意　碑刻

具前職臣李得晟謹據内庭××即日秉誠上干天鑒意者：洪惟聖主陛下，元儲虚位，未開熊夢之祥。仰沐皇風，夙夜思無補報。兹今特命妙應真人率領官道，恭詣福地齊雲山，涓取五月二十六日，就神祠下修建清微祈恩報國求嗣集福吉祥大齋一晝夜圓滿，修設九天送生醮禮一百二十分位。伏願上帝垂仁，玄天錫慶。齊雲山秀，天開瑞日之光。聖德昭彰，早降皇儲之嗣。金枝繁衍，玉葉彌芳。寶曆萬年，宫闈多吉。敬此。臣敬承惟謹，依教奉行。謹意。欽降盛典：金皂袍一領，織金繡旛一對，裝金龍牌五座，金鐘玉磬二口，文畫真武聖像一百五軸，武畫真武聖像一百五十軸，聖父母聖像三十軸，齊雲山圖一百軸，諸品道經一百部。太皇太后：織金長旛二對。嬉嬪：織金繡五彩旛一對。

御製謝神青詞　碑刻

維嘉靖十七年歲次戊戌六月壬寅朔初一壬寅，嗣天子臣 御名 即日秉誠，冒干天聽，謹百拜上言。臣惟玄功顯錫，欣承昭格之庥。喬嶽儲精，茂迓蕃昌之祚。矢愚衷於臨女，介景福於多男。仰戴庥慈，曷勝瞻戀。兹卜良辰，敬遣大真人張彦頨恭詣齊雲山北極佑聖真君神祠下。取五月二十七日爲始，啓建金籙酧恩錫嗣繼統承天大齋三晝夜。至六月初一日圓滿，修設羅天大醮一千二百分位。以今祗迓真光，修陳醮禮，謹具青詞。臣誠惶誠恐，稽首頓首，百拜上奏：

玉清聖境元始天尊　玉几前

上清真境靈寶天尊　玉几前

太清仙境道德天尊　玉几前

昊天至尊玉皇上帝　玉陛下

勾陳上宫天皇上帝　御前

中天星主北極大帝　御前

承天効法土皇地祇　金闕下

高上神霄九宸帝君　聖前

恭望大道天慈，俯垂省覽。臣伏以聰明作元后，求永命於祈天，福禄宜君王，用申休於主鬯。神人攸塈，家國永寧。曩者逝日不居，尚爾前星未耀。寔艱素悃，瀆奏琅書，詎期福地之靈，永奠室家之壼。仙源錫羡，昭元祉於麟祥。潢派濬符，衍繁禧於螽慶。慈宸慰千齡之望，周閶騰九有之懽。臣藻慮有年，旌恩無地。敬馳真首，祇叩瑶扃。闡道範以祈靈，尚冀冲漠之鑒。誦真詮而籲悃，允垂庇嘏之仁。俾克類以克明，庶有憑而有翼。臣無任感謝懇禱之至。謹詞。

御製祈壽聖母青詞

維嘉靖十七年歲次戊戌六月壬寅朔十三日甲寅，嗣天子臣御名　即日秉誠，冒干天聽，謹百拜上言。臣惟王者爲天之子，事必籲天。人生惟母是親，敢忘報母。矧夫慈體遘疾惟深，臣愆多積。仰叩玄仁，俯察丹悃，兹卜良辰，敬遣大真人張彦頨，恭詣齊雲山北極佑聖真君神祠下。取六月初六日爲始，啓建金籙祈恩保母安疾永壽延禧大齋七晝夜。至十三日圓滿，修設羅天大齋三千六百分位。以今祇迓恩光，修設醮禮，謹具青詞。臣誠惶誠恐，稽首頓首，百拜上奏：

玉清聖境元始天尊　玉几前

上清真境靈寶天尊　玉几前

太清仙境道德天尊　玉几前

昊天至尊玉皇大帝　玉陛下

勾陳上宫天皇大帝　御前

中天星主北極大帝　御前

承天効法土皇地祇　金闕下

高上神霄九宸帝君　聖前

恭望大道天慈，俯垂省覽。臣伏以人主之祈天永命，莫大奉親。孝子之侍膳問安，謹於視疾。此彝倫之要道，實天下之同情。惟我章聖慈仁康静貞壽皇太后，偶以違和，遽嬰瘡疾，歷時既久，災患未除。雖湯藥自侍於慈闈，而疾痛寔關乎臣體。非資神力，曷遂安痊。遥憶名山，實爲聖境，有禱必應，無念不通。兹微悃以上聞，冀天真而下鑒。伏願玄慈降祉，祛宿疾之痊消；帝鑒垂仁，俾慈躬之永泰。優游長樂，熙五福以駢臻；安享慈寧，介千年而不替。臣下情無任瞻天仰聖激切懇禱之至。謹詞。

御製謝恩齊意 碑刻

上清三洞經籙靈寶領教弘化真人玉清掌法仙卿清微洞玄伏魔仙宰知諸司府院便宜事，嗣教四十八代天師，掌天下道教事臣張彦頨，欽奉皇帝聖旨：比朕儲祥未建，嗣位久虚，寤寐不遑，夙夜祇懼。爰即齊雲山致禱於北極佑聖真君，仰荷天庥，亦惟神助。邇者天潢繁衍，昭祖德以彌光；帝胄熾昌，承慈闈於未艾。每懷眷佑，莫罄名言。謹命正一大真人張彦頨詣神祠下，取今五月二十七日爲始，脩建金籙酧恩錫嗣繼統承天大齋三晝夜。爰至六月初一日圓滿，修設羅天大醮一千二百分位。伏願福禄来同，子孫千億，昭明有俶，家室萬年。綏令聞于無窮，基景命之有永。玄機默翊，弘施保育之仁。神教誕敷，永被清脩之化。敬攄微悃，上洪于答庥。欽此。臣領承惟謹，依教奉行。

御製祈聖母壽意 碑刻

具前職臣張彦頨欽奉聖旨：朕以眇躬，君臨大寶。每切敬天之命，時傾奉母之誠，兢兢業業于兹矣。倏於歲春，聖母偶致違和，遂成瘖疾，朕躬侍湯藥，寔切憂懼，雖百法療治，而愈痛愈疼，迨今未痊。思惟求救於神，庶臻安復。齊雲山乃北極神真之福地，敬瀝丹誠，上祈玄造。謹命正一大真人張彦頨詣神祠下，取六月初六日爲始，脩建金籙祈恩保母安疾永壽延禧大齋七晝夜。爰至十三日圓滿，修設羅天大醮三千六百分位。拜叩洪慈，鑒兹愚悃。伏願恩頒玄極，早除見患之災；仁降紫霄，即臻勿藥之喜。轉災爲福，去舊從新。玉體尊安，樂含飴之有永；慈闈寧吉，綿眉壽於無疆。欽此。臣欽承惟謹，依教奉行。

御製皇太后謝恩安疾意 碑刻

具前職臣張彦頨欽奉章聖慈仁康静貞壽皇太后懿旨：比年渴望孫祥於祠下，感神鑒佑，宜有謝誠。再念自身久患瘖疾，諸藥勿效，敬叩福神默相，早令災厄消除。由是專命正一大真人張彦頨，捧獻幡儀，取今月十四日爲始，修建玉籙謝神祈佑集慶延生大齋三晝夜。至十六日圓滿，修設衆真清醮三百六十分位。伏願北極垂恩，玄天洞鑒。永奠家邦之固，常施護佑之仁。予體早安，宫闈清謐。欽此。臣領承惟謹，依教奉行。

御製齋意 碑刻

嘉靖二十五年勅賜玄天太素宫提點參受上清三洞經籙清微靈寶領教嗣師，九天金闕大夫玉府上清五雷伏魔真宰知諸司院府便宜事臣汪曦和，欽奉皇帝聖旨：今秋八月十日，届朕初生之辰。切念朕纘述皇圖，寅奉祖宗之訓。導迎景貺，永綏家國之基。肆輯福于眇躬，迺篤承乎丕眷。仰高穹垂覆之恩，荷后祇弘載之德。祖本道侔于太極，親生功大于兩儀。思伸悃而上報洪慈，惟矢心而投誠大道。謹涓本月初八日之吉，特遣道録衛官齎捧香帛儀物，趨詣齊雲山，恭叩玄帝寶壇，修建金籙生辰報恩酬德叩玄祈福永壽齋醮一筵一千二百分位。伏願天鑒神歆，降祥錫慶，早悟太上之玄玄，庶副天心之眷眷。密垂啓佑，永此皇明。欽此。臣欽承惟謹，依教奉行。

中宫皇后懿旨齋意 碑刻

具前職臣汪曦和謹奏，爲敬奉中宫皇后懿旨：兹者八月初十日，恭值萬壽景命良辰，謹矢愚忠，端伸祝慶。特命官道，敬詣齊雲山，懸寶幡而祝延聖壽，祈景貺而錫福皇躬。取今初三日爲始，謹率官道，于就勅賜玄天太素宫，啓建玉籙祈天祝壽請福永禧大齋三晝夜。至初五日圓滿，修設玄府衆真清醮三百六十分位。先伸上祝皇帝陛下萬歲萬歲萬萬歲。伏願珠躔焕耀，寶祚隆昌，丕列無疆之壽，剋承有永之基。慶及予躬，福流宫壼。敬此。臣敬承惟謹，依教奉行。
欽降：織金繡幡壹對、道經六百六十九函。
中宫皇后：織金長幡一對。

維嘉靖三十四年，道籙司左演法僉書參授上清大洞經籙嗣清微宗教九天金闕大夫皓靈五炁真卿清微通元使行諸司省府便宜事臣李用濂，欽奉皇帝聖旨：兹今八月初十日朕初度之辰，命官捧齎香帛，詣齊雲山壇殿。取初九日爲始，至十一日圓滿，脩設金籙祈天永命集慶安邦齋醮一壇三晝夜一千二百分位，欽答天地洪恩，恭報祖親大德。伏願上帝享忠誠，大道盟至懇，慶降宗社而福及臣民，澤被八方而恩覃萬宇。家多孝悌，國有貞良，王化克並唐虞，玄風播諸天下。欽此。
嘉靖三十四年八月初九日

古稱封禪者七十有二家，而大聖若五帝三王，已先爲之。後世小儒曲見，不知而議，何其爽與。我皇修德奉天，湛恩廣瑞，且謙讓於封建之典，而勑官分祀。欽欸名山，乃憂國本而安百姓。致使青詞摩丹垕，宸翰鎮靈岳，而斯山幸矣。

嘉靖三十八年正月二十九日，欽奉聖諭：昨修玄帝齊雲山之宮工完，命公延德，行安神禮賫醮意。著朱宗相奉行齋事，有司供應。欽此。

太常寺寺丞兼玄天太素宮提點事，參受上清三洞經籙清微靈寶神霄玉府上卿五雷伏魔使掌諸司院府，奉行醮事臣朱宗相，欽奉皇帝聖旨：以嘉靖三十五年六月恭修玄帝齊雲山之宮，已告工完，特伸安奉。爰命勳臣賫捧香信，敬詣本山玄天帝壇，啓建金籙安神祝福保國祈祥大齋五晝夜。以三月朔日爲始，初五日圓滿，修設師府衆真清醮三百六十分位。告聞大道帝真，崇真玄天師聖。伏願位鎮名山，彰大法而保邦佑國；祀昭福地，藏靈威而安夏攘夷。允資翊護之功，克副皈崇之念。禧延宗社，福及神民。欽此。

齊雲山志卷七上

紀詠

文

宋

靈巖二字記　　余道元

道元竊觀古仙敘九土名山，必取其地氣融峙，神秀所鍾，以示來者棲真之所。是以《淮南鴻寶》云：中土多聖人。然自南紀直走古揚，秦漢而遠，肥遯超舉之士，尤爲踵出。古歙黟山，實軒轅昇舉之地。其南百里，有山曰白嶽。白嶽之巔曰齊雲。齊雲面盼丹臺黟巘，旁挾獨聳石門，地氣之最秀者也。志云學仙常居此。道元來遊，以其潛師印記，宜我室此，遂謁地于金君安禮士龍，慨然樂予解有。居士陳惟一，與我同志。遂於寶慶丙戌，薙草結茅。既成，乃自謂地以人勝，予何人也，可不假重於當今之名？或曰内翰洺水程公名振朝野，子胡不以扁額請之。道元遂走京師，一見内翰，欣然遺以『雲巖』二字。山川草木，自此添鮮碧矣。噫，李愿之於盤谷，得昌黎之序而重。魏萬之於王屋，得謫仙之詩而重。

浯溪之石，增重於顔魯公之墨蹟。蘭亭之景，重於王右軍之墨蹟。是洺水公之增重斯山，又何如邪。乾坤不老，此山與之不老。此山不老，則洺水公之書與之不老。故自今至止，以暨後來，咸得與道同昌者，合思其誰力云。紹定戊子天谷子余道元記。

石橋巖記　杜昱

（略）

重建蜜多院記　沙門如覺

（略）

佑聖殿興復記　金大鏞　休寧人，總管

（略）

國朝

潛陽子傳　臨川于瑄

潛陽子姓汪氏，諱天進，字以先，法名智了。生大明洪武丁巳四月十一日也。以先績溪汪村里人，祖諱求，字干禄。父諱輝，字子德。後徙于徽之休寧東七里南谿家焉。家世業儒，祖父皆隱德弗耀。以先幼穎異，嗜蔬素，不好與群兒嬉戲。稍長，遊鄉校，涉獵經史。性豁達，雅好山水之遊，尤嗜釋老二氏之學。因自念曰：登山須登泰岳之高，觀水必觀滄溟之廣，奚局促久戀於鄉閭間哉。永樂壬辰歲，遂買舟遡大江，遠尋湘湖之勝。聞武昌九峰山無念禪師爲當代禪宗，因往禮謁焉。師一見深器重之，獲參西來之旨。以先又念久滯於斯，則不能融混二教之理。乃辭師，則抵均州武當山，訪玄帝之遺跡。有李幽嵓先生者，久居其山，寔有道之士。以先造其室，詢其道要，幽嵓教以心法，使潛行而密用，切勿妄傳於人。以先佩服斯言，久而彌謹。歲庚子，辭還故里。暇日袖香登邑西之白嶽中和山齊雲觀，其地亦玄帝顯化之所，四方之求靈徼福者無虚日。觀宇湫隘，不足以容衆，道徑蕪塞，不便於往來。以先有感於心，將謀興復，於是乃潛心默禱於上真。乃永樂癸卯，募十方善信，富者施財，貧者効力，故其誠心之所感，人皆翕然從之，百什俱起。至宣德甲寅年告完，儼然爲一胜境，雄冠一方。本觀住持正一鄧道瞻，暨其徒許道永、胡守中，同心協力，故其成工之不難也。其興創之事，備載黟邑儒學教諭太和羅崇廣所製齊雲之中興碑，兹不復贅。初，以先所傳李幽嵓先生之道，久契於心。有方士欽者，乃浙産，聞其事，自三衢開化而來，服勤苦節，以先憫而授之。兹以先將謝事，歸老林間，士欽乃肖以先之像，刻于石，置山中，以示不忘。請余書其事于上方，使傳之不朽云。石隱曰：昔東陽雙林傅大士，顯跡於齊梁間，體道權而應道，真神異不測之人也。服三教衣冠，有合三爲一之意，而示人以同者。今以先之所作，其必有以知斯也歟。是以家業儒而學佛學仙，咸臻其妙，又以無爲而致有爲，從事土木，作興名山。昔傅大士亦建一柱八面之龕，號曰輪藏，以貯吾佛三藏之文。至今人遵之。故天下之佛寺，凡構藏必肖其相於藏前而嚴祀之，蓋必有以也。今士欽而刻以先之像於石，信其亦以是乎。

齊雲觀中興記

程富　歙人，都憲

休爲徽之大邑也。齊雲巖爲休之名山，距邑西三十餘里。自橋東溪南入，登白嶽嶺、中和亭、桃源嶺、桃花磵，而至石門。是門也，天造地設，其上一石突覆，其旁二石峭立，方丈餘，其平如砥，其狀如門，故名曰石門。登者由茲而入，東左下有四崮：曰彌陀，曰觀音，曰羅漢，曰龍王，各有其像。下有碧蓮池，上有飛瀑泉，泠泠然如珠噴，四時不竭，因名曰珠簾泉。自茲轉西南數十步，又有崮曰三寶，洞曰黑虎。再轉南天梯嶺捨身崖，由崖再轉數十步，樹林陰翳，煙雲縹緲，闢於崔嵬之峯下者，雲崮也。坐南向北，殿作丁癸，實應玄聖棲真之境也。前有丹臺山卓立，命曰香爐峯。後有三四峯踴躍而下，名曰輂輅。左右龍虎環抱，雄偉異常，不可名狀。然斯崮創置，傳者謂宋寶慶間方士天谷子余道元，自黟北而來，隱於彌陀崮。一日，忽有一異人貌相莊古，來與道元云：前山又愈於此，何不創神祠立像於其間。是日，道元隨詣其處，神像儼然其所矣。異人曰：此像肖吾否？道元顧而駭曰：真似。拜禮起視，忽爾不見。因感其異。土人傳誦而往觀者，咸指斯像，玉虚師相玄天上帝似之。於是訪山之業主，本邑金公安禮士龍，創神祠以祀之，名曰上聖。至今數十百年間，聖像神氣肅肅，莫不齊明盛服以敬祀之。非神工莫能塑也。後至己丑，祠毁於火，里人葉介夫合衆力重修之。淳祐己酉，又蕩於水，葉介夫又修之。嗚呼，祠經二劫，神像巋然居中，纖毫不動，是非神鬼守護而然歟，抑亦神聽假劫以闡其威靈歟。殆不可知矣。或曰：異人塑像怪異無稽，恐幻化者託兹荒唐以誣爾。予曰：記所以紀其事之實，前以一人而傳者，恐如所云，後歷二劫而神不壞，人所共覩。傳曰夫微之顯，神之不可掩如此，夫豈可溺彼而昧此真跡也邪。永樂庚子，邑人溪南潛陽子汪氏以先者，與住持道士鄧道瞻相謂曰：狹隘不稱名山偉觀，道路險峻不便賢士祈禱。慨然興念，遍叩四方好事君子，俾路艱於步徒者，夷而甃以石，宫之陋於觀瞻者，新而宏其規。其弊精神竭思慮亦甚矣。事未就間，衢州開化有慕道之士曰方士欽，偕其兄鼎，來問道於以先。與以先若有夙緣，心同道合，遂以師事之。宣德癸丑，以先募緣創三清殿，建上真兩廡，齋宫寢室靡不更新。既而以先仙逝，道瞻與士欽圖曰：吾與汝同繼其志，而完其事。由是士欽籌畫，叩于各邑善信汪五老、方周祐等，於乙卯徹上真殿而新之。高明廣大，黝堊丹漆，奂然可觀。神座作九鳳丹霞之扆，侍衛列十大天神之儀，及夫半山憇息之亭，〔旁護以磚甓〕①。

① 『旁護以磚甓』五字，據明萬曆版《齊雲山志》補。

神愈闡揚，四方來禱者，日絡繹不絶。履兹道之康莊，覩兹宫之壯麗，殆有過於前矣。吁，以先創之於前，其功可謂大矣。道瞻與士欽繼之於後，其功亦不小矣。惟創之者有其人，繼之又有其人，故能終其事，成其美如是夫。然盛衰興廢，雖關乎山川氣運，實亦神靈假乎人以致之爾。予奉誥南還，適值落成。士欽踵門，道其已與師以先及道瞻創就之由，兼夫施貲君子之名，謁予記之。予謂道瞻與士欽竭力以成盛事，是可書矣。至若仙岩秀發，神靈顯異，已彰彰在人耳目，豈予所能殫述揄揚哉。姑綴此，俾良工鐫諸金石，以垂不朽，用爲後之嗣葺者勸。是爲記。

齊雲山記　程敏政 休寧人，學士

（略）

書程學士碑陰　張鵬 蜀人，郡推

予嘉陵有山曰凌雲，唐以來學佛者居之。有九峯三峩兩江之勝，蘇東坡謂天下山水在蜀，蜀之山水在嘉陵，嘉陵山水在凌雲。予足跡幾半天下，咸無有如凌雲者。每信東坡爲具眼。正德丁卯冬，予在京師得篁墩程學士集，愛其文，不忍去手，及讀齊雲岩一記，謂宋寶慶間天谷子遇異人得其處，岩之有道院始此。凡丘壑溪洞之勝，千詭萬狀，描寫殆盡。雖造化亦不得以自秘，令人如親侍杖屨之後，而杳不知身之在於混混紅塵土中也。乃嘆曰：是必與凌雲敵矣，安得一遂登眺之樂乎。因誦梅都官設今古畫師極意不能詳之句，爲學士況，是時竊謂必已大書深刻，以爲兹嵓之鎮者舊矣。越明年戊辰夏六月，予來推刑新安，簿書如山，聚訟如市。雖兹嵓之勝，寤寐於懷，終無一公事可假以遊。既而三越月不雨，民以災告，侍御姜公佐命予屬邑覈實其事，迺得以九月一日登兹嵓。約七里許，始至其上，而日又暮矣。其丘壑溪洞類見程學士文字中者，皆得歷覽。劃然長嘯，聲振寥廓，飄飄乎有遺世獨立羽化登仙之意，而從者莫知也。時予欲觀學士舊記，而道會徐秘元以未刻對。所存諸碑讀之，無足與兹山稱者。予顧秘元曰：夫何惜此一片石哉。是夜，秉燭題四詩置山中。迨明日，以公事不可留，復緣故道而下。天宇清霽，煙消雲斂。而黄山三十六峯，槩横圭直，舉目可見。凡一草一木一泉一石，色色呈露，恍然若昨者之遊也。盖兹嵓四時朝暮雨晴晦冥，各極妙意。第不能久住嵓中，觀其變耳。予竊評之：平遠秀爽，當以凌雲爲優；而幽窈奇怪，當以齊雲爲勝。惜東坡不及見也。予何人，得以備觀天下佳山水哉。静白中良用自慶。又明年己巳，予爲謀石刻之。而道士持學士親書來謁，其尾題曰：成化戊戌程某記。予於是不能無感焉。蓋世之山川，固有瑰偉絶特之觀，得一文人韻士發揚之，遂擅名於世，使人有不及登之嘆。若兹嵓之奇，乃隱於深僻閴寂之境，而世不甚知之。自有天地上下千萬年，始得學士探奇選勝，作爲此記。而嵓之名日以遠，乃爾委而弗刻，嵓與記無恙也，而主兹嵓者亦可觀已。況學士記後四年，而予始生，顧猶有待於予以刻之。

雖不敢謂兹嵓之幸，而文之顯晦，不有數哉。然予以不肖，得托不朽爲幸多矣。因書數語於碑陰，使後人得以考學士之所由刻。而知世之佳山水，有所謂凌雲、齊雲者，又不能不嘅夫爲佛老氏之所據也。

登齊雲山記　陳理 睢陽人，郡判

（略）

齊雲嵓西記　李汎 祁門人，太守

（略）

紫霄厓記　李汎

（略）

紫霄宫玄帝碑銘　唐寅 姑蘇人，解元

（略）

齊云山紀異增修石徑碑銘　廖道南 蒲圻人，學士

（略）

閑雲野鶴記

黄訓 歙人，憲副

我師雙石公行郡至休，登齊雲嵓，大書『閒雲野鶴』四字，賜白岳山人朱濬然。山人寶之，揭于石室。室光若玉，請黄生訓觀焉。字中有筆，浮遊塵壒，矯矯乎若抉天章也，翩翩乎若舞仙翮也。則難之曰：天降時雨，山川出雲，雲以雨出也，而何有於閒？鶴鳴子和，我爵爾縻，鶴以爵象也，而何有於野？山人曰：吁，是雲也，公之雲也，非山人之雲也。山人之雲賦於彭澤之雲也，而惡乎不閒。是鶴也，公之鶴也，非山人之鶴也。山人之鶴記於東坡之鶴，而惡乎不野。曰：然則公何羨於山人而書之？山人愕然曰：不知也。曰：予知之矣。公蓋先天下之憂而憂，後天下之樂而樂，而不可得者邪。方其載馳載驅，油然而作者之熱中也。顧夫以翱以翔，倏然而放者之肆志也。其有羨於山人而書之也，固人情邪。山人躍然曰：公亦有羨於山人邪？吾雲益高，吾鶴益奇，願子文之。曰：山人有雲鶴邪，山人知予予也。洞賓前生，退之後學，騎鶴揚州，開雲衡岳。今也欲五雲再見，一鶴自隨。山人曰諾，酬以文。辭山人曰：白衣蒼狗，開眼則雲，玄裳縞衣，合眼則鶴。不知雲鶴之爲山人與，山人之爲雲鶴與，而何從曰諾。曰予過矣，公寓意忘山人，而予乃留意争山人耶。於是別鶴于皋，辭雲於壑，但見萬里悠揚，一聲寥廓，天上官府，空中樓閣。

棚梅庵記

鄭佐 歙人，參政

真師玄帝香火之盛，在均州曰武當，在徽州曰齊雲。登者互矜其奇秀壯麗，莫爲優劣。以予觀之，武當爲初修煉時所居，在道不在形勝。齊雲則道成之後神遊八極，歷選以得之與卒爾，而居心有從主，不暇乎其他者不同，則談者固不得以武當少齊雲也。然武當有榔梅榔体梅實，樹至今存，特爲神異。齊雲則未之有焉。本山道會方瓊真，乃以榔梅二樹植之。邑有處士金顯寧者，語瓊真曰：予昔遊武當，謁榔梅觀，私念齊雲亦不可無是。道會能崇成庵宇，以張其事，予其任檀施可也。未幾，顯寧終。厥子曰琢曰瓘曰龍曰虎，不敢忘益弘翁志。遂構二堂六楹，壘石爲臺，方泉爲池，質以黝堊，文以丹漆，輝煌之中，神像儼然。然後武當之神異者，又移于兹山矣。或曰：榔梅寔真師手折以寄，不知始何年歲，而一朝創爲之者，豈真師意哉。曰：不然，昔之人思其鄉國，至有營築城寺市井如其故居，雖雞犬望之知歸，而心始安。如漢之新豐然者。况真師選勝於是，囘念道成之難，時往來于懷不置者，必此榔梅，而可獨無之也哉。山自有香火以來，蓋非一日，知師志者，在兹後人，豈興立固自有時邪。丙戌歲，予與績溪胡少參登是，時方鳩工，道會請爲之記，予不文，獨悦是山，增是庵，蓋爲齊雲之勝，而道會倡建，與金氏檀施之意，俱不可泯。且今厥孫曰鉞曰鋮曰玉，乃復買田五畝入庵，以爲香火之供，亦可嘉也。遂不辭而爲之記焉。

松鶴館記

潘潢　婺源人，尚書

余入齊雲山，有山人江惠和，于退思岩右結松鶴館。初成，謁余凌虚閣曰：泰元汪翁，余師祖也。翁蚤歲南遊武夷，北遊太和，訪道有聞而歸，廼獨退思岩，以其所聞者修煉焉。門逕鄰松，庭除養鶴，它無賓對，俗駕俱廻，惟是二君怡然一主翁。翁將別，結松鶴館而悠然以逝。今已十余載歲矣。余每撫松有感，望鶴而悽，故結館倚松，重來養鶴，以償翁昔者之意。請先生爲余記之。廼延余過館。館廼鑿石借地，不滿數弓，重欄宿煙霞，八窓納日月，枝擎寶蓋，榦起虬鱗，而垂陰于彩棟，羽披縞□，頂戴丹砂，而環步于雕欄。館虚境寂，松老鶴閒。是松也，固爲昔日之松，松于焉而生色矣。是鶴也，固獨昔日之鶴，鶴于焉而長價矣。君可謂能世其松，能世其鶴者也。可以稱松鶴山人。山人曰：余松鶴館之結也，廼不敢忘余翁，故亦不忘是松與是鶴耳。先生欲余以松鶴山人稱之，余何人也，敢以方余翁。即恐松既含嘲，鶴亦知誚，余有所不免也。先生謂之何。余曰：余見君色淡淡而萃收，有松之神貌，岩岩有骨立，有鶴之相。君能采脂而飡，斵苓而煮，則外景竊大材之靈汁。氣知所服，夜知所警，則内景資仙鳥之傳方。而松鶴元符，君其握之，而君身中有松鶴矣。見松摧爲薪，命鶴跨爲騎，况又神仙之所能，而松鶴何足羡哉。余言方竟，須臾天風作而松濤湧，空雲卷而鶴唳驚。山人曰：先生其洩松鶴之機矣。余曰：有是哉。遂留是記，以别山人，兼以别松鶴云。山人不獨結松鶴館而已。宫中石壇，與聖前金幕，皆獨倡成之，則山人之志，又可知也。

淨樂宫記　曹天憲　浮梁人，參政

淨樂國乃玄帝由天應化，降秀鍾靈，日晶呈祥，紫雲流瑞，而爲一度桑梓之鄉也。玄帝既承天詔父母赴真仙，廼封其父曰淨樂天君明真大帝，母曰善勝太后瓊真上仙，居任九霄，而龍變梵度之天玉虚無色之界，廼其所也。我文皇靖難之初，感上帝之佑，不惟勅建以答神庥，而復專造以逮所親，此太和淨樂宫之所由肇也。夫太和廼鍊道衣鉢之時，齊雲乃神遊劍櫜之寓。太和齊雲，俱上帝之所棲託者焉。齊雲雖未被我明勅建，而其他洪厓邃洞，處處雕祠，叢桂繁松，林林結館，莊嚴福地，羽儀洞天，而淨樂宫尚有遺焉。豈所以推沓漠孝親之心，而盡其追本尊崇之典耶。謚號尚承於玉帝，妥奉又見於文皇，其事蓋可知也。贊教楊玄相有斯志亦久矣，今其徒汪贊教麗清能嗣其志，而廣募以建斯宫。相彼山中，爰得平衍，東環望仙嶺，西抱象鼻岡，背負展誥峯，肩峙横張壁，立屏擁面迎，黄嶽如芙蓉。中天萬挺，可以揖浮丘而招軒轅。宫下有泉，即擬磨針之澗。澗上有石，亦置老姥之亭。三越歲而諸謀畢，遂爲力亦勤矣。予按齊雲以來人多先據其勝，而此宫之境，廼隱于荊榛草莽而未芟。今則棟楹宏敞，鏞闕參差，金銀與日月争輝，丹碧同煙霞競彩。一壑並分，齊雲準太和之置；兩宫相望，蓬萊接圓嶠之間。永作億載之觀，又增一區之勝。刊圖有待，神機啓人，而二君亦宜相與值也。浄樂宮廼齊雲尚遺之典，而二君作之，其功可謂大矣。遂不辭爲撰斯記，以示觀者焉。

三元宮記

朱箎　山陰人，憲副

白嶽山盤據百里，上接雲霄，脉散枝分，争奇競秀。中有最高一峰，其下平原開敞，而嵓名齊雲焉。嵓中廼玄帝居之，山中道流各有募建。兼奉他神，布列嵓之左右，以羽翼玄帝之居。今有贊教胡慎清，於嵓之右二百有餘武，募建一宫，以居三元之神焉。其地左臨浴仙池，而漣漪澄鏡；右衛天梯嶺，而宛轉垂虹；後擁拱日峰，而陽火蒸騰；前對香爐峰，而瑞煙繚繞。載觀斯境，宜作神居。予嘗披閲道典，而稽三元之神詳矣。上元紫微三府，左曰太陽，右曰太陰，中曰風刀，廼一品九炁賜福天官居焉。而諸天神仙昇降之籍，實掌之。中元清虚三府，左曰洞陽，右曰北都，中曰清虚，廼二品七氣赦罪地官居焉。而國君妃后百官群黎壽命之期，實掌之。下元青萃三府，左曰清源，右曰寒夜，中曰清靈，廼三品五氣解厄水官居焉，而飛走沉潛變易之限，實掌之。雖曰天地水之異其位，寅申亥之異其辰，與夫三界之異其職，而巡降人間，校定罪福，普惠流慈，則一也。且三元之神雖尊，而玄帝之權實總其事。以斯神而奉諸嵓之右焉，廼得夫佐相之宜，而宫非漫然無義之建矣。予見斯神之彰顯于人，盖多也，故人多瞻依之。夫明有禮樂，君之所以爲治也。

幽有報應，神之所以爲道也。君子惟禮樂之是遵，衆人惟報應之是恐。心有所恐，則惡有所悔，惡有所悔，則善有所遷。要知報應之説，迺補禮樂之所不逮。且神道之妙，爲陰陽冲漠。隱微之權，曲儒有泥，而通方者達識焉。此又君子之所不廢也。予昔令休陽，每遊白嶽，而慎清每從之遊。予知慎清亦方外稀侶也，乃折節禮厚之。予今謝官歸田久矣，慎清以請記來海上。予乃歡然諾之，撰授此記以返。

紫雲關西路記　戴章甫　休寧人，主事

（略）

萬法雷壇記　童漢臣　錢塘人，御史

雲崖之中，帝宫之左，闢石于麓，崇臺爲基，棣篁周廻，丹宫獨峙者，爲萬法雷壇也。是壇也，迺提點汪君曦和之所建焉。宫三間，偏立天地海嶽之神奉之。有三冕九旒而垂衣端笏，有束冠散髮而貫甲持兵，有鳳目龍顔而驂虬馭鶴，有怪形威伏而跨蜃飛輪，有尊拱上方而乃皇乃主，有區分列座而以衛以臣。羽旌珠盖，而執以金童玉女；千幢萬纛，而捧以虎將彪丁。莊嚴九層而金銀閃爍，繪畫四壁而彩綺鮮新。日月内流，煙霞中發，峰攢波湧，霧作風廻。鬼劃神刓，雖由匠巧，悸心迷目，迥異人途。真若落漢曜而臨閶闔，縮經緯而掬方輿。丹穴青丘，乃非荒外，絳河碧海，已在目前。天地海嶽之大，不越乎方丈，而上下八方之神，咸羅夫萬法矣。然以雷專名其壇者，何耶？夫雷之爲神，上則貫斗，下則伏淵，氣結大魁，中央合數。曰天雷，曰水雷，曰山雷，曰神雷，曰社雷，又曰風雷，又曰火雷，又曰雲雷，又曰龍雷，又曰蠻雷，其説不一，雷皆有五也。雷部則有帥，雷府則有宰，雷城則有將，雷天則有君，雷門則有吏。發號令而掌生殺，布恩威而爲枯榮，統三界而衛萬靈，乃掌于神霄玉清，而元始天尊其宗也。故以雷專名其壇，而萬法於赫之權在矣。君之建是壇也，豈徒香火供晨暮，科儀事誦告而已哉。必其受符圖，鍊罡咒，究大法琅書之秘，合太上混元之機，役使風雷，芟除妖毒，明彰天威，救民佐國，以振長房思遠之風，斯爲無負于是壇矣。君于壇前又建黄庭閣，而書《黄庭經》置之閣上，則君復留心于道妙者耶，而法術不但已也。予擬它日解綬風塵，買田靈壑，時一尋遊，借榻嘯卧，與君結終老之盟，君其謂予何。予再至雲嵓，適見是壇初就，因請予記以勒諸石。予遂爲記之。

齊雲山志卷七下

詩

（略）

齊雲山志後序

徽齊雲山雄峙休陽之西，層巒盤紆，佳氣葱鬱，鍾靈顯異，自宋寶慶間已擅名區寓。維我皇上遣祠官捧禮幣，薦福于兹者再矣。是歲秋，復舉典儀，視昔加隆。有孚系守土之臣，從憲臣後展采于壇，恭祝天子萬壽齊祓，敬共整如也。繼而檢舊志，多所未備，似非所以對揚休命，昭宣寵靈也，何以訓今詒來。乃命提點汪羲和、都紀汪尚相輩重修之。而告之曰：書稱夏后懋德，山川鬼神以寧；頌曰懷柔百神，及河喬嶽。我皇上臨御天下三十四年，廓帝紘，恢皇綱，馨香昭昇，神明幽贊，天符既章，人瑞協應，日際月域，罔不沐浴玄德，稟仰泰和，天神地祇，效靈隤祉者，非一日之積矣。而况兹土兹山之靈耶。湛恩汪濊，流溢齊雲，爾輩優游兹山，皆皇上懋德懷柔餘潤也，可無思乎。是故覽白嶽紫霄之鎮，其思帝功之奠乎。聽珠簾飛雨之聲，其思聖澤之流乎。閲千人萬人之緣，其思王仁休養生息、樂樂利利之遺乎。樹宸翰于中天，拱綸音于北極。仰而思，俯而祝曰：唐哉皇哉，皇哉唐哉，靈光暉曜，奎文朗天，山增其高，神篤其慶，億萬年禔福垂鴻，與天無極。豈惟兹山之靈，懋德寧山川，懷柔及喬嶽，乃自古記之矣。若夫憑危揺隘，形勝百二，朝雲暮雨，氣象萬千，射牛宿以曜峰，坐坎宫以正位，應配天于唐典，齊峻極于周詩，眇神幻之揮霍，泯色空於入玄。王生寅志，已區列粲然矣。余特慶兹山之逢明盛，序所重修山志之意，以申告道人，俾之皈三清三炁，濯六根六塵，以無忝（以下缺）。

附録二

齊雲山桃源洞天志

桃源洞天集序

蓋自余與天都黃氏有姻之盟，則已稔其家世孝謹，多隱德。顧推原黃帝老子之學，崇修清玄，好道術。有吉甫先生，余太姻翁同産仲弟也，道號無心。方少壯時，棄家辟穀，爲采真之遊，巖棲露處，且徧東南諸名山矣。歸而選勝齊雲，築桃源諸宫，延邋遢老人而師事之，殆已數十年。家人生産，不啻敝蹝，然弗顧也。遠近士大夫，墨人騷客，來海陽禮白嶽者，靡不幽憩其處，樂其地，慕其人，攬勝紀遊，幾無虚日。庸是杖屐至止，咸知有無心道人，争願望見之，恒恐不得當云。己巳春，余以皇太子生，奉詔書，乘軺旁狗皖宣諸郡邑。入歙治禮竣，王事之暇，緣得登天門，謁玄宫，穆然思肅宗皇帝之恭默已，乃問桃源探僊跡，接吉甫先生於高松流泉間。桃源信齊雲又一洞天也。羽衣者流，具翛翛有世外意，不與衆黃冠等矣。次之日，余過余壻家，信宿而去。蓋是時，余姻翁方宦留京師，仲季皆浙遊。余壻諸從父之長者爲九如君，率厥子弟，攝盛衣冠而肅客。九如博雅，好賢士也。詞論典據，與余語甚歡。因得悉聞其山川文獻，與其族俗譜系所異同，率亹亹可聽不倦。今年，余司成南雍歸故園，適君來訪余，出桃源洞天諸紀詠，問序於余。蓋余實掌史官，每恠載籍所傳論説神僊事，往往涉譎幻不雅馴。然鬼谷、鹿門尚已，漢晉以來，如王烈、孫登、陶貞白諸人，彼豈非當世高賢，而澹然山澤，原本道德。司馬公作《史記》，竊附孔子，廼較列六家，進道於儒，彼必有所感而云。然覽茲集者，遊其地毋忽其人，其不以余言爲私其戚也夫。

崇禎丁丑蜡月太史氏石門許士柔題

邋遢僊翁小景

邋遢仙翁贊

奇越邋遢，克完厥初。不盥不櫛，年百二餘。時卧馬槽，積雪盈裾。衆驚羅拜，雙眸耿如。

緘菴夏遠謹題

無心黃公小景

無心黃公贊

無心上舍，崇功莫躋。開闢桃源，實營仙栖。
方顴插髩，儵髯拂臍。家資累萬，委若沙泥。

緘菴夏遠謹題

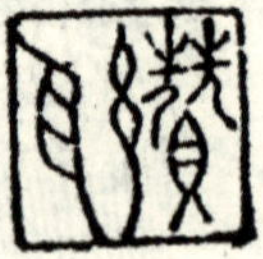

齊雲山桃源洞天誌

知休寧縣事南漳魯點子與　編輯
署儒學教諭崑山顧懋宏靖甫
儒學訓導丹徒吳芉蔓之
國子生邑人丁惟暄以舒　同校

嶽圖

夫仙靈所窟宅三神山，遐哉海之上矣。白嶽之争奇，雲巖之競巧，玄君宫焉，亦曰海陽。信夫，此造化工也。邑人丁雲鵬圖之，肖妙有之趣，冥搜元覽者，亦按圖可遊乎。志嶽圖。

石橋

圖二
崚山
晞陽岩
天泉書院

棋盤石
觀音堂
觀音岩
小石橋
天井
天井

圖二
萬壽山
天竺
天井

五老峰
五鳳樓
獅子峰
文昌閣
步瀛橋

三姑峰
獨聳峰
天柱峰
西天門

展旗峯
雷壇
雲龍關
駱駝峰
沉香洞

圖五
峰
霄崖
玉虛宮
飛
無量殿

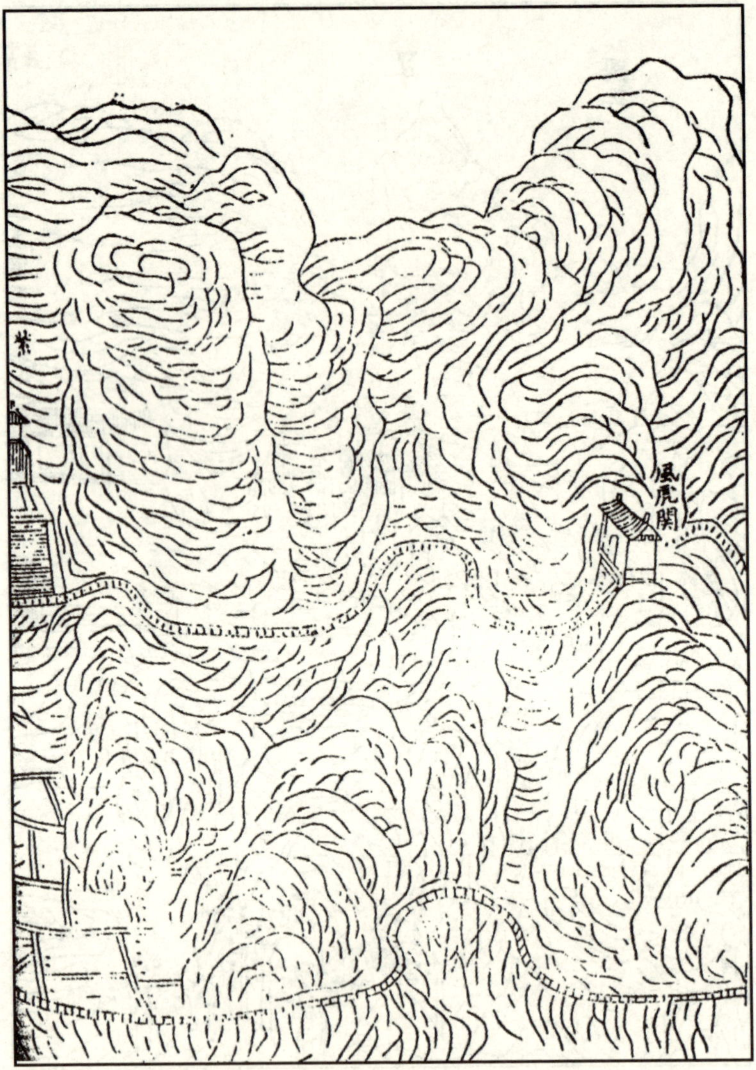
紫
風虎關

圖六
仙鶴橋
萬峰晴雪
棲霞洞
浮雲岑
玉屏
馴鹿洞
華封塢
樂林
玉皇樓
洗藥池
退思岩
捨身崖

隱雲峰
鐘峰
香鑪峰

圖七
石柱峰
碧霄峰
鼓峰
屏峰
清殿
碧霄庵
榔梅庵

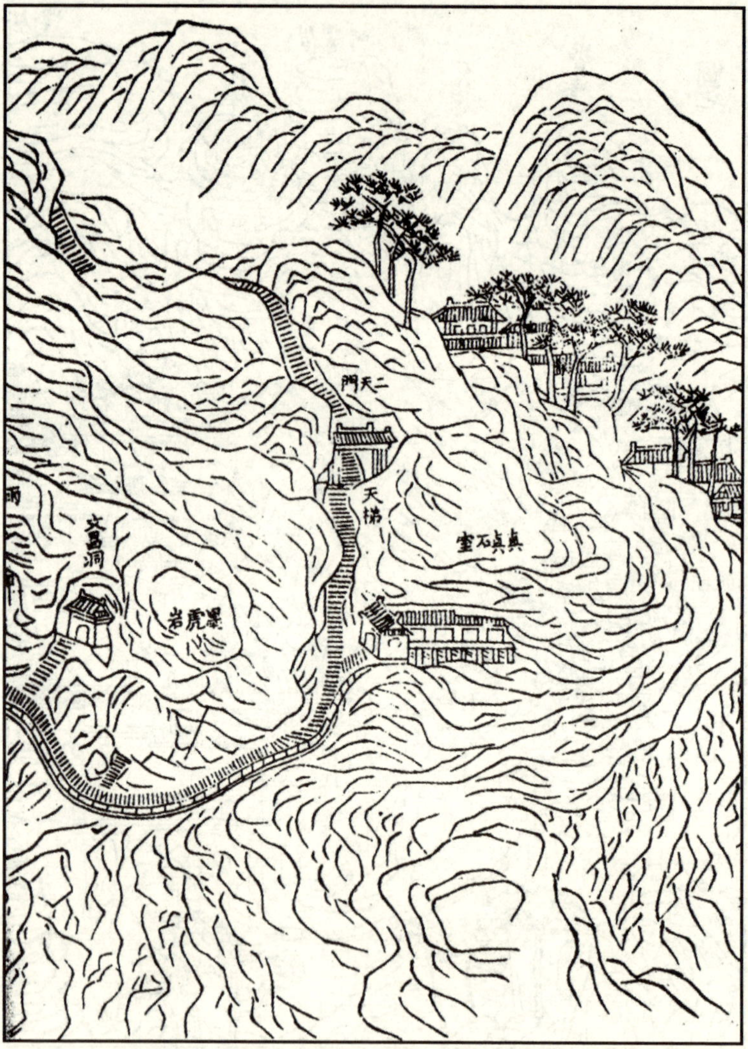
二天門
天梯
真真石室
文昌洞
黑虎岩

圖八
觀音岩
功德堂
天池
象山
真仙洞府
天門
珍珠簾
洞
碧蓮池
雲龍

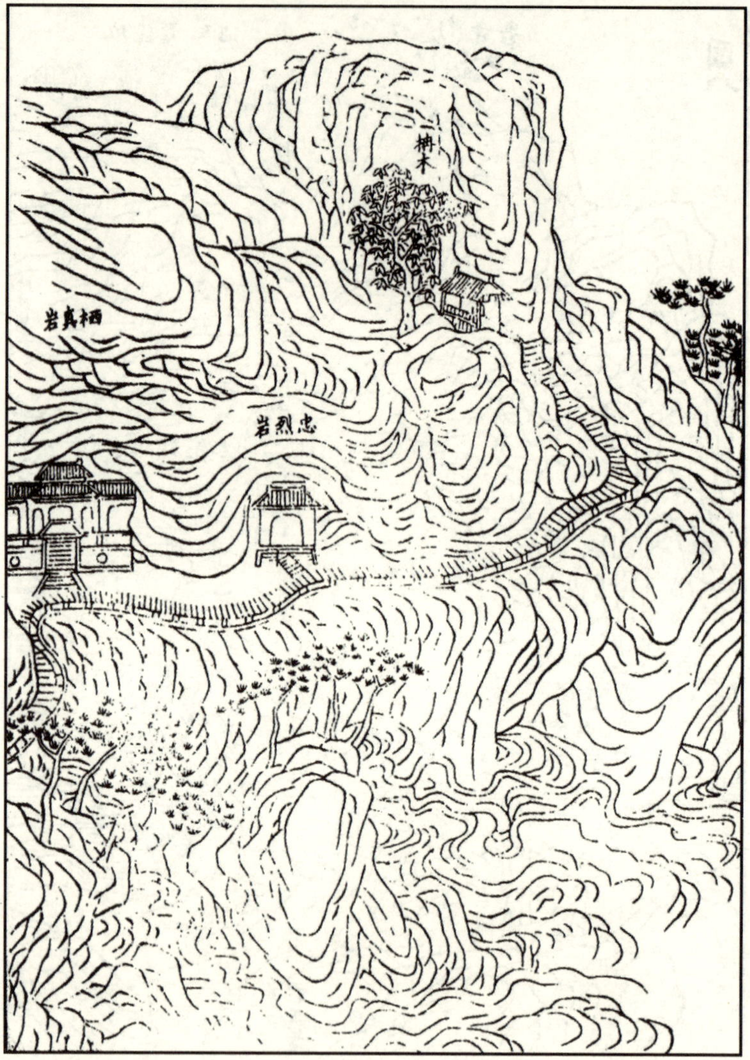
楠木
栖真岩
忠烈岩

展誥峯
斗姆閣
三清殿
三元宮
彌羅宮
洞天福地
玉虛宮
望仙亭
靜樂宮
真氣亭
桃花澗

望仙臺
溪山第一
漸仙關

圖十
海天一望
松月
雲水
凌風
白岳中和

中和
登高
環峰拱秀
步雲
天下第一名山

圖十一
白岳
公館
登封橋

大殿碑文

徽州府休甯縣齊雲山齊雲觀，原有真武聖殿，相傳自宋寶慶中建，而真像則百鳥銜泥所塑成者。迨今數百餘年，金容如始。遐邇人民，凡有祈禱，必皈赴焉。朕因嘉靖壬辰，以正一嗣教真人張彦頨奏，令道衆詣山建醮祈嗣，果獲靈應，自是設官焚修。而祠宇卑隘，不稱崇奉至意，爰命巡按御史，庀工程材，遣高士陳善道，錦衣衛千户何杲，往董厥役。以嘉靖丙辰八月啓工，修建真武正殿，并左右配殿，添設供器、鐘鼓樓等項，復創造三清殿一區，規制宏麗，儀物備飾。更題曰：玄天太素宮。惟此山高五百仞，盤繞百餘里，上應斗宿，俯瞰大川，峰巒秀特，巖洞幽奇，允爲東南之福地，神仙一洞天也。至是宮成，金鋪玉映，始足以妥明神而增勝概矣。御史奏請朕文勒碑，以示永久。朕惟帝以天一之精，炳靈降世，感召元君，授以無極大道，丹成冲舉，受册瓊臺，主鎮北方，輔化制運。昔我太祖、成祖，開基創業之時，帝赫著神靈，翊成丕績，乃立廟南都，建宇泰嶽，殷禮秩祀，前後並隆。及朕纘承大統，復荷帝宣靈昌嗣，彰彰若是元功聖德，莫罄報稱。比歲常發帑銀，修飾泰嶽太和山宫殿門廡揭坊，額曰治世元嶽。夫神無往而不在，則禮儀無往而不備。朕謹效法祖宗，隨在祇若明祀，於兹宫之建，罔敢緩焉。惟帝鑒享克誠，保佑朕躬，昌延皇祚，俾歲稔時和，内安外靖，佳祥駢集，教法興隆，則帝之福德，益衍於無窮，而朕實永賴矣。

嘉靖三十七年六月　御製

上帝碑銘

唐寅　吴人

乾坤定位，二儀開五劫之端；人鬼分形，五嶽鎮九州之地。東溟銀榜，標題長子之宫；西海玉門，實聚百神之野。皆所以節宣寒暑，鼓舞陰陽，萬物賴之以生成，四民順之而動止，兵戈藉之而底息，穀粟因之而豐登。玄天元聖玉虚師相仁威上帝蕩魔天尊者，顓帝之神，水德繼王，在先天則正位乾符，御北斗則斟酌元氣。職領紫微之右垣，則并天乙太乙之座；宿列虚星之分野，則總司命司禄之權。劫當開泰之中，天啓聖靈之孕。幽明叶相，上下同流。凝二五之精以有生，建二一之道以度世。誕聖王宫，出胎母脅。寶光所照，三辰爲之失色；天靈護持，六種爲之震動。洎乎髫年，辭親就道，東遊震土，元君指迷，受錫劍於天帝，悟磨杵於老姥。折梅枝而寄榔，升霄峰以圓功。虎將護壇，神龍捧足。於是叩金扉而遐升，當玉墀而稽首。受命上清，敷惠下土。分判人鬼，資大禹鑄鼎之功；馘除妖魔，繼黄帝鳴角之戰。較績天曹，復居坎位。展旗捧劍，乾樞開黑帝之宫；元龜赤蛇，坤軸闢元都之府。歷朝顯應，有感必通。恭惟我太祖高皇帝，德符天地，功配唐虞，用夏變夷，易亂以治。偃武修文，而萬國咸寧；燔柴瘞玉，而百神歆享。歷數在躬，卜宅中夏。誕及太宗皇帝，纘承祖考，欽若昊天，實藉神威，以翼聖躬，爰由冥力，以靖多難。

風行電掃，而天日開明；虎嘯龍吟，而江山變色。蓋精靈通乎變化，誠敬達乎神祇也。是以敕命重臣，建宮福地，丁夫百萬，星霜再周。金碧極輝煌之盛，香火盡嚴奉之誠。蓋所以答神貺，宅威靈，今之泰嶽太和山是也。是以民莫不敬且信，有禱必通。離宮別館，遍於天下，名山大川，尤多顯應。蓋神藉山川之靈氣，乃可以應億兆之祈求，故其居處無常，周遊靡止。若夫互人之國，上下於天，女媧之墓，浮沉于水，神化者不可以理測其端，妙應者不可以言達其旨。是以齊雲巖紫霄崖桃源洞天①，有真武之行宮焉。其創始落成，別有記序。養素道人汪泰元，以僕業佔嗶，托戴生昭來乞序文。竊以爲殷薦望秩，帝王所以奉天地山川；禴祀蒸嘗，億庶所以報祖宗神鬼。奠安宗社，底家宅邦，厥旨微矣。矧夫真武元聖，作鎮北極，應化本朝，統五帝之尊，履九宮之始。除邪鎮惡，降福消災，爰建行宮，允安兆姓也。僕雕蟲末學，難盡揄揚；草芥微才，豈能著述。涓埃無益於山海，螢爝奚補於日月。吮毫增悚，撫案知慚，薰沐以譔斯文，稽首係之以頌。頌曰：

玄天元聖，仁威上帝。作鎮北極，斟酌元氣。五雷都司，九天奕使。

七曜旋時，五福治世。平安水土，調攝神靈。展旗捧劍，掣電輝霆。

虛皇勑命，至德實凝。敷惠下土，兆宅上清。赤蛇元龜，將列水火。

① 「桃源洞天」四字，《齊雲山志》本無。

福善禍淫，日右月左。先天治乾，面明向午。安定山海，亙今及古。恭維我朝，太祖太宗。惟神輔弼，國祚無窮。名山大川，爰建琳宮。金銀照耀，珠碧輝崇。再拜稽首，小子作頌。上述威靈，下贊神明。磨礲磉礎，刊鐫龍鳳。百萬斯年，於昭示衆。

桃源洞天記

施鳳來 平湖人，大學士

天地之靈氣，突湧爲齊雲巖，中間爲桃源洞天。天門左闢，仙嶺右峙，倚紫誥而面黃山，桃花澗前繞，與黟川會，誠仙靈窟宅也。先是，張邋遢道人來游，貌古神閟，人莫之識。黃上舍國瑞一見而師事之，因買山結宇居焉。其正殿之北鄉者曰金闕，祀上帝也。後爲寥陽，祀三清也。寥陽之左，南鄉者曰大通明，祀玉皇也。簷外時灑飛泉焉。通明之背，軒曰煮石。面煮石而閣，曰生元，祀斗母也。寥陽之右，鄉北而宮曰青羊，祀老子也。前淩虛累重臺，而顔曰應元府，祀雷祖也。背青羊而宮，曰三元，祀三官也。前巖厜㕒而中虛者，曰混元洞。洞右泉涓涓不涸者，曰華池。前二坎，甃爲八卦池。通明西，石突兀如螺，逕蜿蜒而上者，曰翠微天。折而北，望一室聳突兀之上，曰靜明居。上有石，方如棋枰者，曰禮斗臺。總之，稱桃源洞天云。是役也，緡盖以巨萬計矣。夫齊雲之著，自天谷始，然以佑聖一祠，合金、葉、程、胡數姓之力，簞路藍縷，以啓山林，猶有未足。至邀玄武之靈，啓我肅皇帝於三百年後，出其上方水衡之物力以供之，而功始就。乃黃君不愛重貲，獨力成之。俾桃源之輪奂，與雲巖儷美，慳念破而丹址崇矣，不尤難哉。且以齊雲之秀異，閟孕鬱勃，宜代毓高真之士，翼元化以輝巖嵐，自天谷迄今，抑何寥寥也。徒恃北極之威靈奔走天下，豈秀固鍾於神而嗇於人耶？今始得邋遢歷寒暑，藉草卧地，而神逾王冲舉，可知黄君又能悟真訣以竟其詣，仿佛鐘吕之傳。將齊雲藉以益勝，寧獨桃源乎哉。然余往讀《藝文志》，尊老子於道家，而神仙則列之方技。輓近言仙者，悉宗老氏，何歟？老子書具在，死而不忘者壽，何戀長生。即所稱谷神不死，綿綿若存，體用具是，曷嘗有鉛汞烹煉，如《參同》、《悟真》，名相絞繞哉。關尹曰：忘精神而超生，見精神而久生。忘而超者道，其莊子、關尹乎。見而久者仙，則魏伯陽、張平叔其人焉。故知仙原於道，猶跡出於履，而跡非履也。以邋遢内觀，其忘耶見耶，當自辨。而余雖再入山未覿，無由叩兹。欲亟訪之，屬貳南雍，未暇也。聊因黄君弟子汪應生以請爲之記，記其大都云爾。邋遢無名，以貌名。國瑞字無心，休寧五城人，乙未師邋遢，己亥修建桃源洞天殿宇，兄弟猶子咸樂襄事。内惟青羊宫爲少參新陽公子黄德淳建。汪應生本黄冠，欽無心之高尚，師事之，以復師邋遢，皆可書。

桃源洞天積儲記

韓敬　歸安人，翰林修撰

積氣爲天，二曜四時，運行不息。積塊爲地，九埏八荒，奠麗靡極。積石爲山，積水爲海，五嶽十洲，流峙莫測。積之時義大矣哉。兹以白嶽之神，真武之靈，啓我肅皇帝昌熾之祚。

而玉勅懸門，法衣護藏，良不虛矣。獨是桃源洞天一派，左倚天門，右挾凌風，面黄山而負紫誥，注碧澗以會黟流，誠塵寰福地，人世洞天也。先是，邋遢師來遊於此業，誌其爲丹址矣。然以皤然一老，赤足蓬頭，韜光神寂，若藏若用，淵然往來於海陽間者，歲月殊不可紀。迺黄君一見，遂師事之。而無心之名，因師嘖嘖矣。竟爲買山闢地，芟荒結宇。其正殿之北鄉者，中爲金闕，祀上帝也。後爲寥陽，以祀三清。左寥陽而南鄉者，爲大通明，祀玉皇也。右寥陽而北鄉者，爲青羊宫，祀老子也。前累重臺而府，爲應元，祀雷祖也。通明之背，面山而軒，爲煮石。面煮石而閣，爲生元，則斗母祀焉。青羊之背而宫，爲三元，則三官祀焉。面三元而崖懸中虛者，爲混元洞。洞右泉涓涓不涸者，爲華池。前二坎甃爲八卦池，則師之豫爲登假地焉。又有通明西隅，石突兀如螺，逕蜿蜒而上者，爲翠微天。一室北望，爲静明居，上有石如枰，爲禮斗臺。宇楹林錯，法相森嚴，費累巨萬不啻也。而黄君不惜重貲爲之，此其所感召者，固難以筆罄。而當年黄氏兄弟猶子輩，咸樂從事。少參公子黄德淳樂以青羊獨任焉，詎非師之元通鼓舞乎。嗣後桃花送春，桃實報秋，師於其間，夏不扇，冬不爐，循環晝夜，藉地枕磚。日中起卧渾無事，惟祝三階泰且乾。從不以炫異弔奇，惑惀當世。而縉紳士夫登齊雲者，罔不叩洞天而謁焉。稱揚頌述，長篇今，短篇古，元言如屑，峻韻如霜。舉欲揮金爲桃源貯積，而師殊不之有也。豈師不欲貽桃源以逸乎？余自萬曆戊午之歲訪齊雲之勝，而兆聖程君爲余道其實。及由黄君弟子曰景岳者，進而謁師，悉韜斂而不彰，閒閒坦坦，若尋常然。則侍側者，時有明叔程君道其大略。余曾叩師以山中何所積，師示以隨取隨給，無乎不積也。今余別桃源有年矣。一日，景岳以素册來問余，以師於癸亥一陽月端坐而歸，其所謂甲子三周之數適符，遂不復來年甲子耶。及述其化後，有歙人遇於蜀之峨嵋山，誠又未嘗不恍惚蹁躚，想見其神靈也。景岳以師解脱後從不留長物，深恐烟霞板蕩，林壑交喪，愧此丹址，則非惟負桃源，負白嶽，殆非所以善學師者也。因糾合同志，廣求外護，行師所示參經悟道之教，務欲倒翻內典，開正法眼，爲人己作寶筏。懇余言題其首，以誌不忘，且以勸樂施者。余以大積藏天地，其次藏名山，其下朽腐人間廩庾耳。故在天爲積氣，在地爲積塊，在桃源爲積儲，而在人間樂施者，則積餘慶。甚矣，積之時義大矣哉。遂書於册，以爲桃源佐一籌云。

桃源洞天記

紫雲主人

竊惟白嶽靈區，洞天居勝。雖邋遢老人點化之機，實無心黃公欽誠之建。山川秀蹟，羽化仙踪，嶽記甚詳，勿復重贅。獨是全真一脉，斯播南土，元風猶昔，遺讖五陵，地仙八百，莫不由名嶽而興起者也。仙師癸亥上昇，付囑無心密語，黃公受牒仙遊，景岳承符羽化。今傳之法孫王真和，主住持事。故知龍砂舊話，仙侶頻來，沆瀣冰漿，雲霞誰主。自念登高十里，豈可使其枵腹尋芝。且欲修持大道，必先責其累功樹德。教法雖有隱顯之殊，其存心濟物，則未有不同焉者。時商之衆侶，則有法弟王真虛、道友汪静悟二子，皆參元上士，自發宏願，協募儲田。擊梆往浙，苦行五秋，功雖未圓，事亦就半。世人或不然，余反嘉其美。老子云：大成若缺，大盈若冲，諸子可謂强行有志者。故筆數語，誌之於石。俾因果得明，善蹟不隳。則施者募者，主其事者，皆可與山靈永久云。

上邋遢仙疏

朱瀠① 明宗室，鎮江②將軍

瀠生身中土，列職潢系，尸飡粱肉，逸樂紅塵。然業識雖深，幸夙根不昧。方當髫髧，即有志乎煙霞。甫及壯齡，愈精心於服食。廣延雲水，遍訪高真，内外經書閲盡，猶嚼蠟之可慚。黄白藥物屢參，恨元微之罔利。年將耳順，悲哉老大無成。日在崦嵫，悵也紅顔易老。盲修瞎煉，祇徒勞心力於三千六百門中。混俗同塵，却虚度光陰於三萬六千場内，孜孜矻矻，切切偲偲。若云有志者事竟成，妄心豈敢。但言遇高人莫錯過，鄙念惟殷。恭聞大仙道高天地，德冠古今。袖裏丹砂，駐形神於不朽；壺中日月，運寒暑以無更。徉狂玩世，布二祖之高標。邋遢棲真，繼三丰之令蹟。嬉笑怒駡，總包含濟世度人之心；巖處穴居，盡藴蓄深藏秘密之旨。豈非大巧若拙，盛德若愚，待詔霞霄者哉。瀠久慕高風，未親元塵，特修疏奏一通，附心元衲子齎持上聞。倘弟子前劫有緣，求方寸之地，爲印證之階。如仙

① 朱瀠，《齊雲山志》本作朱憲瀠。
② 江，《齊雲山志》本作國。

師菩提行切，祈一尺之棒，作寶筏之津。灤雖衰憊，微軀猶堪匍匐，縱池魚籠鳥，仍望瞻依。乞仙師廣普度之慈悲，憫愚蒙之後學，明頒金示，早決去來，臨楮不勝遥祝待命之至。

桃花澗　王士性　臨海人

大壑渾無底，青山到處逢。連岡抱曲澗，片片削芙蓉。月冷時窺虎，雲深尚蟄龍。洞門回落飈，隔浦聞清鐘。束炬達藍渡，百里藏仙踪。欲問桃花津，仙源杳無從。惟餘澗下水，遲日照溶溶。

桃花澗　周天球　姑蘇人

山隱雲邊路，林窺湖上天。身疑出宇宙，目已斷風煙。幻境虚舟外，閑情短杖前。桃花春更好，爲憶避秦年。

桃花澗　汪楫　邑人

峨嵋人不返，惟有石床存。大隱無文字，虚名聚子孫。薜衣埋虎跡，蠟屐入苔痕。何必桃花水，千山翠繞門。

桃源遇雪　方大汶　歙人

薄暮投仙館，丹爐火正紅。岩櫳纔積雪，石洞逈無塵。笑接洪崖侣，同棲玉室中。冷然生八翼，飛步躡層空。

望仙

汪元第　邑人

白鹿銜山花，元猿叫松月。縹緲隔煙霞，塵世兩遼絶。紫氣望不至，青牛杳無跡。何如歸去來，窻前讀周易。

贈桃源絶粒道者

查維鼎

子房從赤松，當年稱辟穀。誰知博浪沙，已耻食秦粟。亦有武陵人，羞指嬴氏鹿。飄然赴青溪，遂聚雲中族。君今胡爲乎，乃踵昔賢躅。桃花洞天幽，桃花澗水馥。洵美足樂飢，稻粱忍徵逐。石公不可期，閒把素書讀。商山亦我師，蕨薇聊果腹。問君學長生，叔季奚足欲。問君學無生，黄虞要當勗。邈矣雲霞心，傷哉日月轂。何地無畸人，高天敢不跼。兩瞻太素宫，宸翰猶焜煜。天風正愁予，共擊漸離筑。

桃源洞天訪邋遢仙

易應昌

齊雲山上邋遢仙，問渠鄉里笑嫣嫣。自言年少頗狂顛，病奇却得異人緣。終南坐定粗痾蠲，脚遍青天與黄泉。比來二十四五年，獅巖象石將終焉。午夜披衣子晝眠，道人水火炊雲煙。不爐不扇常如然，白髮鬅鬆眼嬋娟。面能丰肉口脩延，一條破衲松龍編。略記薪燈幾輩賢，亦俗亦道木石邊。願祝三階泰且乾，齊雲靈蹟紛且闐。捨身崖下翠芉綿。若非祖師暢元元，山雖秀奇誰爲傳。石盆勺水緑涓涓，見説天元冬夏平。即今不可無此老，精靈恍惚以蹁躚。

桃源洞天謁邋遢仙 程瑞綸 邑人

雲擁層巒衆壑偏，蒼苔有跡卧神仙。滄桑幾變惟衣衲，甲子頻逢不紀年。
洞口交梨青帶雪，巖前古柏翠于煙。夕陽嶺上松風起，疑是吹笙向碧天。

登齊雲巖訪邋遢仙 陳以聞 麻城人，進士

一道肩摩雜沓遊，亂山蒙茸有丹邱。武陵世代何曾易，絳邑生年知幾週。
山爲有情偏有累，道惟能默始能休。憑師度與超凡訣，笑指終南八百秋。

同唐灼洲訪桃源百歲老人 胡永順 杭州人，推官

雲際高巖石逕紆，望中巒岫只侏儒。帝從縹緲開雙闕，人在元清掛一壺。
磨杵訣成輪是羽，步虛聲散蓋爲珠。登臨最喜同仙令，飛舄行看欲化鳧。

桃源阻雨 徐汝圭 淳安人，御史

雨過雲山翠欲流，爲尋仙蹟此遲留。天門掃石開棋局，劒嶺飛泉點玉籌。
谷響忽驚仙子珮，山空時覺洞門秋。興来笑把欄杆拍，黄鶴一聲天際頭。

望仙 羅洪先 吉水人，翰林修撰

遊踪無定獨徜徉，處處尋山得習忘。不記歲年慚伯玉，且依木石偶庚桑。
巖頭月出閒窺易，谷裏松深可繼糧。只恐樵夫隱名姓，豹林曾有異人藏。

其二

不才無補人間世，採藥初諳物外情。白髮入山機自少，黄冠作伴語偏清。
風廻正憶冥鴻遠，木落因知委蜕輕。却笑年来樗散甚，丹砂何事未曾成。

望仙臺　吴道達　邑人

從来仙客隱名山，極目徘徊萬岫間。左盼函關高紫氣，右瞻蓬海駐紅顔。
八公起月騎孤鶴，五老飄雲問九還。莫怪登高長笑傲，丹梯千古許人攀。

桃源洞天　韓四維　邑人，庶吉士

天門東下採真遊，風冷煙青道者留。丹竈有人埋日月，白雲無計换髑髏。
寧隨雞犬分靈藥，自向山泉擁敝裘。悟得紫霞心一片，五湖明月此芳洲。

丹臺　胡續宗　天水人，員外

仙子何年别此臺，琳宫琅宇自崔嵬。半空香案孤峰出，百里黟河一線来。
碧石洞邊山屈曲，白雲天外路紆廻。憑高何地長安客，曉霧依微望欲開。

桃花澗　屠隆　鄞人，主事

下馬扶藤策短笻，斷橋西去躡靈蹤。紅泉細落桃花澗，青靄斜拖石笋峰。
太乙壇空猶有樹，寥陽殿隱只聞鐘。但教一洗凡心盡，騎鹿仙人亦易逢。

桃花澗

真空子

桃花谷裏好藏春，不道仙鄉是避秦。煉藥經旬鸞鶴守，尋真竟日水雲親。興來把酒情舒笑，客到談元便結隣。雙鬢老来無點雪，風光應得谷神中。

山房自炊戲謝桃源主人

查維鼎

仙都未許再來人，况復乘槎競問津。若使此中紛俎豆，將無特地界松筠。翠微黄獨猶堪擷，石室青精且勿陳。寄謝君家六乙火，丹成錫我玉壺春。

訪邋遢仙賦詩八首

劉繹　盧陵人

○碧樹晴嵐鎖洞奇，洞中仙子薜爲衣。人間日月誰能管，獨坐峰頭送夕暉。

○雲巖宛轉勢嶙峋，杖履迢迢覓至人。五百年前曾聚首，凴君指破再來身。

○翠屏烟嶂漫爲家，跣足蓬頭歷歲華。已拼此身同木石，不知世上有丹砂。

○五濁生平身是幻，九還煉就骨還香。但教塵俗業冤滿，臭穢何妨伴玉皇。

○謬云絶粒更飛蹤，飢飡倦卧有元通。請看木偶終朝默，何似能言邋遢翁。

○眠雲百歲長生易，立雪三冬不死難。金石銷磨桑海變，鐵心一片住人間。

○見説生平無長物，一笻一衲度春秋。如今拋擲蛇蟲穴，雲霧深深不可求。

○指匪丹兮翁匪仙，箇中消息總茫然。從君默證虚無象，却勝當年字五千。

桃花澗 孫士暉

得得尋來仙子家，瓊林琪樹鎖烟霞。仙源欲覓不知處，流出紅桃幾片花。

桃源 鄒元標 尚書

手種千桃樹，扶疎向日紅。須教時雨露，歲歲領春風。

桃花澗 汪宿 邑人

灼灼澗上桃，花開一何晚。疑有仙人棲，流出胡麻飯。

桃源嶺 邵一儒 邑人

源裏人堪避秦，源外人争逐鹿。嶺雲飛去無心，嶺樹依然在目。

桃源洞天 張成斐 邑人

○古洞逶迤有逕，仙桃爛熳成花。寂寂不聞雞犬，沉沉祇見煙霞。

○紅雨巖花亂落，白雲洞户斜開。何處更逢仙子，此中宛入天台。

靈應

邑令東筦陳履因久旱不雨，步禱於神，請法水至縣，立壇祈禱，申刻到壇，酉時大雨，平地水三尺。民歌之曰：陳令君，何所擬，步禱徒行三十里，四野霈霑三尺水。甦禾青青勃然起。方之召杜不徒耳。

邑人吴惟昭遘危疾，醫罔奏功。一夕夢神語之曰：爾疾須衡石程金購藥，庶其痊可。忽寤。無何，疾瘥。憶夢登山，祇謝神眷。將至天門，渡桃花澗，橋危。因悟神言。捐金召工，伐石爲梁，以濟遊客，故名之曰夢真橋。

邑秀士丁惟暄，額素有瘤，如胡桃大，百法醫藥不能治。讀書於雲巖。一夕，夢金甲神人手摩其額左，錫以菓核。驚寤，瘤遂平如右。丁之爲人，孝友仁義，僉以爲作人之報云。

邑令江夏丁應泰，緣六月大旱，親自至山請水。水到崇壽觀，令曰：赤日青天，旱魃如許，肆虐一時，何能得雨。言畢，少焉雲合，大雨霑足。

邑人胡茂林因子患病，親到桃源洞天，虔禱於神，求神庇佑，愿修玉樞宫、彌羅宫，裝金神像、輪租百砠爲常貯。是夜，即夢邋遢仙師語之曰：服吾丹井中水，病自愈。翌日，茂林遣人來山取水，畀其子飲之，病果漸愈。後又連生五孫焉。遂修造兩宫，裝金神像，輪租百砠。

邑上舍吴昌澍患病許久，延醫多人，均難奏効。遣人來桃源洞天，授以詞，禱於神曰：若拯澍疾苦，願造棲真所一區，于飛升古蹟之旁。後數日，夜夢一人告之曰：汝心能堅，汝病當勿藥自愈。未及一月，而舊病頓除。故即造棲真所。

邑人程國良中年乏嗣，托其岳胡茂［林］者，代禱於神曰：國良願造頭門，求神降嗣。後良之母夜夢一四旬許男子，携一童子入其内室。母叱之，男子指童子示母曰：此是汝家人，汝勿叱。是年良即生一子，後又舉一子。因誠心樂造頭門，裝金神像云。

邑秀士吴光祖與道會汪汝城交好，至桃源洞天訪候汝城，語及子嗣尚乏，心常悒悒。汝城精於星學，關切至交，詢其生辰及其室之生辰，爲之推算。曰：子命中科名，子嗣均有。子室命犯天狗，誠哉子嗣之難也。光祖憂形於色。汝城曰：汝作人好，自邀神佑，科名子嗣何慮。吾洞天内上帝至靈應，子能虔心祈禱，當有驗。光祖曰：唯越月吉日，齋戒來山虔禱。汝城又代做法事禳解。後遂連生二子。於壬辰科，光祖又領鄉薦焉。此捐助香燈銀貳佰兩之靈應也。

邑人胡勳志，因父茂林，誠信桃源洞天神靈，凡事禱求，均有應驗。因四子陪鐸，陡患驚癇之症，醫歷多人罔效。緣齋誠託道士程尚志虔禱神前，願許裝金銀叁拾兩，每年長生燈油肆拾觔，香肆萬，祈佑培鐸。培鐸後遂勿藥頓愈，身體康强。因裝金神像，至今遞年敬助香燈。

道光十三年仲秋月。

桃源洞天住持貧道程尚志募刊。

休城李文富堂鐫。

附録三

本書引述史料提要

一、嘉靖刊齊雲山志

七卷，二册。明嘉靖三十八年（一五五九）刻本。明方萬有等編。

每半頁九行，行十九字，白口，單黑尾，左右雙邊，版心刻『齊雲山志卷×』。

卷首有序例、齊雲山圖，并纂集敕誥、奏疏等官方文書。正文七卷，卷各一篇。卷一肇運，卷二山水，卷三建置，卷四道侶，卷五高道，卷六祀典，卷七紀詠。卷末爲《齊雲山志後序》，末缺一頁。據文中自稱『有孚』，則此序作者爲時任徽州知府朱有孚。

原書未署撰人及刊刻時間。據書中所述，該書應編於嘉靖三十四年（一五五五）敕建齊雲山時，編者奉朱有孚之命，并應太素宫提點汪曦和等所請，據『舊志』增修而成。又據卷六末增記嘉靖三十八年完工醮慶之事，乃知此書刊刻於嘉靖三十八年（一五五九）。又據明吴子玉《齊雲山志序》①，此書主編者爲方萬有，參修者有經生許國、黄雲龍、詹景鳳、吴子玉等。方萬有，字如初，莆田人。嘉靖三十二年（一五五三）進士，選庶吉士，改工科給事中。以事謫休寧縣丞，在休寧期間主持編修了《齊雲山志》。又此書今存世本罕

① 參吴子玉《齊雲山志序》，載《大鄣山人集》卷六，收入《四庫全書存目叢書》集部第一四一册。

見，唯寧波天一閣藏本差近完具，甚爲可貴。

二、萬曆刊齊雲山志

五卷五册。明萬曆二十七年（一五九九）刻本。

明魯點編撰。魯點字子與，號樂同，南漳（屬湖北襄陽府）人，萬曆二十三年（一五九五）進士，官休寧縣知縣，有惠政。著有本書及《黄樓集》。

每半頁十行，行十八字。白口。版心刻『齊雲山志卷之×』。

卷首有《齊雲山志序》五篇，依次爲魯點序、許國序、范淶序、程朝京序、汪先岸序。而程朝京序後有『剞劂氏黄奇』一行。正文五卷，分十五篇。卷一首題『知休寧縣事南漳魯點子與編輯，署儒學教諭崑山顧懋宏靖甫、儒學訓導丹徒吴芊蔓之、國子生邑人丁惟暄以舒同校。』書中記事止於萬曆己亥，較嘉靖版多有增補。卷三至五《藝文》篇所收詩文，較嘉靖本有增減。流傳亦較嘉靖本更廣，明清兩代數次增修重刊《齊雲山志》，皆以此本爲據。

三、齊雲山志

五卷五册。明萬曆二十七年刊，明崇禎間增補本。

明魯點撰。版式行款同前書。

卷首爲五篇齊雲山志序，序文同前書。目録次序亦基本同前書，惟將萬曆版卷五之『七言絶句』一目移至卷四。内容上，卷二有缺頁，卷三、卷四、卷五增補有部分詩文。其程朝京序後有『剞劂氏黄奇』一行，刻工未變，説明仍屬萬曆刊本。從增補内容看，主要爲明末官員如施鳳來、劉鐸、顧錫疇等人的詩文，撰作時間最晚至崇禎初年。故此本似爲崇禎增補本。

四、齊雲山志

五卷五册。明魯點撰，清康熙五年（一六六六）重刊增補本。

每半頁十行，行十八字。白口。版心刻『齊雲山志卷之×』。

卷首有祖師聖語、宸翰、許國序、程朝京序、汪先岸序、范涞序、魯點序、洪泮洙序、汪亦緒序、順治十一年告示、順治十三年告示。從卷首增補之康熙丙午年（五年，一六六六）知縣洪泮洙序，可知爲康熙五年刊本。又程朝京序後有『剞劂氏黄維敬』一行，説明刻工爲黄惟敬，而非萬曆原版之刻工黄奇，故此本應爲重刊增補本。王重民《中國善本書提要》著録美國國會圖書館藏《齊雲山志五卷》，據稱『此本爲順治間刷印者』，可知齊雲山志在清順治年間有所重印。但王重民又曰『按程朝京序後有「剞劂氏黄惟敬」一行，諗知爲萬曆原版』①，此乃錯誤。考萬曆原版在程朝京序後爲『剞劂氏黄奇』，又考刻工黄惟敬生於萬曆二十四年（一五九六），卒於康熙十年（一六七一），故萬曆二十七年（一五九九）初刻《齊雲山志》，黄惟敬時年僅三歲，不可能參與刻印之事。而清朝順治、康熙年間重刊《齊雲山志》，黄惟敬恰當盛年。故此本乃重刊本，刻工爲黄惟敬。

此本在明末崇禎本的基礎上有所增補。如卷一『道士』目後增有『本山住持方中元……重刊』一段，卷三、卷四增補有明末清初官員、文人之詩文等。

---

① 王重民：《中國善本書提要》，上海古籍出版社，1983 年 8 月第 1 版，第 207 頁。

五、齊雲山志

明魯點撰，清嘉慶十六年（一八一一）重修補刊本。

該書今存世本少見，惟華東師大圖書館收藏一套《齊雲山志》，似爲嘉慶本，但缺卷首各序。據該館藏本，該書一函九册，五卷（卷一至卷五），無序文各篇，應缺卷首一册。每半頁十行，行十八字、十九字不等，白口，四周單邊，版心刻『齊雲山志卷之幾』。該書補板較多，補刻字體不一，補刻内容並不全，頁碼多有錯亂。唯卷五增補清詩四首，不見於前本。又，卷五末增補有道紀司都紀、道會司道會、提點、贊教、知事等名録，以及嘉慶辛未（十六年，一八一一）重修時各道房道院及道士名録，末題『歙西虬川黄雨金鐫訂』一行。

六、齊雲山志

五卷五册。明魯點撰，清刊本，清道光十年（一八三〇）修補本。

每半頁十行，每行十八字、十九字不等。白口，四周單邊。版心刻『齊雲山志卷之

×』。

卷首有祖師聖語、魯點序、許國序、洪泮洙序、程朝京序、范淶序、汪先岸序、汪亦緒序等，程朝京序後有『剞劂氏黃惟敬』一行，可知所據底本仍爲清初黃惟敬之刻本。

該本是在清嘉慶十六年修補本基礎上的再次修補本，迭經重修，修補版片版式不一，有行十八字者，有行十九字者。卷一末有道光間『梅軒道院孫叔一房重修』之道士名單一紙，卷二末附道光庚寅年（十年，一八三〇）道士無瑕白石雲重修題識，并增補清順治到道光年間歷次重修山門道院之情形。又增補清人赴齊雲山祈禱靈應之事跡三則。

七、齊雲山桃源洞天誌

一卷一册，明黃九如編，清道光十三年（一八三三）刊本。

每半葉十行，行二十字。四周單邊，白口，版心題『齊雲山桃源洞天誌』。

卷首爲崇禎丁丑年（十年，一六三七）許士柔序，次爲邋遢僊翁像小景、邋遢仙翁贊、無心黃公小景、無心黃公贊。正文首題『知休寧縣事南漳魯點子與編輯，署儒學教諭崑山顧懋宏靖甫/儒學訓導丹徒吴芊蔓之/國子生邑人丁惟暄以舒同校』。此與《齊雲山志》題名同。正文包括嶽圖、碑銘、詩文、靈應等。卷末題『道光十三年仲秋月，桃源洞天住持貧道程尚志募刊，休城李文富堂鐫』。

據文中記載，此誌原爲明崇禎十年（一六三七）黄九如編《桃源洞天集》，清道光年間道士程尚志募刊行世，略有增補。書中所記明末邋遢仙、黄無心等道人事蹟，可補魯點本山志記事之不足，甚爲珍貴。

圖書在版編目(CIP)數據

齊雲山志：附二種/(明)魯點編；汪桂平點校. —北京：社會科學文獻出版社，2015.4

ISBN 978-7-5097-7289-8

Ⅰ.①齊… Ⅱ.①魯…②汪… Ⅲ.①山-地方志-休寧縣 Ⅳ.①K928.3

中國版本圖書館 CIP 數據核字(2015)第 058714 號

齊雲山志（附二種）

編　　者 / （明）魯　點

點　　校 / 汪桂平

審　　訂 / 王　卡

出 版 人 / 謝壽光

項目統籌 / 袁清湘

責任編輯 / 温玉川　范明禮

出　　版 / 社會科學文獻出版社 · 人文分社（010）59367215

地址：北京市北三環中路甲 29 號院華龍大厦　郵編：100029

網址：www.ssap.com.cn

發　　行 / 市場營銷中心（010）59367081　59367090

讀者服務中心（010）59367028

印　　裝 / 三河市尚藝印裝有限公司

規　　格 / 開　本：889mm×1194mm　1/32

印　張：14.125　插　頁：0.375　字　數：293 千字

版　　次 / 2015 年 4 月第 1 版　2015 年 4 月第 1 次印刷

書　　號 / ISBN 978-7-5097-7289-8

定　　價 / 168.00 圓
